의료관광 에이전시와 관광 가이드

본 과제(결과물)는 교육과학기술부의 재원으로 한국연구재단의 지원을 받아 수행된 광역경제권 선도사업 인재양성사업의 연구결과입니다.

의료관광 에이전시와 관광 가이드

우봉식 · 박대한 · 최재길

小花

머리말

세계화로 인해 국가 간 경계가 허물어지고 질병 치료와 관련한 많은 정보가 공개되면서 의료 구매자들의 선택의 폭이 넓어지게 되었으며, 동시에 수명 연장으로 인해 2020년에는 60세 이상의 노인 인구가 전 인구의 13.3%인 10억 명에 달할 전망이다. 이와 같은 인구 고령화와 더불어 건강이 삶의 가장 중요한 가치로 대두되어 의료관광의 확산 분위기가 조성되고 있다.

의료관광산업이란 환자가 거주하고 있는 지역을 벗어나 의료서비스를 구매하는 동시에 관광, 휴양, 문화 등을 체험하는 활동으로 정의된다. 따라서 의료관광산업에는 의료기관뿐 아니라 호텔업, 여행업, 항공업, 음식업, 광고업, 통역서비스업, 의료관광 코디네이터 서비스 등 전문적인 서비스가 더 해진다.

의료관광객은 일반관광객에 비해 체류 기간이 길며, 지출 비용 또한 일반관광객의 5배 이상 많을 것으로 보고 있다. 태국 · 싱가포르 · 인도 등 아시아의 주요 의료관광국들은 10년 전부터 의료관광산업을 국가의 핵심 전략 산업으로 선정하고 정부의 전폭적인 지원과 민간의 적극적인 노력을 통하여 의료관광산업을 육성시켜 왔다.

이러한 국제적인 의료관광 활성화와 외국의 적극적인 육성 정책에 기인하여 정부도 의료서비스와 새로운 관광 형태인 의료관광을 부가가치가 높은 수출산업으로 인식하고 이를 산업적 측면에서 육성하기 시작했다.

한국 의료관광이 성공하기 위한 여러 요인들 중에서 특히, 의료관광 에이전시의 역할이 환자만족도에 큰 영향을 미치는 것으로 나타나고 있다. 따라서 본 교재에서는 의료관광 에이전시에 대한 개념 및 업무, 현황, 등록 등에 관해 전반적으로 다루었으며, 의료관광 가이드에 대한 이해도를 높이기 위해 직업적 특성 및 역할에 대해 상세하게 기술하였다.

또한 의료관광 에이전시와 의료관광 가이드의 업무에 필수적인 기본 의료용어와 관광용어를 정리하였고, 외국인환자유치 관련법규, 외국인환자유치업 등록서류 및 관련서식을 부록으로 첨부하여, 실무영역에서의 활용도를 높였다.

2010년 5월

저자

차례

I. 의료관광에 대한 이해

1. 의료 서비스의 개요

1) 의료 서비스의 개념 및 특성

(1) 의료 서비스의 개념

의료 서비스란 의료 행위를 경제적 생산 활동의 하나로 파악하는 용어이다. 의료 서비스는 의료 인력, 시설 및 장비 그리고 중간재에 의하여 서비스되는 것을 말한다.

의료 서비스에 대한 정의는 접근하는 방향에 따라 다양하면서 조금씩의 차이를 보이고 있다. Lovelock(1983)은 의료 서비스에 대하여 사람을 수혜 대상으로 하는 무형적 행위로서 보았으며, 의료 서비스를 의료 본질적인 행위인 진단, 진료(처방 및 투약)뿐 아니라, 의료 행위로 인해 부가적으로 생성되는 의료 외적 행위들로 개념화하였으며, 사람을 수혜 대상으로 하는 무형적 행위로서 지적 전문업에 속한다고 정의하였다.

의료 서비스는 근본적으로 의사의 전문적 진료 행위 및 병원의 전반적인 서비스를 구매하게 되는데 일반적으로 상품 구매와는 달리 병원의 시설, 규모, 의료 장비, 의사의 전문적 서비스 등 보다 구체적이고 다양한 구매 형태를 가지며 소비자는 최적의 구매 결정을 위한 정보 탐색에 많은 노력을 기울이게 된다(유명희, 2010).

〈표 I-1〉 국내 의료 서비스 산업의 주요 경제 지표 비율 현황

연도	국민 의료비 (억 원)	국민 의료비 증가율 (%)	GDP 증가율 (%)	GDP 대비 국민 의료비 (%)	1인당 국민 의료비 (천 원)	1인당 국민 의료비 증가율(%)
2000	286,350.2	12.5	8.1	5.5	609.3	11.6
2001	335,887.6	17.3	4.4	6.2	709.5	16.5

출처: 한국보건산업진흥원, 2005

의료 서비스는 지금까지 상호의 공공적 요소의 하나로 인식되고 있었다. 즉, '의술은 인술'이라는 개념에서 파생되어 온 윤리적 과정이 크게 강조되어 왔던 것이다. 그러나 미국 병원협회는 "현대의 병원은 단순히 환자에게 혜택을 베푸는 기관으로만 생각할 수 없으며, 반대급부를 주고받는 상대적 기관으로 생각되고 있다"고 하였다. 즉, 다시 말해서 병원이란 본질적으로 고객, 즉 환자의 필요에 부응하는 서비스를 제공하고 이에 부응하는 반대급부를 받는 기구라는 것이다(장영순, 2005).

(2) 의료 서비스의 특성

병원(Hospital)의 어원이 호텔(Hotel)과 동일한 어원에서 비롯된 것처럼 의료 서비스도 고객의 욕구를 충족시켜 주기 위해 무형의 활동을 제공하는 서비스 산업의 하나이다.

여러 학자들 사이에서 일관성 있게 언급되는 의료 서비스의 특성으로는 무형성(Intangibility), 동시성(Simultaneity), 이질성(Heterogeneity), 소멸성(Perishability) 등이 있으며 특성은 [그림 I-1]과 같다.

공급자(의사) 중심의 구매 결정 과정도 의료 서비스의 특성 중 하나로 볼 수 있다. 의료 서비스 구매에 있어 최초 의료기관 및 의사 선택은 소비자인 환자의 선택에 의해서 주도적으로 결정되지만, 의료진 결정 이후의 병리학적인 검사(예: 혈액 검사, 엑스레이 검사 등)와 치료 과정상의 각종 진단 및 처치, 치료 일정, 수술 여부, 퇴원 후 통원 치료 등 대부분의 의료 서비스 진행 과정상의 구매 결정은 의사가 주도권을 가지고 진행한다.

무형성(Intangibility) −형체가 없음	동시성(Simultaneity) −생산과 소비가 동시에 발생함
• 보거나 만질 수 없음 −강의, 상담, 진료	• 생산과 동시에 소멸됨 • 소비자도 생산 과정에 참여함 −통신, 상담, 진료
이질성(Heterogeneity) −모든 서비스가 매번 다름	소멸성(Perishability) −판매되지 않은 서비스는 사라짐
• 표준화가 어려움 −의사의 의료 서비스는 일정치 않음 −보험 설계사에 따라 고객에 대한 서비스가 다름 −같은 병에 대한 치료도 의사와 환자의 여건에 따라 다름	• 재고로 보관할 수 없음 −환자가 없는 시간대의 진료 서비스 −목적지행 비행기의 빈 좌석 −사용량이 적은 시간대의 전기나 통신 서비스

출처: 최호 외, 2008

[그림 I−1] 의료 서비스의 특성

또한 제3자에 의한 간접 지불 및 간접비용 지출 또한 다른 서비스와 비교되는 특성으로 볼 수 있다. 의료 서비스의 경우 일부 제한적인 비급여 서비스를 제외하고는 많은 의료 서비스의 비용 지불이 환자 본인뿐 아니라 건강보험에서 일정 부분을 지불하게 된다. 또한 의료 서비스를 이용할 경우 의료 서비스에 대한 직접비용 이외에 고객들이 의료 서비스 이용과 관련하여 정신적, 육체적 그리고 시간 비용을 지불한다. 의료 서비스는 다른 서비스에 비해 상대적으로 많은 간접비용이 발생하는데, 이는 실제 진료에 소요되는 시간 대비 대기 시간이 길고 서비스 자체가 정신적, 육체적 고통이 크기 때문이다(유명희, 2009).

2) 의료 서비스의 구성 요소

의료 서비스의 구성 요소에 대하여 논하기 위해 Thomas(1978)가 분류한 서비스 분야의 특성에 따른 분류를 의료 서비스에 적용해 보면, 우선 서비스 제공 과정의 핵심이 인력인지, 장비인지에 따라 구분할 수 있으며, 이 중에서 인력 중시의 서비스는 다시 전문가 서비스, 숙련 노동이 필요한 서비스, 비숙련 노동 서비스 등으로 세분할 수 있다. 장비 중심의 서비스의 경우에도 자동화 장비, 숙련 노동 인력에 의해 운영되는 장비, 비숙련 노동 인력에 의해 운영되는 장비로 구분할 수 있다. 이를 그림으로 나타내면 다음과 같다.

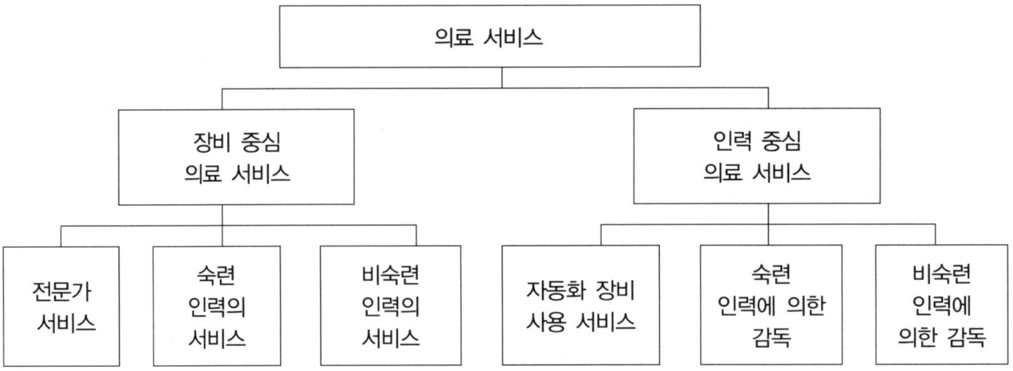

출처: 장영순, 2005

[그림 I-2] 의료 서비스의 분류

박재산(2000)은 병원 입원 환자가 인지하는 의료 서비스 질, 만족도, 서비스 가치, 병원 재이용 의사간의 인과 관계 분석에서의 의료 서비스 품질을 보살핌, 진료 서비스, 이용 절차 병원 내 분위기, 시설 및 설비, 청결, 서비스 적정성 및 건강 상태 등 7개 요인으로 분류하였다.

박장순(2003)은 의료 이용 전후 기대와 만족 수준 비교에서 의료 서비스 품질(만족)을 시설과 환경, 의료진의 기술/전문성, 절차 편리성, 병원 직원 친절/성의, 치료 결과 등 5개 요인으로 분류하였다.

이 경우(2001)는 의료 서비스의 인식 차이와 만족이 재방문에 미치는 영향력에 관한 연구에서 의료 서비스 품질을 접근성, 편의성, 물리적 환경, 인적 서비스 등 3개 요인으로 분류하였다.

3) 의료 서비스 선택 요인

일반적으로 환자들이 원하는 의료 서비스를 받기 위해 의료기관을 선택하는 데에 있어서 매우 다양한 요인들이 복잡하게 연계되어 있다.

김병량(2000)은 의료 시설의 선택 요인으로 수요자의 성별, 연령 구조, 소득 수준, 교육 정도, 증상 인지도, 병력 등과 같은 사회 경제적인 속성과 의료 서비스의 공급자인 의료 시설의 규모, 의료 인력, 접근성, 대기 시간, 친절도, 의료 수가, 진료 과목 등을 들고 있다.

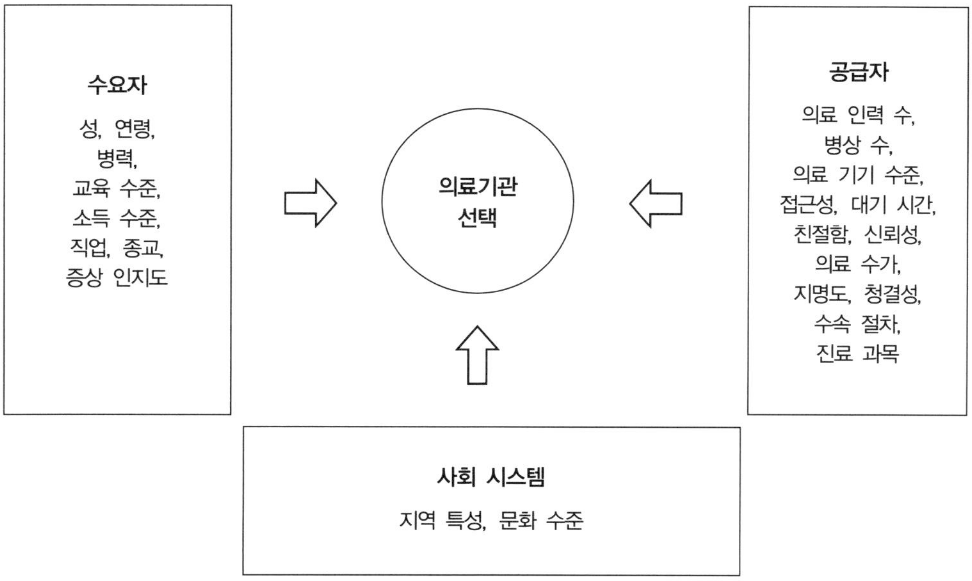

출처: 김병량, 2000

[그림 I-3] 의료 시설의 선택 요인

또한 미국병원협회에서는 교통, 건물의 위치(건물 유지 상태, 주차장, 청결 상태), 접수실(접수자의 태도, 외모, 능률성), 병실(청결, 실내 장식, 병상의 크기, 쾌적도), 이용 경험(가격, 종사자의 태도), 수납(창구의 시각적 인상, 환자 교육, 가정 방문 등) 등을 병원 선택의 요인으로 들고 있다.

4) 의료 서비스 산업의 특징 및 현황

(1) 의료 서비스 산업의 특징

의료 서비스 산업의 특징은 공공재적 성격을 가진 산업이라는 것과 전체 보건 산업의 구심점 역할을 한다는 것 그리고 차세대 신성장 동력 산업이라는 것으로 구체적인 내용은 다음과 같다.

① **공공재적 성격이 강한 산업**: 의료 서비스 산업은 개인의 의료 소비로 개인의 생산성이 향상될 뿐만 아니라 사회 전체의 후생이 증대되는 공공성이 강한 산업이다. 의료 서비스 산업에 대한 높은 접근성은 국민의 건강 수준을 향상시키며, 이는 국가 전체의 생산성 향상과 경제 발전에 기여한다. 또한 의료 서비스 산업은 외부 효과가 큰 재화로서 개인의 의료 소비

는 가족 또는 사회의 편익을 증대한다. 결국 국민의 건강이 사회 전체의 후생 증대를 가져오기 때문에 의료 서비스의 제공에 대해 사회적 연대성 및 정부의 역할이 중요하다(김동백, 2007).

② **보건 의료 산업의 가치 사슬의 중심점 역할**: 의료 서비스 산업은 의료 서비스를 제공하는 생산 주체인 동시에 보건 산업 제품 및 기술을 소비하는 주체로서 그 역할을 하고 있다. 특히 생명 공학, 신약, 첨단 의료 기기 등 고부가 가치 미래 유망 기술 등이 사용되는 주체이며, 임상적으로 그 결과를 확인하는 현장으로 전체 보건 의료 산업의 가치 사슬의 중심점 역할을 수행하고 있다(유명희, 2009).

③ **차세대 신성장 동력 산업**: 의료 서비스 산업은 1인당 부가 가치 및 고용 창출 효과가 매우 높은 산업으로 서비스 산업의 일반적인 특성을 지니고 있다. 사람이 서비스의 주체가 되는 노동 집약적 산업인 동시에 지식이 경쟁력의 핵심이 되는 지식 집약적 산업으로 최근 국가 간 교역이 점차 증가하고 서비스 장벽이 무너지기 시작하면서 의료 서비스 산업의 국제화가 빠르게 진행되고 있다(김동백, 2007).

싱가포르와 태국 등 일부 국가에서는 의료 서비스 산업을 관광 산업과 접목시켜 고부가 가치 산업으로 육성하고 있으며, 한국 정부 역시 2008년 의료관광 산업을 신성장 동력 산업으로 활성화시키겠다는 의지를 표명하고 산업 육성을 위해 박차를 가하고 있다.

(2) 의료 서비스 산업의 현황

의료보험의 급여 확대, 소득 수준의 향상, 건강에 대한 관심 증대 등으로 인해 의료 서비스 산업의 시장 규모가 빠른 속도로 성장하고 있다.

국민 의료비는 국내 총 생산의 6.8%로 국민 의료비의 증가세는 GDP 증가율을 상회하고 있다. 우리나라 GDP 대비 국민 의료비 지출 규모를 보면 1991년 4.5%에서 2001년 6.2%로 증가하였으며 고령화 추세 및 '웰빙' 열풍과 맞물려 고급 의료 서비스 수요는 갈수록 급증할 전망이다.

의료 서비스 산업은 고용 창출 효과 또한 크다. 의료 서비스 산업의 고용 효과를 분석해 보면, 우리나라 전체 산업 중 2.9%의 고용 창출 효과가 있을 것으로 나타난다. 2003년 발표된 OECD Health Data에 의하면 주요 선진 국가의 의료 서비스 비중은 미국 7.6%, 영국 6.7%, 프랑스 7.5%, 독일 6.8% 수준으로 의료 서비스 산업이 우리나라에 있어서도 고용 창출 가능성이 높은 분야로 판단된다. 특히, 의료 서비스 산업은 여성 종사자의 구성비가 타 산업에 비해 높아 여성의 사회 진출 및 권익 증진에 긍정적 영향을 미칠 것으로 예상된다.

〈표 I-2〉 의료 서비스의 고용 창출 현황

(단위: 개소, 명, %)

	사업체 수	종사자 수			종사자 수 구성비	
		계	남자	여자	남자	여자
전체 산업	3,131,963	14,608,322	8,716,135	5,892,187	59.7	40.3
의료 서비스	49,288	425,583	137,230	288,353	32.2	67.8
대비율	1.6	2.9	1.6	4.9		

출처: 통계청, 2003

의료 공급의 증가와 관련하여 국내 의료기관의 병상 수, 의료 종사자 수 그리고 10만 명당 의료인 수에 대한 현황을 살펴보면 〈표 I-3〉과 같다. 의료기관의 경우 1995년 1차, 2차, 3차 의료기관, 치과, 한의원, 기타 부속 병·의원, 조산원, 요양 병원 등을 포함하여 33,377개에서 2006년에는 51,286개로 늘어나 1995년에서 2006년까지 약 10여 년 사이에 1.5배 증가하였다. 또한 병상 수는 1995년 196,232개에서 2006년 410,581개로 늘어나 약 2.1배 증가하였으며, 10만 명당 의료인 수를 보면, 1995년 462명에서 2006년 742.3명으로 늘어나 약 1.6배 증가하였다.

〈표 I-3〉 인구수, 의료기관 수, 병상 수, 의료 종사자 수 현황

(단위: 명, 개)

구분	1995	2000	2003	2006
인구수	45,093,000	47,008,000	47,849,000	48,497,000
의료기관수	33,377	38,665	45,772	51,286
병상 수	196,232	287,401	343,289	410,581
의료 종사자 수	199,998	262,945	308,807	351,300
10만 명당 의료인 수	462	557.9	664.2	742.3

출처: 보건복지가족부, 2007

이와 같이 소득의 증가, 고령화로 인한 의료 수요 증가를 감안하다면 산업적 측면에서의 의료 서비스는 성장 가능성이 매우 높다고 볼 수 있다.

앞으로 고령화 사회로의 이행은 향후 의료 시장 규모를 더욱 확대시킬 것으로 전망된다. 인구 고령화로 인해 만성 질환이 증가할 수밖에 없고, GDP 대비 의료비 지출 비율도 이에 따라 증가할 수밖에 없다. 2000년 총 인구 중 65세 이상 노인 인구 비중이 7%를 초과하였으며, 2020년에서 15.1%에 달할 전망이다. 우리나라 인구 고령화 추세는 일본을 앞지르는 속도로, 일본의 65세 이상 인구 비율이 7%에서 14%로 증가하는 데 24년이 소요되는 것으로 추산되고

있다. 향후 국내 의료 서비스 산업의 시장 규모를 과거 20년간의 추세를 이용하여 단순 예측하면 2010년에는 약 68조 원에 이를 것으로 전망된다(김동백, 2007).

21세기를 맞이하면서 우리 사회는 급격한 대내외적 환경 변화를 경험하고 있으며, 특히 국내외 의료 시장의 급속한 변화는 의료 산업 관련 법, 제도 및 규칙 등에 대한 새로운 이슈를 우리 사회에 제공하고 있다(고은지, 2005).

과거 전통과 관행을 바탕으로 안정적으로 유지 · 운영되어 왔던 의료 서비스 산업은 1990년도를 기점으로 내 · 외부적인 경영 환경의 변화를 경험하고 있다. 의료 산업은 초유의 문제들을 해결하고자 다수의 시행착오를 거치며 자구책을 마련 및 정책 방향 설정을 통한 변화 대응에 주력해 왔다.

그러나 이와 같은 노력에도 불구하고 국내 의료 산업의 경영 실태는 아직 매우 취약한 것으로 나타나고 있다.

병원의 부도율의 경우 2004년도에 5.3%를 기록해 일반 제조업 부도율 2.0%보다 두 배 이상 높았으며, 중소 병원의 경우 부도율은 더욱 심각하여 1999~2006년까지 평균 15.6%의 부도율을 나타냈다(권성길, 2008).

의료 서비스 부문의 매출액 대비 원가율은 89.0%(2001년)로 일반 제조업 평균 80.6%에 비해 높은 편이며, 자기 자본 비용은 평균 39.1%로 일반 제조업 평균 42.5%에 비해 낮아 재무 구조가 취약한 편이다. 의료 서비스 산업의 심각한 경영난의 이유는 무엇보다도 의료 서비스 공급자의 인식에 그 원인이 있을 것으로 판단된다.

2. 의료관광의 이해

1) 의료관광의 개념

의료관광의 개념이 대중화된 지는 얼마 되지 않았지만, 그 역사를 살펴보면 아주 오래전으로 거슬러 올라간다. 기원전 3세기 고대 로마에 위치한 Cyprus와 Alexandria는 그리스인들이 가장 선호하는 의료관광지였다.

이 지역들은 당시 기후적인 조건과 정치적인 안정 또는 훌륭한 의료 시설로 알려져 있었다. 또 19세기 고대 영국 남부에 살던 켈트족인 브리튼인들은 독일의 깨끗한 물을 경험하기 위해 독일 스파 리조트로 여행을 가곤 했다.

비록 당시 의료관광이 하나의 산업으로 인식되지는 않았지만 특수한 목적을 가지고 있는 상류층 특수 이익 집단은 끊임없이 그들의 욕구를 충족시킬 수 있는 여행지를 선택하여 아름다운 자연경관을 감상함과 동시에 의료 서비스를 받는 의료관광 형태의 여행을 즐기곤 했다(권성길, 2008).

의료관광은 관광과 연계된 의료 서비스라는 의미로 의료 여행(Medical Travel)이라고 정의하기도 한다. 이는 환자가 치료를 위해 자국의 의료 시스템 대신에 국경을 넘어 해외에 가서 의료 서비스를 받는 모든 행위를 의미한다.

의료관광(Medical Tourism)은 해외 의료 고객 유치 방법 중 하나로서, 의료 서비스와 관광이 상호 복합된 퓨전 분야이다. 의료관광은 의료 서비스와 휴양, 레저, 문화 활동 등 관광 활동이 결합된 새로운 관광 형태로, 의료관광객은 의료와 관광이라는 두 가지 목적을 동시에 이루고자 관광을 하는 것이지만 의료 행위에 비중을 둔 치료 목적의 관광 형태로 해석하는 것이 적합하다. 예를 들면 수술과 사파리 관광 혹은 미용 수술과 스파를 겸하는 것이다.

즉, 의료관광은 의료에 관광을 접목한 것으로 환자가 진료, 휴양과 관광 활동을 병행하는 것뿐 아니라 의료 기술이 뛰어나고 가격 경쟁력이 있는 국가에서 진료받기 위해 여행가는 것까지 포함된다고 할 수 있다(유명희, 2009).

의료관광을 구체화하여 정의한 선행 연구를 살펴보면, Law(1996)는 의료관광이란 '자신의 건강 상태를 개선시킬 목적으로 집을 떠나 행하는 레저 활동'이라고 하였다. 또 Cupta(2004)는 '수술과 그 밖의 다른 형태의 전문적인 치료를 필요로 하는 환자들에게 관광 산업과 결합하여 저렴한 비용으로 효과적인 의료 서비스를 제공하는 것'으로 광의적인 정의를 하였다.

Anna Pollock와 Peter Willianms(2000)는 "의료관광이란 건강과 행복을 개선하고 유지할 수 있게 하는 관광 상품과 서비스를 사용하기 위하여 직장과 가정의 혼란으로부터 벗어나는 여가적이고 휴양적이며 교육적인 행동을 의미한다"고 하였다.

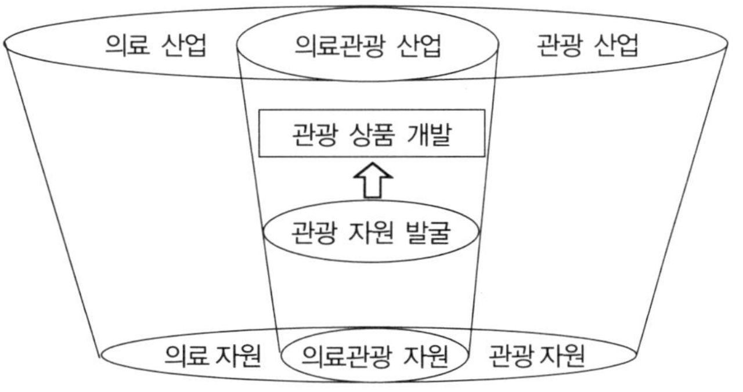

출처: 김태영, 2008

[그림 I-4] 의료관광 산업의 개념도

의료관광 정의에 대한 국내 사례를 보면, 한국관광공사(2005)는 "의료 서비스와 휴양 콘텐츠, 레저, 문화 활동 등 관광 활동이 결합된 새로운 관광 형태를 의미한다"고 하였다. 또 황여임(2005)은 의료관광은 '질병의 예방 및 치료 혹은 육체적, 정신적 아름다움 추구를 목적으로 하는 특수 이익 집단(Special Interest Group)이 선택하는 관광의 유형'이라고 정의하고 있다.

위의 국내외 선행 연구를 통해 의료관광의 정의를 내리면, 의료관광은 자국과 비교하여 가격 경쟁력과 효과적인 의료 서비스 혜택을 받는 것을 주목적으로 관광을 통한 문화 체험과 휴양을 통하여 심신의 치료와 함께 자기 개발을 위한 여행이라고 정의할 수 있다.

의료관광은 국가적 관점에서 볼 때 고부가 가치를 창출하며 고품격 관광을 통한 고객 만족을 창출할 수 있다는 점과 국제 문화의 교류를 통한 국가의 이미지를 높일 수 있다는 점에서 국가적 전략 산업으로 주시되어 의료관광의 잠재 수요에 대비한 건강 진단이나 치료 등 의료 서비스를 받는 동시에 주변 관광지와 연계하여 여행, 휴양, 문화 체험 등 특별한 경험을 통하여 건강과 삶의 보람을 찾을 수 있는 상품 개발에 노력을 기울여야 할 것이다.

2) 의료관광의 발전 요인

(1) 국가 간 이동 용이

의료관광이 발전하게 된 요인 중에, 먼저 국제화, 소득 증대, 여행비 감소로 인해 국가 간의 여행이 일반적으로 증가한 것을 들 수 있다. 구체적인 예로 EU의 출현으로 유럽 내 이동은 국내 도시 간 이동만큼 용이해졌다. 의료관광을 육성시키는 동남아시아 국가들은 의료 비자 발급 등을 통해 해외 환자의 입국을 매우 간소화하였다. 또한 2000년 이후 저가 항공사의 출현은 유럽 도시 간의 항공 여비를 대폭 축소시켜 여행비가 의료관광의 장애가 되지는 않는다.

(2) 소비자 의식 및 주권

환자들은 이제 자국의 규제된 혹은 고비용의 의료 시스템에 의존하기보다는 시급한 치료를 받기 위해서나 저렴한 치료를 받기 위해 해외로 나감으로써 소비자 주권을 행사하고 있다. 국제화가 급속히 진행되면서 여행, 교육, 무역을 위해 해외로 나가는 것처럼 치료를 위해 해외로 나가고 있다.

(3) 정보 유통

정보의 발전으로 인해 각국 간 가격과 의료 서비스 품질의 비교가 가능해져 환자들은 가격에 더욱 민감해졌다. 특히 인터넷과 일반 미디어의 해외 의료 정보의 제공 때문에 고객들은 의료관광을 더욱 잘 이해하고 있다.

(4) 인증 및 품질 확보

해외 환자에 적극적인 동남아시아의 병원들은 미국의 병원 인증 제도인 JCI 인증을 취득하고 병원의 시설 및 장비를 현대화하며 선진국 경영진 및 자본을 도입하여 미국 및 영국 병원과 동등한 수준이 되고자 노력하고 있다. 또한 선진국에서 학위 혹은 수련을 받은 의료진을 확보하여 해외 환자 및 알선 기관의 신뢰를 얻고 있고, 의료관광의 가장 중요한 요인인 언어 문제를 해결하고 있다.

〈표 I-4〉 동남아시아 JCI 인증 병원

China	Beijing United Family Hospital Clinis
	Clifford Hospital, Guangzhou
	Hong Kong Adventist Hospital
	Tsuen Wan Adventist Hospital, Hong Kong
India	Apollo Hospital, Chennai
	Indraprastha Apollo Hospital
	Workhardt Hospital, Mumbai
Thailand	Bumrungrad International
	Bangkok Hospital, Mumbai
Singapore	Alexandra Hospital
	Changi General Hospital
	Institute Of Mental Health/Woodbridge Hospital
	Johns Hopkins Singapore International Medical Center
	KK Women's and Children's Hospital
	National Heart Center of Singapore
	National University Hospital
	Singapore General Hospital
	Tan Tock Seng Hospital
Philippine	St. Luke's Medical Center

출처: www.jointcomissioninternational.com(2006. 4)

(5) 국제적 네트워크

의료 인력과 의료기관들의 국제적 네트워크가 활발히 구축되고 있다. 개발도상국의 의사들은 교육이나 연수를 받은 선진국 병원에 자신의 환자를 소개하고 있다. 또한 역으로 선진국에서 면허를 얻고 활동했던 의료진이 본국으로 돌아가 네트워크를 활용하여 선진국의 환자를 유치하는 것이다.

이러한 예로 태국과 인도를 들 수 있다. 많은 인도의 의대 졸업생들은 미국에서 수련을 받은 후 귀국하여 근무하고 있다. 유명한 예로 Escorts병원의 원장 트레한(Trehan)은 뉴욕대학병원의 심장 외과 교수였으나 인도로 돌아와 국제적인 심장 병원인 Escorts를 설립하였다. 한편 해외에서 학위 혹은 수련을 마친 태국 의사들은 전통적으로 국내로 돌아오고 외국인 치료에 활발히 나서고 있다.

(6) 의료기관들의 상업적 노력

먼저 개별 병원들은 의료 서비스 이외에 휴식과 관광을 연계하여 선진국의 환자들을 유치하는 마케팅 전략을 사용한다. 특히 병원 시설과 입원실 및 숙박 시설을 호텔 수준으로 유지하여 외국인의 편의를 극대화한다. 또한 자국의 환자뿐만 아니라 해외 환자를 유치하기 위해 해외 사무소 설치, 해외 마케팅 에이전시 선정, 해외 광고 등에 적극적으로 나서고 있다.

(7) 의료관광 알선 회사

선진국에서 의사, 간호사, 전문 컨설팅 그룹들이 의료관광 컨설팅 회사 혹은 알선 회사를 설립하여 개별 환자 및 기업들에게 의료관광 정보를 제공하거나 해외 치료를 주선하고 있다. 특히 목적지별로 송출 국가에 근거지를 둔 의료관광 알선 회사들이 있다. 예를 들면 미국 회사인 Medical Tourism International과 Plant Hospital, Global Choice Healthcare 등이 코스타리카 의료관광을 알선하고 있다. 미국의 Indo-USHealth, Planet Hospital, Med Retreat와 영국의 Taj Medical Group이 인도 의료관광을 알선하고 있다.

3) 의료관광의 구조 및 유형

(1) 의료관광의 구조

의료관광은 국경을 넘어 이동이 이루어지는 것이므로, 의료 고객이 거주하는 국가의 의료 환경 실태와 시장 주체의 역할을 살펴봄으로써 의료관광 산업의 구조를 분석하는 것이 필요하다.

첫째는 경제적 주체들로 구성된 송출(outbound) 시장의 구조로서, 이는 높은 가격으로 인해 혹은 적기 치료가 불가능하기 때문에 자국 병원에서 서비스를 받을 수 없는 의료 고객에게 외국에서의 적절한 치료를 받을 수 있도록 지원을 하고 있다.

둘째는 목적지(inbound) 시장의 구조로서, 이는 국가 및 도시, 민간과 정부의 협의체와 같은 조직들로 구성되는데, 의료기관은 외국 의료 고객을 유치하고 의료 서비스를 제공하고, 민간 기관은 숙박, 교통, 관광을 지원하며, 국가 및 도시는 의료관광을 수출 산업으로 육성하기 위해 제도 및 기반 시설을 구축한다(유명희, 2009).

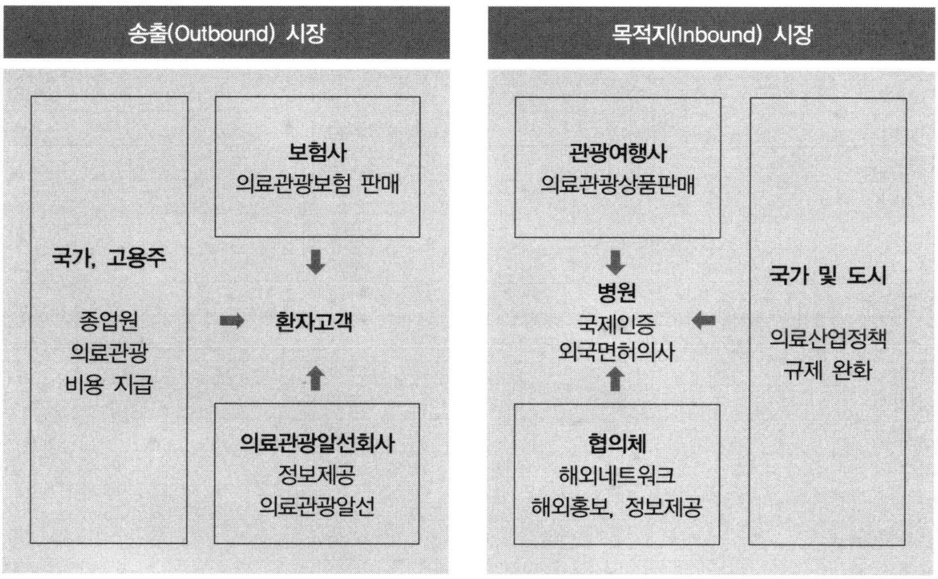

출처: 윤형호, 2007

[그림 I-6] 의료관광 송출(outbound)과 목적지(inbound) 시장

(2) 의료관광의 유형

세계 주요국의 의료 비용 추이를 보면 계속적으로 증가하는 추세에 있다. 관광 산업은 더욱 더 활성화될 것이며, 각 국가마다 다양하고 차별화된 의료관광 상품을 개발할 것으로 예상된다. 2003년 미국의 1인당 의료비 지출액은 5,655달러, 스위스 3,781달러, 독일 2,996달러, 프랑스 2,903달러, 일본 2,139달러 등으로 1990년에 비해 세계 주요국의 1인당 의료 비용이 두 배 이상 증가한 것으로 나타났다.

〈표 I-5〉 국민 1인당 의료비 지출

(단위: 달러)

국가	2001	2006
호주	2,397	2,999(2005)
오스트리아	2,890	3,606
벨기에	2,484	3,488
캐나다	2,731	3,678
체코	1,082	1,490
덴마크	2,521	3,349
핀란드	1,913	2,668
프랑스	2,590	3,449
독일	2,809	3,371
그리스	1,669	2,483
헝가리	971	1,504
아이슬란드	2,846	3,340
아일랜드	2,128	3,082
이탈리아	2,215	2,614
일본	2,080	2,474(2005)
한국	907	1,480
룩셈부르크	2,738	4,303
멕시코	551	794
네덜란드	2,556	3,391
뉴질랜드	1,707	2,448
노르웨이	3,266	4,520
폴란드	642	910
포르투갈	1,569	2,120
슬로바키아	665	1,130(2005)
스페인	1,636	2,458
스웨덴	2,511	3,202
스위스	3,471	4,311
터키	456	591(2005)
영국	2,021	2,760
미국	4,915	6,714
평균a(30)	2,098	2,824
최근 평균b(30)		2,824

따라서 의료관광 상품을 개발하고 홍보를 하기 위해서는 관광객의 수요와 관심 분야를 정확하게 분석하고 제공할 상품을 준비해야 한다. 의료관광의 유형은 수요자의 요구 및 공급하는 국가, 지역의 특성에 따라 몇 가지 유형으로 분류할 수 있다.

① **질병 의료관광(Surgical Medical Tour)**: 특정 질병이 있는 불특정 다수의 환자들이 질병치료의 전문 의료인을 찾아 심장 수술, 장기 이식, 골수 이식과 같이 생명의 보존과 직결되는

종류의 응급한 상황에서 자국에서 시술되지 못하는 경우 타국에서 수술을 받는 유형이다. 치료의 전후 인근의 관광지를 방문하거나 관광 행위를 할 수 있도록 구성한 의료관광 상품으로서 외국의 경우 관광객 또는 환자와 동반 가족이 치료와 관광 기간 동안 체류할 수 있는 법적 허가와 진료를 받을 수 있는 인프라의 구축이 필요하다. 대표적인 국가로 독일과 요르단이 있다.

② **전통 의료관광**(Tradition Medical Tour): 방문국의 전통 의학에 의한 치료와 관광을 목적으로 하는 의료관광 상품으로서 서양 의학과는 반대의 개념인 생명과 직결되어 있지는 않지만, 만성 질환, 알레르기 등을 치료하고 건강을 유지하기 위해 관광지 고유의 전통 의학을 체험하고 온천과 스파를 즐기는 형태의 의료관광이다. 대표적인 관광지로는 인도의 아유베다나이다.

한국의 한방 치료와 같이 특정 국가의 전통 의학을 활용하여 환자 개인의 체질을 분석하여 치유를 목적으로 하여 개인 맞춤형 건강 생활법으로 인도, 태국 등이 있다.

〈표 I-6〉 소비자의 요구 정도에 따른 의료관광지의 유형

소비자의 요구 정도	의료관광지의 유형	대표적인 관광국
응급한 상황 ↕ 선택적 상황	수술 의료관광지(Surgical Attraction)	독일, 요르단
	체험 의료관광지(Experimental Attraction)	인도
	미용 의료관광지(Esthetical Attraction)	멕시코, 아르헨티나, 태국, 말레이시아, 남아프리카

출처: 황여임, 2005

③ **미용 의료관광**(Esthetical Medical Tour): 외모를 가꾸기 위한 성형 수술이나 미용, 마사지, 온천, 스파 피부 마사지를 위한 의료관광의 유형으로서, 주로 여성들이 애용하는 의료관광 상품이다. 자국에서 체험하지 못한 특별한 미용 관련 서비스 체험이나 의료기술이 뛰어난 국가에서 성형 미용을 받고 관광을 겸하는 의료관광상품을 의미하며 의료 기술이 뛰어난 경우와 상대적으로 자국에 비해 경제적인 비용이 미용 의료관광상품의 동기가 된다.

미용 의료관광은 주로 자국과 가까운 나라를 선택하는 경향이 많다. 대표적인 목적지로 멕시코, 아르헨티나, 태국, 말레이시아, 남아프리카공화국 등이 있다.

④ **휴양 의료관광**(Rest Medical Tour): 휴양지에 적합한 자연환경과 건강을 위한 의료서비스의 인프라가 갖추어진 곳을 방문하여 체류하는 의료관광상품으로서 경제적, 시간적 여유를 가진 관광객이 주 고객이며, 대부분 휴양지 내에서 건강과 의료, 휴양을 위해 장기 체류하는 의료관광객이 많다.

〈표 I-7〉 의료관광 국가의 특화 의료 상품

구분	심장	성형	치과	불임	척추	정형	고관절전치술	종양
브라질		◉						
코스타리카		◉	◉					
체코			◉					
헝가리			◉					
인도	◉				◉	◉	◉	◉
말레이시아	◉					◉	◉	
멕시코		◉	◉					
싱가포르	◉			◉	◉	◉	◉	◉
남아공화국		◉	◉					
태국	◉	◉	◉	◉	◉	◉	◉	◉
아랍에미리트	◉					◉	◉	◉

출처: Patient Beyond Borders

4) 의료관광의 지역별 특성과 시장

(1) 유럽 시장

의료관광은 유럽에서 처음 시작되었다. 유럽은 하나의 시장으로 의료 서비스 수준의 동일성, 유사한 문화적 환경, 지역적 이동의 편의성 때문에 환자들은 비교적 타국의 의료기관을 방문하기가 용이하고 의료기관 및 의료진들은 타국에 사무소를 열고 영업을 하는 데 지장이 없었다.

특히 영국은 공공 의료 시스템을 가지고 있지만 환자들이 비응급 수술인 경우 대기 시간이 길기 때문에 외국에서 치료를 받게 되었고, 외국의 의료기관들도 국경을 건너 영업을 하는 것에 규제가 없으므로 자연스럽게 영국에 사무소를 차리게 되었다. 현재 유럽의 의료관광 시장은 비교적 인건비가 저렴한 헝가리, 체코, 폴란드와 같은 동유럽 국가 의료기관들이 영국을 비롯한 서유럽 시장의 고객을 상대로 활발히 영업을 하고 있다(윤형호, 2007).

(2) 동남아시아 시장

동남아시아는 또 하나의 큰 의료관광 시장으로 태국, 싱가포르, 말레이시아의 대형 병원들은 자국 거주 외국인, 호주 및 인접 동남아시아의 거주 외국인들을 대상으로 의료관광을 시행하였다. 처음에는 지역 거주 외국인들이 동남아시아 병원 가운데 국제적 인증이 있고 서구에서 교육을 받은 의료진이 있는 병원들을 이용하기 시작하였다. 이 후 이러한 외국인 이용이 발전되어 미국, 유럽과 같이 원거리로부터 외국인이 방문하기 시작하였다. 아직도 동남아시아 의료관광은 원거리 의료관광보다는 근거리 의료관광이 일반적이다.

(3) 북미 시장

북미 시장은 송출 및 목적지 시장 모두의 역할을 하고 있다. Mayo Clinic과 MD Anderson과 같은 미국의 유명 병원에는 전 세계에서 중증 환자들이 전문적 치료를 받기 위해 방문을 하고 있다. 반대로 미국의 비보험 혹은 저소득 환자들은 비싼 국내 의료비를 감당하지 못해 해외에서 저렴한 치료를 받고 있다. 미국인의 의료관광의 시작은 영국보다 늦게 시작되었고 보험사들이 해외 치료비를 지급하지 않기 때문에 활성화가 더디게 되고 있다. 미국인들의 목적지는 성형 수술의 경우 남미가 많고 선택 수술의 경우 동남아시아를 선택하고 있다.

II. 의료관광의 현황

1. 해외 의료관광의 현황

아시아 지역의 주요 의료관광국으로는 태국, 인도, 말레이시아, 싱가포르 등을 꼽을 수 있는데, 그 가운데 태국, 인도, 말레이시아는 낮은 의료 수가와 관광 비용 등 가격 경쟁력을 가지고 있어서 관광 중심의 외국인 환자가 조기에 급속히 늘어나는 양상을 보였다.

국가별 특징을 보면, 싱가포르는 국제 네트워크 구축을 통한 의료 서비스의 고급화와 해외 환자를 위한 전용 서비스 센터(One-stop Service Center)를 운영하는 등 적극적인 의료관광 활성화를 통해 2012년까지 100만 명의 해외 환자 유치와 30억 달러의 외화 수입, 1만 3천 개의 일자리 창출을 계획하고 있다.

태국은 경쟁 우위 산업인 관광을 최대한 활용하여 치료 + 휴양 콘셉트로 성공한 대표적인 지역으로 세계 제일의 의료관광객 유치 실적을 기록하여 2007년 150만 명의 환자와 2조 6천억 원의 의료관광 수입을 올리고 있다.

인도는 저렴한 진료비(선진국 대비 1/8의 수술 비용, 태국에 비해 30% 이상 저렴), 짧은 시술 대기 시간, 선진 의료 기술의 확보, IT 강점을 활용한 홍보 및 고객 유치, 의료관광을 다른 수출 산업과 같이 우대하는 정부 지원 정책에 힘입어 매년 15%씩 성장하고 있다.

이들 나라의 의료관광 성공 요인을 보면, 선진국 대비 저렴한 수가와 대기 시간이 없는 시술, 선진 의료 기술을 통한 국제적 신뢰 구축, IT와 네트워크를 활용한 홍보와 고객 유치, 의료관광을 주요 수출 산업으로 육성, 외국인 직접 투자 허용, 투자 한도 확대 등의 정부의 적극적인 정책 지원, 차별화된 틈새 시장의 공략으로 고부가 가치 창출, 의료와 건강관리 서비스의 연계 성장, 경쟁 평가 시스템으로 공공 의료기관의 경쟁력 강화, 해외 환자 전용 서비스 센터 운영 등을 들 수 있다.

1) 태국의 의료관광

전 세계에서 가장 많은 의료관광객을 유치하고 아시아에서 의료관광으로 외화를 가장 많이 벌어들인 나라가 태국이다. 2006년 120만 명의 의료관광객을 유치하였으며, 2010년에는 200만 명 유치를 목표로 하고 있다. 태국 정부는 외래 관광객의 40%를 의료관광객으로 보고 있으며, 관광과 의료 서비스를 연계하는 의료관광을 차세대 국가 핵심 사업으로 선정하고 이를 집중 육성하고 있다(백광, 2005).

태국 내각은 2004년 6월 "태국을 아시아에서 건강의 수도(The Health Capital)가 되게 하겠다"는 정부의 안을 비준하여 추진하였다. 태국 공중보건부(The Ministry of Public Health)는 HA-Thailand(The Institute of Hospital Quality Improvement & Accreditation, 병원질향상인증원)를 통하여 민간 병원 협회의 208개 모든 병원의 서비스 품질과 환자 안전 기준을 관리하는 등 보건 의료 서비스의 품질 관리를 강화하고 있다. 또한 Spa Association(온천협회)을 통해 온천 시설 및 서비스에 대한 상품 기준을 마련하여 인증(Certificate)에 의한 품질 보증 제도를 마련하였다. 이러한 서비스 품질 관리 노력을 통하여 양질의 보건 의료 서비스를 제공하고자 노력하고 있다(한국보건산업진흥원, 2008).

태국 공중보건부는 보건 의료 서비스에 대한 국가 차원의 해외 홍보를 적극적으로 추진하고 있다. 또한 병원 협회에서 외국인을 위하여 방콕과 파타야 소재 16개 병원에 대해서 적극적인 대외 홍보에 나서고 있으며, 태국 상무부의 수출 진흥국과 관광청이 의료 서비스 수출 진흥을 위한 마케팅 및 홍보 활동을 공동으로 전개하고 있다. 태국 공중보건부 정책 전략국도 싱가포르와 같이 해외 환자 입국 과정을 간소화하였다.

의료관광객들이 태국을 찾는 가장 큰 이유는 단연 미용의 목적이다. 특히 성형 수술과 라식 수술의 비용은 다른 나라와 비교할 때 확연히 차이가 나고 있다. 따라서 태국은 미용 시술 분야에서 세계적으로 높은 비용 우위를 보이고 있는 것을 알 수 있다.

〈표 II-1〉 국제 의료 가격 비교

(단위: 만 원)

진료과	의료 서비스 항목	싱가포르	태국	인도	미국	한국
안과	라식 수술		150	115	430	213
산부인과	자연 분만	252	107		699	125
	제왕 절개	396	155		1,540	231
성형외과	유방 확대		200	364	622	578
	쌍꺼풀		85	163	431	156
	주름 제거술		405	278	724	550
정형외과	인공 관절 수술	918	957	727	3924	1,180
흉부외과	관상동맥 우회술		1,148	1,053	11,771	1,825

출처: 한국보건산업진흥원, 2007

태국에서 가장 활발하게 외국인 환자를 유치하고 있는 범룽랏병원은 15만 명의 의료관광객을 유치하였고, 2006년 364억 바트를 벌어들였다. 이 병원은 마치 최고급 호텔과 최신 병원을 결합한 것 같은 모습이다. 병원 내에는 소비자 편의를 위해 스타벅스 커피와 맥도널드 햄버거를 입점시켰고, 발레 파킹이 가능하며 자체적으로 운영하는 비자 연장 센터가 있다. 또 잘 훈련된 통역사들이 상시 대기하고 있으며, 의료 및 시술 후 휴양할 수 있는 123개의 멋진 호텔 수준의 병실이 준비되어 있다. 많은 의료진이 미국 의사 면허를 소지하고 있으며, 미국 병원과의 연계 및 협력은 계속 늘어나고 있다. 위생 기준 및 모든 면에서 여타 인도, 싱가포르 및 태국 내 다른 병원들의 시설을 능가한다(변정환, 2009).

범룽랏병원은 1980년에 설립된 후 꾸준히 종합병원으로 성장해 온 결과, 현재 16가지 의료 분야에 걸쳐 광범위한 임상 및 치료 업무를 수행하고 있으며, 아시아 최초로 국제적으로 공인된 의료 품질 심사인 ISO9001과 ISO14001 등 세 분야의 심사를 통과하였으며, 600명이 넘는 전문의를 보유하고 있는 동남아시아 최대의 국제적인 종합병원이다.

범룽랏병원은 해외 사무소를 활용해 적극적인 마케팅을 전개하고 있다. 사무소는 오스트레일리아, 네덜란드, 방글라데시, 캄보디아, 에티오피아, 홍콩, 마카오, 몰디브, 미얀마, 네팔, 오만, 스리랑카, 타이완, 베트남에 있다. 가장 중요한 것으로 해외의 전문 여행 회사와의 협력 및 연계 관계이다. 북미의 Flight Center North America와 유럽의 Diethelm Travel Asia와 같은 현지의 전문적인 여행 그룹과 제휴하여 해외 환자에 대한 홍보, 유치를 의뢰하고 있다(윤형호, 2007).

〈표 II-2〉 국가별 성형 수술 비용 비교

(단위: 달러)

구분	태국	일본	영국	미국	한국
주름 제거	4,500	14,500	8,600	8,000	5,000
쌍꺼풀 수술	800	5,600	4,600	3,500	1,200
코 성형	2,200	4,800	6,500	3,000	1,700
유방 확대술	2,300	9,600	7,400	6,000	6,000
지방 흡입술	2,000	4,800	6,400	4,000	4,000
보톡스 주사	300	1,500	1,100	1,000	500

출처: 황여임, 2005

2) 싱가포르의 의료관광

'그린 & 클린 시티'로 불리는 싱가포르는 아시아의 대표적인 관광 대국이다. 동남아시아의 지정학적 Hub 역할을 하고 있으며, 다양한 쇼핑과 국제회의 개최, 박람회, 전시회 개최 등으로 많은 관광 수익을 창출하고 있는 나라이다.

싱가포르는 다민족 국가의 특성과 지리적, 역사적 배경 때문에 의료 서비스 시장과 의료 서비스 제도가 일찍부터 국제화되어 인도네시아, 말레이시아, 브루나이, 태국, 인도 등을 대상으로 환자 유치 활동을 전개해 왔다(유명희, 2009).

2003년부터 공식 출범한 싱가포르 의료 허브, 'Singapore Medicine' 프로그램을 3개 기관이 분담하여 추진하고 있는데, 싱가포르 경제개발청(EDB/Singapore Economic Development Board)과 국제기업 싱가포르(IE/International Enterprise Singapore) 그리고 싱가포르 관광청(STB)이다. EDB는 의료 산업의 경쟁력 강화 지원 업무, IE Singapore는 의료기관과 관련 서비스 업체들의 해외 진출 지원으로 싱가포르 의료 시스템과 각 여행사를 연계한 건강 여행 패키지 등의 상품 개발을 지원하고 있으며, STB는 건강관리(Health Care)를 하나의 부서로 신설하여 해외 의료관광객을 유치하는 업무를 각각 맡고 있다(오태영, 2004).

singaporemedicine.com은 싱가포르 의료관광을 해외에 홍보하고 외국인 환자에게 편리한 서비스를 제공하기 위해 다음과 같은 계획을 수립하고 있다.

첫째, 싱가포르 의료 서비스 소개로 국립 및 사립 지정 의료기관의 국제 의료 서비스를 소개, 병원별 홈페이지 링크를 통해 상담에서 수속까지 전 과정을 온라인상에서 처리할 수 있는 One-stop 서비스 제공, 각 해외 시장별 현지 시스템에 맞는 마케팅 전략을 수립하여 집행할 예정이며, 향후 싱가포르 내 전체 병원을 하나로 묶는 네트워크를 형성하여 더욱 많은 언어로 사이트를 운영할 계획이다.

둘째, 외국인 환자를 위한 관광 서비스 제공으로 외국인 환자와 가족들에게 여권 수속, 체류 기간 연장, 항공권 예약 업무, 공항 픽업 서비스, 입원 수속 및 연계 교통편, 숙박, 통역 서비스, 여행 비자 업무 등을 대행하는 종합 서비스 강화, 싱가포르 관광청 홈페이지와 연계하여 관광 정보 서비스 제공, 환자 및 보호자들의 관광을 돕기 위해 병원 관계자들은 관광 가이드 자격증을 취득하도록 하고 있다.

싱가포르는 국가의 이중 언어 정책에 힘입어 전 의료진은 영어를 비롯한 각각의 자기 민족에 해당하는 언어를 구사할 수 있다. 뿐만 아니라 간호사 구성 역시 국제화되어 있어 외국인 환자 진료에 문화적, 언어적 장벽은 사실상 거의 존재하지 않는다.

〈표 II-3〉 싱가포르 의료관광의 규모 및 경제적 효과

(단위: 천 명, 억 달러)

구분	2000	2002	2003	2004	2012
환자 수	165	212(28.2)	230(8.6)	260(13.1)	1,000
총 지출	430	550(27.9)	650(18.2)	750(15.4)	3,000
부가 가치	370	500(65.1)	600(20.0)	650(8.3)	2,600
GDP 기여	0.25%	0.3%	0.3%	0.4%	1.10%

출처: Singapore Economic Development Board

싱가포르는 해외 국가들로부터 환자가 전원(referral)되도록 하기 위해 해외에 있는 의사들과의 국제 네트워크를 구축하려는 노력도 동시에 기울이고 있다. 그 일환으로 영국과 호주의 의사들과 네트워크 구축을 위해 London Medicine(영국 의사들 대상)이나 Aus Health(호주 의사들 대상) 등의 의사들을 초청하는 싱가포르 방문 프로그램을 진행하고 있다. 이러한 프로그램을 통해 해외 의사들의 싱가포르 의료 시스템에 대한 이해를 돕고 향후 싱가포르로의 환자 전원 체계를 구축하고자 하고 있다. 또한 해외와의 의료 교류 증진을 통해 환자 네트워크 구축을 위해 2004년 11월과 12월 싱가포르는 바레인 및 브루나이 공화국과 의료 인력 교류에 대한 양해 각서를 체결하였다. 싱가포르의 이러한 적극적인 해외 환자 유치 결과 2006년 기준 약 41만 명의 해외 환자를 유치하였으며, 2012년까지 100만 명의 의료관광객 유치를 위해 노력하고 있다.

의료 허브화를 위한 마케팅(1)

해외 의료 광고 규정 완화	우수한 의료 브랜드 연계	가격의 투명성 강화, 전문의들의 진료비	One-stop 서비스 센터 구축
공공 병원과 병원법 재정비 완화	우수 의과대학 유치, 종합병원 합작 운영	병원 의료비 견적, 약품 가격 데이터 발표	외국인 환자에게 비자 신청 병원 안내, 숙박 알선 등

의료 허브화를 위한 마케팅(2)

치료 목적의 입국자에 대한 입국 심사 간소화	국제 추천 네트워크 확대 - 싱가포르에서 교육을 받은 동남아시아 의사 활용 - 국제 및 동남아시아 지역 내 의료 회의, 전시회, 연수 등 다수 개최 - 동남아시아 내에 대학병원 및 의료기관에 투자 - 의료 무역단 조직: 싱가포르 방문단

출처: 싱가포르 관광청, 2006

[그림 II-1] 싱가포르 의료 허브화를 위한 마케팅

싱가포르에서 가장 활발한 의료관광을 펼치고 있는 Parkway Group은 의료 서비스 및 건강관리의 종합 서비스 그룹으로 싱가포르 내에 3개의 종합병원과 인근 말레이시아, 인도, 브루나이 등에 병원을 운영하고 있다. 2003년과 2004년에는 아시아 최우수 경영상을 수상하였다. 싱가포르 주식 시장에 상장되어 있으며, 병원뿐만 아니라 종합 의료 서비스 관련 자회사로 연구소, 종합검진, 의료 기구 연구 개발 등의 관련사를 두고 있다. 2005년 투자 펀드인 Newbridge Capital and Associate가 지분의 26%를 인수하였다. 그리고 미국의 병원경영협의회가 인정한 세계 10대 병원 중의 하나로 아시아 지역에서는 유일하다(윤형호, 2007).

Parkway Group에는 Mount Elizabeth Hospital(505병상), Gleneagles Hospital(380병상), East Shore Hospital(123병상)이 있으며, 3개 병원이 전체 그룹 병원 환자의 60%를 차지하고 있다. 그중 Parkway Group의 대표 병원인 Mount Elizabeth Hospital은 전속 의사 337명과 개방 병원형 의사(attending physician) 1,100명을 보유한 대형 종합병원으로 아시아 최초로 ISO9001: 2000 인증서를 획득하였으며 간 이식, 신장 이식, PET SCAN 검사 등에서 3차 진료기관의 역할을 수행하고 있다.

환자의 대부분은 건강 체크와 같은 경미한 치료를 목적으로 Parkway Group병원을 찾고 있지만, 약 30,000명은 암과 심장병 등 중증 치료를 위해 온다. Parkway Group 수입의 40%는 외국인으로부터 나오며, 2005년에는 17,000명의 외국인이 입원하였고 외래 환자가 140,000명에 달했다.

Parkway Group은 14개국에 사무소를 두고 있고 국제화에 힘을 쏟고 있다. 또 44개의 International Patient Assistance Centres(IPACs)를 운영하고 있다. 홈페이지와 24시간 핫라인을 가동하여 상담 및 예약, 응급 후송, 항공 후송, 호텔 예약, 공항 교통, 비용 상담, 통역, 비자 처리, 종교 활동, 지역 관광 등을 지원한다.

〈표 II-4〉 싱가포르와 한국의 의료 환경 비교

항목	싱가포르	한국
주식회사형 병원	합법. 주식 시장에도 상장 가능	금지. 비(非)영리법인만 병원 설립가능(의료법 제30조, 제44조)
병원 소유 지분	금융 기관이나 투자자가 병원 지분에 참여 가능	의료인이 아닌 경우 병원 개설 또는 참여 불가능(의료법 제30조)
병원 마케팅	특정 회사와 계약 맺어 소속 직원 전담 치료 가능	영리를 목적으로 환자를 의료기관에 유인·알선하는 행위에 해당되어 불법(의료법 제25조)
신용 카드사와 제휴	특정 카드로 치료비 결제하면 진료비 할인 혜택 제공	환자 유인·알선 행위에 해당되어 금지
진료비 할인	할인 서비스 공지 가능	환자 유인·알선 행위에 해당되어 금지
외국인 의사	영리 목적의 의료 행위에 일부 허용	학술·봉사 목적의 의료 행위만 허용(의료법 시행규칙 제20조)
진료 외 사업	병원에서 영양제·건강 보조제·특수 칫솔 등 판매 가능	의료기관은 학술·교육 목적 외의 영리 활동 금지(의료법 제42조)
서비스 차등화	서비스 수준에 따라 진료비 차등 청구 가능	국민건강보험법에 규정된 진료비만 청구 가능(건강보험법 제39조)

3) 말레이시아의 의료관광

1998년에서 2001년까지 3년 동안 말레이시아의 의료관광 산업은 92%의 성장률을 보였다. 말레이시아도 역시 태국과 마찬가지로 미용 분야에서 강세를 보이고 있으나 태국보다 조금 더 앞서가는 것은 의료관광 산업에 대한 정부의 적극적인 홍보와 지원이다.

말레이시아 정부는 최근 병원이 의료 서비스에 대해 홍보를 할 수 없도록 한 법조항을 폐지해 병원들이 적극적으로 마케팅에 나설 수 있는 길을 텄고, 페낭 관광객 중 20%는 의료관광객일 정도로 말레이시아의 의료관광에 대한 개념은 1997년부터 자리 잡기 시작하였다. 또 말레이시아 보건관광부는 말레이시아 대사관을 중심으로 의료관광에 대한 정보를 제공하고 책자를 배포하고 있으며, 주요 병원들과의 연결도 대행해 주고 있다. 그리고 Hospital과 Hotel을 합친 개념인 'Hospitels'를 소개하며 싱가포르와 태국에 비해 20~50% 낮은 비용으로 의료관광객의 증가를 유도하고 있다(서병로 · 강한승 · 김기홍, 2009).

현재 세계에서 가장 조직적으로 활동 중인 말레이시아 의료관광위원회가 5가지 단계의 의료관광 개발 방안을 발표하였는데, 〈표 II-4〉와 같다.

〈표 II-4〉 말레이시아의 의료관광 개발 방안

1단계	2단계	3단계	4단계	5단계
목표 국가 설정, 그 국가 소비자 기호를 파악, 전략 수립	민간 의료기관에 소속, 의료진의 의료서비스 질 향상에 중점	의료관광 프로그램에 참여, 개인 병원에 세금 혜택	출입국 관련 부서, 호텔과 말레이시아 개인 병원의 대표 소집	개인 병원의 마케팅과 홍보를 위한 개발 전략 수립

4) 인도의 의료관광

인도는 마음과 몸을 정화시키고 안정시키는 '웰빙의 목적지'로 그 명성을 얻어왔다. 인도의 전통적인 의술인 아유르베다(Ayurveda)부터 자연 요법(Naturopathy), 티벳 의학(Tibetan Medicine), 호메오파시요법(Homoeopathy), 시다 요법(Siddha), 우나니 의학(Unani Medicine) 등과 같은 다양한 치료법을 제공하고 있다(Bangalore, 2004).

의료관광을 위해 인도를 찾는 여행객이 2004년에는 15만 명이었으며, 그 규모는 매년 15%씩 증가할 것으로 보고 있다. 인도산업연맹(IC)과 Mackinsey가 공동으로 작성한 보고서에 따르면 인도가 의료관광으로 벌어들이는 수입이 2012년에는 22억 달러에 달할 것으로 예상되고 있다. 이는 인도가 뛰어난 의료진이 풍부한 반면, 의료비는 선진국에 비해 절반 정도로 저렴하기 때문으로 의료관광 산업이 조만간 인도의 소프트웨어 산업을 따라잡을 것으로 전망했다. 인도의 광활한 땅에 지어진 최첨단 메디컬 센터들은 개발도상국의 비용으로 선진국 수준의 치료 서비스를 제공하고 있다.

인도는 다양한 치료법과 현저히 낮은 가격뿐만 아니라 세계적인 수준의 의료 서비스와 설비를 제공하고 있다는 것이 알려지면서 이웃 국가들만이 아닌 전 세계의 손님들을 유혹하고 있다. 미국이나 영국 같은 선진국과 비교해 치과 치료나 기타 개체 혈관 수술, 주요한 혈관 형성술 등은 훨씬 낮은 가격으로 인도에서 치료를 받을 수 있다. 이 같은 추세는 미국이나 영국 같은 선진국의 국제 보험사들까지도 인도의 특화된 병원들을 공제 대상으로 삼으면서 의료관광지로서의 인도에 관심을 가지기 시작했다.

선진국에서는 개인 건강관리에 비용이 매우 많이 들며, 진료 시간을 잡는 데에도 시간이 걸린다. 외국 환자들이 가장 많이 받는 수술은 엉덩이와 무릎 복원술, 불임, 신경외과, 장기 이식, 성형 수술뿐만 아니라 심장 질환, 위장 질환, 암 관련 수술, 정형외과 수술 등이다.

아폴로 병원만 해도 1년에 심장 수술만 1만 7,000번 이상 시술하고 있으며, 이 중 실패율은 0.3% 미만이다. 에스코트 심장 병원의 나모싱 디소스는 올해만 70여 건의 심혈관 수술을 진행했다. 이 수술은 미국, 영국 등 선진국에서도 실패 확률이 높은데 이 병원의 성공률은 96%에 이를 정도이다.

인도가 의료관광의 강국이 될 수 있었던 요소로 다음의 내용을 들 수 있다.

첫째, 저렴한 비용이다. 인도 병원이 인기를 끄는 가장 큰 이유는 저렴한 비용으로 선진국 수준의 의료 서비스를 받을 수 있기 때문이다. 치료비가 미국의 10%, 영국의 15% 수준이다. 예를 들면 미국에서는 3만 달러가 드는 기본적인 정형외과 수술이 인도에서는 4천 달러 정도면 충분하고 만약 신장 이식 수술을 받는다면 미국에서는 7만 5천에서 8만 달러가 들고, 영국에서는 3만 5천에서 4만 5천 파운드가 드는데 인도에서는 7천에서 8천 달러면 된다.

둘째, 언어의 원활한 소통이다. 인도는 영어 교육이 의무화되면서 의사들뿐만 아니라 대부분의 인도 국민들이 영어를 사용한다. 유명 병원 의사의 20%는 영국, 미국의 의료 시설에서 교육을 받았거나 개업했던 의사들로 구성되어 의료관광객과 의사 사이에 직접적인 언어 소통이 가능하여 관광객의 니즈(Needs)를 파악하고 최고의 서비스를 제공할 수 있다.

셋째, IT(Information Technology) 산업의 발전이다. 인도의 IT 산업은 인터넷을 통한 온라인 홍보를 강화시켰고, 의료관광 시스템을 체계화하였으며, 여기에 소요되는 시간을 최소한으로 단축시켰다. 실제로 이 연구를 위한 조사 단계에서도 인도의 의료관광에 관한 영문 자료가 가장 많이 발견되었는데 이는 홍보의 네트워크 파워가 그만큼 크다는 것을 말해 준다.

넷째, 비자 등의 방문 절차 간소화이다. 인도 정부 관광국은 환자와 환자 동행인에 한해 의료 비자를 발급하여 인도에서 1년 연장하면 3년까지 머무를 수 있도록 하고 있다(백광, 2005).

인도는 이미 2002년부터 보건 정책 개정(National Health Policy Reforms)을 통해 타국에 비해 높은 비용 우위를 자본화하기 위해 외국에서 온 환자들의 치료비에 할인 혜택을 주어 인도의 의료 서비스 공급의 확대를 유도하는 데 포커스를 두고 있다고 발표한바 있다.

또 의료 투어에서 생기는 수익은 수출의 새로운 유형으로 인식되어야 하고 더 나아가 국고의 증가로 볼 수 있다고 덧붙였다. 인도의 관광부 장관인 아미타브 칸트(Amitabh Kant)는 2004년 9월 인도 정부가 의료 투어를 전 세계적으로 홍보하기 위해서 국가적 관광 소개 안내 책자인 *Incredible India*에 각종 의료 투어 패키지에 대한 소개를 상세하게 추가시켰다고 밝혔다. 또한 인도 정부는 외국으로부터 수입되고 있는 많은 의료 장비들에 대한 관세를 대폭 낮추어 세계적인 의료 선진국으로서의 발전을 모색하고 있다(서병로 · 강한승 · 김기홍, 2009).

인도 의료관광의 대표적인 병원은 Apollo병원 그룹으로서, Chennai, Hyderabad, Colombo & Kolkata에 병원이 있고, 의료 서비스, 의료 기술, 의료 인력의 수준이 높다. 병원은 JCI 인증을 획득하였고, 아시아 전역에 41곳 8,000여 병상을 가지고 있으며, 전문의 1,800명, 의사 3,800명, 간호사 7,800명 등 총 직원 3만 명의 초대형 병원 그룹으로 인도의 의료관광을 선도하고 있다. Apollo병원의 의료진 중 70%는 서양에서 공부하고 훈련을 받았다.

Apollo병원은 미국, 영국, 네덜란드, 캐나다, 말레이시아, 오만, 아랍에미리트연방 및 모리셔스를 포함하여 55개국 이상으로부터 환자를 받고 있다. 2005년 총 환자의 10%는 외국인이었다. 국제 환자 센터 직원들은 외국인 환자 관리에 있어 10년 이상의 경험이 있으며, 병원은 환자가 도착한 이후 모든 과정을 관리해 주고 있고, 관련 서비스로는 지역 여행 정보, 공항 이동, 진료 예약, 로커 지급, 식단 선택, 통역 서비스, 가족 숙박 시설, 수술 후 휴양 등이 있다.

Apollo병원은 인공관절 전치술(Total Hip and Knee Replacements)과 관련하여 우수한 정형외과 수술 기법을 보유하고 있다. 또한 심장 분야에서 16,200건 이상의 관상동맥 우회술과 3,500건 이상의 mitral balloon valvuoplasities 수술을 시행하였다. 또한 98.5%의 성공률로 49,000건 이상의 심장 수술을 하였다. 아울러 9,400건 이상의 신장 이식 수술을 완성하였다(윤형호, 2007).

5) 미국의 Outbound 의료관광

미국에서 의료관광을 Medical Tour 이외에 Globalization of Healthcare 혹은 Medical Outsourcing이라고 표현하고 있다. 미국 정부는 Medical Outsourcing과 같은 부정적인 이미지를 걱정하면서도 의료 서비스를 받기 위해 외국으로 나가는 자국민들을 묵인하고 있다. 실제로 매일 수백 명씩 치과 치료를 받기 위해 멕시코 국경을 넘고 있다. 많은 보험회사들이 보험 가입자들이 외국에서 의료 서비스를 받은 것을 부분적으로 보험 처리를 해 주고 있다. 이러한 배경은 의료 비용 절감이다. 미국의 관리 의료 시스템이 이제 한계에 다다르면서 민간 보험회사들이 주도가 되어 의료관광을 모색하고 있다. 의료 서비스의 질이 떨어지지 않는 외국으로 보험 가입자들을 유도한다면 보험회사는 지급 비용을 줄일 수 있기 때문이다(윤형호, 2007).

2006년 50만 명 이상의 미국인이 진료를 위해 해외에 나간 것으로 추정된다. 미국의 미보험자들은 국내의 높은 가격 때문에 치료가 어려워 해외에 나가고 있다. 미국 4인 가구의 평균 의료 비용이 노동자가 얻는 일 년 최저 임금을 초과하고 있다. 2005년 미국 센서스에 따르면 보험에 가입되지 않은 인구는 4,600만 명이고 미국 국민의 8% 이상은 7만 5천 달러 이상의 수입을 가지고 있지만 보험 혜택을 받지 못하고 있다. 이들 대부분은 중간 소득 자영업자들로 고액 의료보험을 자비로 가입하기 어렵기 때문에 저렴한 비용에 적절한 치료를 제공하는 의료관광은 합리적인 선택이 될 수 있다. Woodman은 미국의 송출 의료관광 지출이 2010년 200억 달러에 달할 것으로 추정하고 있다(Woodman Josef, 2007). 한편 *The Complete Medical Tourist*의 저자인 David Hancock에 의하면 2010년에 미국인의 의료관광에 대한 지출은 연 40억 달러까지 증가할 것으로 추산된다(Hancock David, 2006).

미국 보험사의 의료관광 동향을 보면, 현재 캘리포니아의 Blue Shield Blue Cross와 Insurer Health Net of California는 멕시코에서 치료를 원하는 보험 가입자에게 저가의 보험 상품을 제공하고 있다. 또한 지역의 중소 보험회사는 기업 혹은 개인에게 저렴하지만 양질의 의료보험을 제공하기 위해 해외 의료를 지급 대상에 포함시키기 시작했다.

또 다른 예로 플로리다의 Boca Ration에 소재한 보험회사인 UGP(United Group Programs)는 태국의 범룽랏병원을 보험 가입자가 치료를 받을 수 있는 첫 번째 해외 병원으로 지정하였고 해외 의료상품의 판매를 추진하고 있다. UGP는 비싼 보험료 때문에 기존 보험사에 의료보험을 들지 못한 중소기업을 상대로 태국의 범룽랏병원에서 치료를 받을 수 있는 보험을 판매하고 있다. 또한 UGP는 인도 Apollo병원을 보험 대상 병원으로 역시 지정하였다. UGP의 보험에 가입하면 기업은 50% 이상 의료보험료를 절약할 수 있으며, 종업원은 본인 부담 비용을 지불하지 않아도 해외에서 치료를 받을 수 있다.

둘째, 기업이 의료 비용을 절감하기 위해 종업원의 해외 의료를 기획하는 사례는 다음과 같다. 노스캐롤라이나에 소재한 제지 회사인 Blue Ridge는 2,000명의 고용자 및 가족을 위한 건강관리 비용 감소 방안을 마련하고 있었다. 이 회사는 CBS의 '60 Minutes'에서 의료관광에 대한 내용을 보고 종업원의 해외 치료를 위해 의료관광 알선 회사인 IndUShealth와 협의를 하였고, 해외에서 치료를 희망하는 근로자를 위한 인센티브 제공을 계획하였다. 이렇게 의료 비용을 절약하려는 민간기업 이외에 웨스트버지니아 주정부 같은 공공 부문도 주공무원이 비응급 수술인 경우 해외에서 치료를 받게 되면 비용 절감의 일부를 당사자에게 환급하는 인센티브 제도를 연구하고 있다(윤형호, 2007).

6) 기타 국가의 의료관광

(1) 멕시코

지역적으로 약 3억 3백만 명 인구의 미국과 가까우며, 그에 따른 많은 잠재 의료관광객을 보유하고 있는 멕시코는 미국인들의 여름휴가를 공략하여 특별한 성형 투어를 제공한다고 한다. 홍보전략 역시 미국과 유럽인들을 대상으로 그들의 요구(Needs)를 분석하여 설계한 패키지 투어 형식의 사업을 활발하게 진행하고 있다.

1994년부터 꾸준히 의료관광을 성공리에 경영하고 있는 'Facelifemaxico'라는 사이트는 멕시코 세인트 미구엘 지역에 10일 주름 제거 관광 프로그램을 소개하고 있는데, 그것은 10일 동안 멕시코 전역을 관광하며 주름 제거 수술을 받는데 6,000달러로 미국 평균 주름 제거 시술 비용인 8,000~20,000달러에 비해 훨씬 저렴한 가격에 서비스를 제공하고 있다. 미국미용성형 수술협회(American Society for Aesthetic Plastic Surgery)의 2004년 통계에서 미국인들이 가장 선호하는 성형 수술 13위에 랭크되어 있는 주름 제거 수술만 단독으로 공략하여도 멕시코 의료관광의 성공 가능성은 매우 높다고 볼 수 있다.

(2) 유럽

심장 수술, 장기 이식, 골수 이식과 같이 생명의 보존과 직결되는 종류의 응급한 질환에 대한 의료관광지로 대표적인 곳이 유럽이다. 수술 의료 중 불임 치료관광이 강세를 보이고 있는 유럽의 대표적인 핵심 요소는 자유로운 의료법과 국가의 지원으로 인한 저렴한 의료비라고 할 수 있다.

최근 서유럽 국가에 비해 비용 우위를 갖고 있는 동유럽 국가의 의료관광에 대한 관심이 늘어나고 있다. 한 예로, 인구 5만 5,000명의 헝가리 서북부 소도시 소프론(Sopron)이 '도시 경쟁력'의 세계적 모범 사례가 되고 있다. 소프론은 유럽 여행가들에겐 원래 고성(古城)의 도시로 널리 알려진 곳이지만, 최근에는 '임플란트(인공치아 이식 수술)' 도시로 탈바꿈했다. 치과 치료를 위해 매년 이 도시를 찾는 환자는 수십만 명에 이르며, 이 가운데 3분의 2가 외국인이다. 오스트리아, 독일, 스위스, 프랑스, 영국 등이 주요 고객이고 대서양을 건너온 미국 환자도 적지 않다. 이 도시에서 개업한 치과 의사는 4,000명을 넘는다. 인구 15명 중 한 명이 치과 의사이다. 치과 기공사나 치과 간호사 등 관련 인력을 합치면 치과 진료가 도시를 먹여 살리는 셈이다.

프랑스에서 임플란트를 하려면 치아 1개에 1,000~1,500유로 정도를 내야 한다. 유럽 사람들에게는 상상할 수 없을 만큼 비싼 가격이지만, 소프론에서는 1개에 600~700유로 수준이다. 10개까지 가능한 패키지 치료를 하면 2,600유로만 내면 된다. 치과 의사는 물론 접객 요원도 대부분 유럽 각국에서 공부해 언어 소통에도 문제가 전혀 없다.

(3) 중동

과거 장기 이식 중심의 요르단에서부터 레바논, 두바이 등에서도 의료관광의 물결이 일고 있다. 과거 1999년 5월에서 2000년 5월까지 요르단에서 의료관광으로 발생된 수익은 7억 달러였다. 이는 요르단에 위치한 56개의 개인병원이 의료관광으로 니치마켓을 공략하고 있기 때문이다.

병원들은 모두 암만(Amman)에 위치하고 있으며, 대표적인 병원들은 Royal Medical Services Hospital, Arab Surgical Hospital, Khalidi Hospital, Islamic Hospital, Specialised Hospital, Ibn Haitham Hospital 등이 있다. 요르단은 주로 아랍 관광객들이 많이 찾는데, 2001년에는 심장 이식을 위해 찾은 환자 수만 1,200명에 이른다(Dalya Dajan, 2002).

레바논 역시 풍부한 의료 인력과 병상으로 중동 지역의 의료관광 허브로서 자리매김을 해가고 있다. 약 25억 달러로 추산되는 중동 지역의 의료관광 시장에서 레바논과 요르단으로 예멘, 수단, 이집트와 같이 가난한 국가들의 환자는 요르단으로, 부유국인 걸프 국가에서는 주로 레바논을 의료관광 대상 지역으로 선호하고 있다.

현재 레바논은 건당 1,000달러 하는 코 성형 수술에서 2만 5,000달러 하는 심장 수술까지 그 비용을 부담할 능력이 있는 외국인을 연간 2만 5,000명을 유치, 의료관광으로 총 1억 2,500만 달러에서 2억 5,000만 달러의 수입을 올리고 있다. 그리고 성형 수술 목적으로 방문한 의료관광객수도 2003년과 2004년에 4,000명에 이른 것으로 추산된다(최기형, 2005).

다음으로 두바이의 의료관광 현황을 보면, 두바이는 2010년 완공 목표로 헬스케어를 추진하고 있다. 세계 최고의 명문대 하버드 의대와 공동으로 추진하고 있는 '하버드 의대 두바이센터(HMSCD)'다. 하버드의 앞선 의료 교육 노하우를 활용, 걸프 지역에서 수준 높은 의료 전문가를 양성할 것이다.

두바이 헬스케어시티에는 외래 환자 진료 및 건강클리닉 설비 등을 갖춘 '이븐 시나' 및 '알 라지' 메디컬 콤플렉스가 들어설 예정이다. 이 같은 의료 허브 시설이 완비되면 2018년 완료될 예정인 테마파크 '두바이랜드'와 함께 의료관광 산업 분야에서 막대한 시너지 효과를 낼 것으로 기대하고 있다.

(4) 영국의 Outbound 의료관광 현황

영국은 전통적으로 공영 의료 서비스 체제이지만 동시에 민간기관들이 의료 서비스를 활발히 제공하고 있고 소비자들도 공공 혹은 민간 서비스를 합리적으로 선택하고 있다. 예를 들면 영국 국민의 약 50%는 NHS 치과 서비스를 이용하지 않고 있고 국민의 13%인 7.5백만 명이 민간보험을 가지고 있다. 또한 연간 225,000명이 직접 의료 비용을 지출하고 있고 의료 비용이 커버하지 않는 성형 수술은 약 50,000명이 하는 것으로 추산되고 있다.

영국에서 정부의 의료 부문 투자에도 불구하고 환자의 대기 시간은 여전히 길다. 최근 의사 방문부터 수술까지 18주가 넘지 않도록 하겠다고 하였지만 수요가 많은 정형외과 및 심장 수술은 약속한 대기 시간을 맞추지 못할 것으로 추정된다. 2006년 초 유럽법원은 영국 병원의 과도한 치료 지체 때문에 불가피하게 프랑스에서 고관절 수술을 받은 영국 여인 Watts에게 4,000파운드를 환급하라는 명령을 영국 정부에게 내렸다. 이 같은 환경에서 치료 지체가 18주를 넘는다면 향후 정부 비용 부담에 의한 의료관광이 활성화될 것으로 추정된다.

긴 대기 기간, 민간병원의 높은 가격 때문에 과거 드물었던 의료관광이 이제는 대중화되었다. 또한 의료보험이 지급하지 않는 심미치과 치료에 대한 수요가 증가하고 있기 때문에 가격이 저렴한 해외 치료가 대안이 되고 있다. 더욱이 성형 수술은 일반적으로 받아들여지고 있고 영국 성형 수술 시장은 연간 40%씩 성장하고 있다. 이러한 분위기에서 평균 혹은 저소득 가구들도 해외 의료를 통해 성형 수술을 할 수 있다. 해외에서 이용하는 치료 분야는 유방 확대, 고관절 전치술, 안과 라식, 치아 임플란트, 관상동맥 우회술 등이고 과거 가격 때문에 일반인이 하기 어려웠던 수술들이 해외에서 가능해짐에 따라 의료관광은 점점 인기를 끌게 되었다.

132개 해외 의료 서비스 기관에 대한 설문으로부터 얻어진 자료에 의하면 2006년 영국에서 해외 수술을 위해 약 50,000명이 출국한 것으로 추산된다. 이를 분야별로 보면 치과(22,000명), 성형 수술(14,500명), 선택 수술(9,000명), 불임 치료(5,000명) 등이다. 이들 기관이 얻은 의료 경비는 135백만 파운드로 추정되고 응답자의 1/3이 2006년 25% 이상의 성장을 했다고 응답하였다. 또한 84%가 2007년 영국 환자가 증가할 것으로 예상하고 있다. 평균적인 의료비 지출은 선택 수술(3,631파운드), 불임 치료(3,537파운드), 성형(2,948파운드), 치과(891파운드)이다. 매년 300여 개의 해외 병의원들이 영국에서 마케팅을 하고 있다.

또 시장 전문 기관인 Mintel의 보고서에 따르면 2006년 영국인들은 주로 성형 수술 위주로 해외에서 약 6천만 파운드를 지출하였다. 특히 젊은 부유층들이 늘어나면서 미적 욕구가 강해짐에 따라 수요가 증가하고 있다. 영국에서 송출(outbound) 의료관광 수요는 증가하고 있다. Mintel은 영국의 수요가 2011년까지 약 150% 증가할 것으로 보고 있으며 인도와 폴란드가 주요 목적지로 파악되고 있다. 영국 의사를 대상으로 한 설문 조사에 따르면 응답자의 약 20%가

향후 해외 치료가 증가할 것으로 예상하고 있다.

Intuition Communication이 2007년 사이프러스에서 열린 World Health Tourism Congress에서 밝힌 영국의 의료관광 실태보고서에 의하면 영국에서 최근 의료관광 웹사이트가 다수 생겼으며, 이들에 대한 방문빈도도 증가하고 있다. 최근 몇 년 동안 해외 의료관광 포털사이트인 www.treatmentabroad.net을 방문한 인원은 월 3,000명에서 30,000명으로 증가하였다.

2. 한국 의료관광의 현황

1) 한국 의료관광의 현황

우리나라 의료관광의 현황은 미미한 수준이나 점차적으로 활성화되고 있으며, 2005년 760명에 불과했던 해외 환자 수는 2007년 16,000명으로 증가 추세에 있다(김형준, 2009).

우리나라는 자원이 부족하기 때문에 그동안 축적해 온 풍부한 의료 인재 자원을 이용하여 해외 의료 고객을 목표로 하는 의료관광 산업이 매력적일 수밖에 없다.

의료관광이 한국 브랜드 가치를 높이는 데 중요한 동력이 될 것이라는 점에서 정부나 지자체도 의료관광에 대한 관심이 점점 높아지고 있다. 최근 정부는 경제 활성화 방안으로 국가 기간산업과 같이 큰 투자 없이도 가용한 유능한 인재를 동력원으로 쓸 수 있는 의료관광 등의 지식 서비스 산업에 대한 가치성을 인식하고 적극 지원한다는 방침을 조성하고 있다. 2009년 의료법 개정을 통과시키면서 병원에서 외국인 환자를 유치할 수 있는 법적 근거가 마련되어, 외국인 환자를 유치하기 위한 광고, 홍보 활동이 법적으로 가능하다(유명희, 2009).

최근 각종 설문 조사 결과에서 보듯이, 한국이 의료관광 목적지로 부각되는 이유는 경쟁국에 비해 저렴한 의료 수가를 들 수 있다. 이에 덧붙여 빠른 속도의 의료 기술 향상 또한 중요한 유인 요소라 할 수 있다.

태국과 싱가포르 등에서는 이미 의료관광객으로 많은 외화를 획득하고 있어서 국가적 차원에서 적극 지원하고 있고 병원 시설을 호텔 수준으로 만들어 놓는 등 의료관광 산업 발전이 진행되었다. 이에 비하면 한국은 아직 시작 단계에 불과하지만 의료법 개정을 통해 병원 등의 의료 시설과 여행사 및 의료관광 유치 업체가 공동으로 상품을 개발하고, 공동 해외 마케팅을 펼쳐간다면 큰 효과를 기대할 수 있을 것이다.

또한 최근 의료 시장의 변화와 의료관광상품의 개발로 병원에서는 JCI(Joint Commission International)로부터 국제적인 인증을 받으려는 노력도 진행 중이며, 한국형 JCI 제도를 도입하려는 움직임까지 일고 있다. 인프라 측면에서는 새로운 의료 시설에도 상당히 투자를 하고 있고, 한국관광공사는 해외지사를 통해서 한국 의료관광을 적극 홍보하고 있으며, 대학병원 중에는 외국에 지사를 개설하는 등 정부 조직과 병원 모두 큰 관심을 보이고 있다.

(1) 서울특별시 의료관광 현황

서울 소재 대형 병원들은 지금까지 대부분 거주 외국인을 대상으로 진료를 하면서 품질 확보, 이미지 조성, 외국인 치료 시스템 구축을 하였다. 서울 소재 대형 7개 병원의 외국인 진료센터를 이용한 외국인(해외 교포 포함)은 2005년 43,339명, 2006년 상반기 23,267명으로 집계되고 있다.

〈표 II-5〉 서울 시내 대형 병원 외국인 진료소 방문 환자

외국인 환자 현황	2003	2004	2005	2006년 상반기
서울대병원	4,240	4,439	6,057	3,630
강남성모병원	-	1,776	2,321	1,088
서울아산병원	3,771	4,080	4,452	2,444
삼성서울병원	7,939	11,873	16,564	8,615
세브란스병원	8,580	10,782	12,530	7,084
계	24,530	32,950	41,924	22,861

출처: 오태영, 2006

국내 병원의 국제화 정도를 알기 위해 세브란스병원의 외국인 환자 인원 및 수입을 태국의 범룽랏병원, 싱가포르의 Parkway 그룹과 비교하면 다음과 같다. 2006년 범룽랏병원의 외국인 외래와 입원 환자는 각각 418,000명, 14,000명이고, 2005년 Parkway의 외래와 입원 환자는 각각 140,000명과 17,000명이다. 또한 범룽랏과 Parkway의 수입 중 외국인이 차지하는 비중은 각각 54%와 40%에 달한다. 반면 2005년 세브란스의 외국인 환자는 12,530명으로 거의 국내 거주 외국인 외래 환자이고 외국인 환자의 인원 비중과 수입 비중은 미미한 것으로 추정된다(윤형호, 2007).

〈표 II-6〉 동남아시아 주요 병원과 세브란스병원의 의료관광 인원 및 수입

(단위: 명)

구분	범룽랏(2006)	파크웨이(2005)	세브란스(2005)
외국인 외래	418,000	140,000	12,530
외국인 입원	14,000	17,000	n. a.
외국인 수입 비중	54%	40%	약 3.5% 내외

출처: 범룽랏병원, 내부 자료, www.pph.com.sg

따라서 대형 병원들은 이제 막 입국 외국인 유치를 위해 준비를 하고 있고 일부 성형외과, 피부과를 중심으로 비 치료 분야에서 활발하게 외국인 유치에 나서고 있다. 따라서 서울시의 의료관광 단계는 이제 막 거주 외국인 진료 단계를 지나 초기 단계로 접어들고 있다고 볼 수 있다.

(2) 부산광역시 의료관광 현황

부산시 부산진구 서면에는 성형외과, 피부과, 안과 등 각종 병원이 개설되어 있어 의료관광 허브로서 육성될 전망이다.

부산진구가 의료관광 활성화를 위해 추진 중인 서면 '메디컬 스트리트'가 해외 의료업계로부터도 주목받고 있어 국제적 의료관광 명소로 부상할 수 있을지 여부가 기대되고 있다.

서면 일대에는 성형외과 32곳이 성업 중이고, 치과 및 안과도 각각 16곳, 7곳이 개설되어 있으며, 서면교차로 일대까지 더하면 그 수는 배로 올라가 특히 일본인들이 시술을 위해 많이 찾고 있다.

부산진구청은 특히 일본, 중국, 홍콩의 부유층 여성 관광객들의 성형, 미용 관광 상품에 대한 선호도가 증가하고 있는 점에 주목해 해외 한국 상인 대표들과의 협력, 중국, 일본 유명 도시와의 자매결연을 통해 해외 의료관광객을 적극 유치한다는 계획이다. 또 서면에서 개최되는 한류 스타 팬 미팅과의 연계도 추진해 공격적인 마케팅을 펼쳐나간다는 방침이다. 또 구청은 이 일대에 조형물을 설치하는 등 인프라 구축과 함께 주변 부산시민공원, 범천동 골드테마거리, 서면 특화거리와 연계한 관광 상품 개발도 추진 중에 있다.

(3) 대구광역시 의료관광 현황

대구 소재 병의원들은 2009년 상반기 중 349명의 해외 의료관광객을 유치하였고, 요셉성형외과의 중국 성형단, 동산의료원의 폴란드 건강 검진단, 경북대병원의 모발 이식단 유치와 함께

굿모닝병원, 영남대의료원, 효성병원 등도 해외 의료관광객을 유치하기 위해 발 벗고 나섰다.

대구시도 서울 지하철 내 의료관광 도시 이미지 광고를 통해 국내외 의료관광 마케팅 활동을 강화해 나가고 있다. 또 코디네이터 양성, 대구시 의료관광협의회 구성 등 민간 주도형 의료관광객 유치 시스템 확충에 적극 나설 계획을 세우고 있다.

경북대병원 모발이식센터는 2008년 '자가모 이식알선사업'을 제안한 일본 나고야 소재(주)그린테크사와 MOU를 체결하고, 사업의 실효성 검증을 위해 관계자 2명을 초청, 실무 협의를 마친 바 있다.

영남대의료원은 2008년 베트남 타이응우엔병원, 가평청심병원과 MOU를 체결하였고, '국제의료관광컨퍼런스'에 참여 홍보 부스를 설치하는 등 해외 바이어를 대상으로 적극적인 유치 활동을 벌이고 있다.

보건복지부로부터 뇌질환 특성화 병원으로 지정된 굿모닝병원은 중국 텐진 진토그룹, 천연가스유한공사와 MOU 체결을 위한 실무 협의를 진행하였고, 현재 의료관광객 유치를 위해 중국현지에서 모객 활동을 하고 있다.

대구시는 이처럼 지역 병의원이 해외 의료관광단 유치에 적극 나섬에 따라 국가별 특성에 맞는 맞춤형 의료관광상품을 개발, 보급하고 국내외 마케팅에 적극 나서고 있어, 그 전망은 밝을 것으로 기대된다(김형준, 2009).

2) 한국 의료관광의 문제점

정부는 의료법 개정과 동시에 의료관광 적극 육성 방침을 밝혔고, 의료 서비스 업계와 의료관광 유치 업체는 외국인 환자를 유치하기 위해 노력하고 있다. 그러나 의료와 관광의 결합체인 의료관광의 현재 문제점 중의 하나는 외국인 환자를 관리하는 전문 인력이 크게 부족하다는 점이다.

한국관광공사 관광교육원에서는 병원 직원들을 대상으로 전문적인 교육을 시행하고 있으며, 각 기관 및 협회에서 의료관광 전문가 양성을 위해 노력하고 있지만, 전 세계 환자를 관리하기엔 다소 무리가 있다는 것이 업계의 지적이다.

언어 문제도 가장 큰 걸림돌이다. 일반적인 대화는 물론 전문용어나 의학용어로 외국인 환자와 원활하게 대화할 수 있는 병원 인력은 태부족이다. 또한 의료사고가 생겼을 경우에 심각한 문제에 직면할 수 있다는 지적이다. 실제로 의료사고와 관련된 거액 소송이 비일비재한 미국, 유럽 등 의료 선진국의 사례를 보더라도 이에 대비를 하지 않으면 엄청난 손실을 감수해야 하는 상황에 처하게 될 수도 있다.

아울러 JCI(국제의료기관평가위원회) 인증을 받은 병원의 숫자 등 객관적인 해외 평가가 미흡한 것도 한 요인으로 지적됐다.

의료관광을 뒷받침할 제도 개선은 여전히 느린 편이다. 특히 의료관광의 걸림돌이 되는 의료분쟁 조정·중재 대책 마련은 여전히 제자리이다.

의료사고 가능성은 외국 환자들이 국내 치료를 꺼리는 가장 큰 이유 중 하나인데, 일본 도쿄에서 열린 국내 6개 병원 의료관광설명회에서 해외 여행사 관계자들은 "한국 병원은 의료사고가 발생했을 때 어떻게 대처하느냐?"라는 질문을 가장 많이 했다. 외국인 환자들은 의료사고가 생겼을 때 병원의 대처 방법을 걱정하고 있다.

국내 의료 분쟁 해결 절차는 병원과 환자 간 합의가 이뤄지지 않으면 민사소송을 청구해야 하는데, 이는 시간과 비용 부담이 너무 크다. 따라서 법원의 힘을 빌리지 않고 중간에서 분쟁을 조정, 중재할 수 있는 공신력 있는 기구인 '의료심사조정위원회'를 활성화해야 할 것이다.

의료 분쟁 해결 절차에서 가장 필요한 것은 전문 인력이 상시 거주하는 기관이며 이런 기관이 짧은 시간에 과실 여부를 판단하고 분쟁 양방 간 수긍할 수 있는 조정, 중재안을 내놓고 강제력도 가질 수 있게 해야 한다.

환자가 안심하고 올 수 있고 의료진도 안심하고 환자를 받게 하려면 합리적이고 빠른 분쟁 해결 시스템이 필요하다. 또한 해외 환자 유치 병원을 대상으로 하는 보험 상품도 만들어져야 한다.

한국 의료관광의 문제점을 정리하면 다음과 같다(유명희, 2009).

(1) 국제 수준에 맞는 병원 부재

의료진의 언어 소통 능력 부족, 국제 진료 수가 부재 및 해외 마케팅 전략 부족

(2) 의료진의 서비스 마인드 부족

환자 요구에 응하지 못하는 권위적 의료 문화, 환자와 신뢰 관계 형성에 어려움

(3) 병원의 관료화된 조직 구조

층층시하의 조직 구조, 고객 지향성보다 보스 지향성 문화

(4) 병원의 무사안일주의

내국인 환자만으로도 넘쳐나는 병원, 위기 의식 부재와 도전 의식 결핍

(5) 여행 업계의 의료 이해 부족

환자의 단순 알선 및 커미션에만 의존, 해외 환자 가족이 머물 수 있는 숙박 시설 부족

(6) 미비한 법과 제도

메디컬 비자 도입 필요, 의료분쟁 발생 시 해결 방법 부재

3) 한국 의료관광의 경쟁력

(1) 규모의 경쟁력

환자 인원, 병상 혹은 수입으로 볼 때 국내 대형 병원들의 규모는 매우 크다. 2005년 서울대학병원의 규모는 환자 2.1백만 명, 병상 규모 1,597병상, 의료진 1,094명이고 연간 수입은 384,700백만 원이다. 세브란스병원은 환자 2.2백만 명, 1,931병상, 의료진 955명을 보유하고 있다. 반면 삼성의료원의 규모는 그보다 작은 환자 1.5백만 명, 의사 969명과 1,388병상이다. 이들 3개 국내 대표 병원들은 1,500병상이 넘는 전형적인 3차 의료기관이다. 이들을 동남아시아의 대표적인 의료관광 병원인 범룽랏병원과 미국의 암 전문 병원인 MD Anderson과 비교해 보면 다음과 같다.

범룽랏병원의 의사 수는 900명이라 밝히고 있다. 하지만 이들 중 상당수가 타 병원 혹은 대학병원의 교수이고 프리랜서로 일을 하고 있어 상근 의사는 그보다 훨씬 적다. 병상수가 554에 불과해 3차 의료기관으로 역할은 국내 대형 병원에 비해 미약하다. 또한 환자는 약 백만 명으로 국내 대형 병원의 절반에 불과하고 연간 수입은 220백만 달러로 서울대병원의 약 절반이다.

MD Anderson의 의사 수는 1,272명으로 국내 병원보다 많다. 암 치료 특화 병원으로 475병상을 가지고 있고 환자는 921,524명이다. 의료 수입은 1,561백만 달러로 서울대학의 384,700백만 원보다 월등히 많다. 환자 인원은 서울대병원의 절반에 불과하지만 수입은 3.7배에 달하고 있다.

이를 요약하면 국내 병원들은 범룽랏병원에 비해 병상 규모는 3배가 되어 3차 의료 중심이고 환자 수 역시 2배 이상이기 때문에 의료관광이 활발한 동남아시아 병원보다 규모의 경쟁력을 갖추고 있다고 볼 수 있다. 하지만 MD Anderson과 비교할 때 규모는 크지만 환자 당 수

입이 1/8에 불과하여 수입 기반은 취약하다(윤형호, 2007).

(2) 가격 및 의료 기술 경쟁력

일반적인 의료관광 상품인 관상동맥 우회술과 고관절 전치술, 슬관절 전치술과 같은 선택 수술에서 일정한 가격 경쟁력을 가지고 있다. 하지만 협의체 설문에 의하면 국내 병원은 가격보다는 동남아시아 경쟁국에 비해 의료기술에 경쟁력을 가지고 있는 것으로 파악된다. 국내 의료 전문가를 대상으로 이루어진 한국보건산업진흥원 설문 조사(2003)의 결과를 보면, 국내 보건 의료 서비스에 대한 상대적인 의료 서비스 수준은 미국 대비 76% 수준으로 조사되었다.

또한 본 연구의 설문 조사에 의하면 외국인 환자들은 중증 치료, 성형외과, 피부 관리에 대해서 모국의 의료 수준보다 높다고 응답하였다. 특히 중증 치료는 선진국 국민, 피부 관리는 일본인들이 대부분 치료받고 있음을 감안할 때 고객이 인지하는 의료 기술은 높은 것으로 판단된다.

(3) 시설 및 인력 서비스 경쟁력

설문 조사에서 보여 주듯이 국내 병원들은 시설 면에서 동남아시아 경쟁 병원보다 낙후되었고 또한 환자 일인당 의료진 서비스 시간이 짧아 수준이 높은 서비스를 제공하기 어렵다. 따라서 법 · 규제와 상충되지 않고 수요가 허락하면 병원들은 프리미엄 병동을 건축하려는 계획을 가지고 있다. 하지만 현재의 국내 환자의 공급 초과 및 의료비 규제 아래서 당장은 외국인을 위한 프리미엄 병동을 짓기는 어렵다.

(4) 해외 마케팅 및 외국 의료관광 관련 업체와의 연계

인증 및 해외 인지도 결여, 마케팅, 노력 부족 때문에 국내 병원은 외국 의료관광 알선 업체 혹은 보험회사와의 연계도 드물다. 설문 조사에 의해서도 병원들의 효과적인 해외 마케팅 경로에 대해 잘 알고 있지 않고 또한 마케팅 방안 부재가 의료관광의 가장 큰 장애로 지적되고 있다. 또한 국내의료법의 규제와 외국인 수요 부족 때문에 국내 병원은 외국에 에이전트 혹은 사무소를 두거나 현지 마케팅과 같은 적극적인 마케팅을 하지 않고 있다.

Ⅲ. 의료관광 에이전시 개요

1. 의료관광 에이전시의 개념

의료관광에 대한 소비자들의 요구와 욕구가 다양해지고 다변화됨으로써 의료관광 환경이 급속하게 변화되고 있고 의료관광을 매개로 한 산업 간 복융화가 이루어지고 있다. 의료 산업과 관광 산업의 융화는 고용창출 및 양 산업에 걸쳐 긍정적 파급 효과를 가져오기 때문에 한국 의료관광의 발전은 필연적이라 할 수 있다.

한국을 찾는 외국인 환자의 만족도가 높아지면 향후 한국 의료관광 입국자 수가 빠른 속도로 늘어날 것이다. 따라서 유치 과정과 국내에서의 치료, 관광 등 의료관광객의 모든 활동 영역에서의 세심한 업무 진행이 요구된다. 특히 의료관광 에이전시의 역량에 따라 의료관광객들의 만족도는 큰 차이를 보일 것이다.

의료관광 에이전시는 외국인 환자를 유치, 국내 병원에 알선 및 관광을 비롯한 국내 체류에 있어 제반적인 업무를 수행하는 업체를 말한다.

의료관광 에이전시는 의료기관 및 의료 통역 안내원의 수배, 환자 입국 시 공항 미팅, 호텔 및 관광시설의 알선·수배, 외래통원 외국인 환자의 픽업 서비스 및 관리, 치료 전후 국내 관광 알선, 의료분쟁과 사고 발생 시 환자의 대리인 역할 수행, 진료 후 의무기록의 정리 및 발송 등의 업무를 수행하게 된다.

어떤 경로든 외국인 환자가 한국에 들어오게 되면 의료기관과 국내 의료관광 에이전시와 상호 역할을 분담하여 의료 서비스와 비의료 서비스를 제공하게 된다. 이 과정에서 의료기관과 국내 에이전시의 긴밀한 협력이 매우 중요하다.

2. 의료관광 에이전시의 구분 및 역할

의료관광에 있어 에이전시는 해외 에이전시와 국내 에이전시로 구분할 수 있다.
먼저 해외 에이전시는 홍보, 모객, 송객, 사후관리의 업무를 수행하게 되는데, 외국인 환자와의 최초 접점을 형성해 한국의 의료 정보와 수가를 경쟁국과 비교해 의료관광 목적지로 선택하도록 하는 역할이 가장 주요 업무이다.

이를 위해서는 사전에 한국 의료관광에 대한 홍보가 지속적으로 이루어져야 할 것이며, 이는 현지의 의료 광고와 관련한 법률적 제약이 있는지를 정확히 확인하여 거기에 맞게 홍보 전략을 마련하는 것이 중요하다. 빠른 시간 내에 인지도를 높이기 위한 방법으로 TV, 라디오, 신문, 잡지 등의 대중매체를 이용한 광고를 초기에 집중적으로 하는 것도 좋은 방법이며, 사이트와 현지 포탈을 이용한 온라인 광고도 큰 효과를 낼 수 있을 것이다.

해외 에이전시가 담당하는 또 다른 중요한 역할로는 한국에서 치료를 마치고 돌아간 환자를 현지에서 사후관리하는 센터로서의 기능이 있다. 장기 치료를 요하는 환자의 경우 한국에서의 치료 못지않게 현지에서 지속적인 관리와 모니터링을 함으로써 한국 의료관광에 대한 만족도를 높이게 될 것이다.

국내 에이전시는 공항 영접 및 환송, 의료관광 통역과 호텔 등의 알선 수배, 관광 프로그램의 기획, 의료분쟁과 의료사고에 대한 대응책 마련, 진료 기록의 정리 및 현지 발송 등의 업무를 수행하게 된다.

타국에서 의료관광을 위해 입국하는 외국인 환자의 심리적 특성과 문화를 고려한 의료관광 서비스가 이루어져야 하며, 특히 중증 질환을 가진 환자의 경우 관광보다는 의료에 대한 비중이 훨씬 크고 중요한 점을 고려해 그에 맞는 서비스가 제공되어야 할 것이다.

외국인 환자가 들어오면 의료기관과 에이전시와의 협력 체계가 잘 이루어져야 한다. 경우에 따라서는 에이전시의 문제로 의료기관의 이미지가 나빠질 수도 있고, 의료기관의 문제로 에이전시가 어려움에 직면할 수도 있기 때문이다.

3. 의료관광 에이전시 비즈니스 모델

외국인 환자가 의료관광을 위해 한국으로 유입되는 경로는 크게 네 가지 모델로 분류해 볼 수 있다. 첫째, 외국인 환자가 해외 에이전시와 국내 에이전시를 거쳐 한국으로 입국하는 모델, 둘째, 외국인 환자가 해외 에이전시를 거쳐 입국하는 모델, 셋째, 외국인 환자가 국내 에이전시를 거쳐 입국하는 모델, 마지막으로 외국인 환자가 에이전시를 거치지 않고 직접 한국의 병원으로 가는 모델이 있다.

〈표 III-1〉 의료관광 비즈니스 모델

비즈니스 형태	장점	단점
환자-해외 에이전시-국내 에이전시-병원	높은 서비스 질	많은 시간, 비용 소요
환자-해외 에이전시-병원	유치 업무 원활, 비용 절감	높은 해외 의존도, 국내 서비스 질 저하
환자-국내 에이전시-병원	높은 국내 서비스 질	해외 홍보, 모객의 어려움
환자-병원	비용 최저	어려운 업무 진행

이 네 가지 비즈니스 모델에는 각각의 장단점이 있다.

첫 번째 모델은 해외에서의 홍보, 모객, 비자 발급 및 귀국 후 사후관리뿐만 아니라 환자 진료를 위한 의료기관의 알선, 수배와 국내에 체류하는 동안 픽업, 통원, 관광 등 제반 서비스를 제공함으로써 서비스의 질이 높아지는 장점이 있으나 서비스 제공의 단계가 많아 시간과 비용이 많이 소요되는 단점이 있다.

두 번째 모델은 해외에서의 업무는 비교적 원활하게 처리되지만 국내에서의 의료관광 업무가 소홀해질 수 있기 때문에 비용을 줄일 수 있는 장점은 있으나 서비스의 질이 떨어지고 치료에 적합한 의료기관의 알선, 수배에 어려움을 겪을 수 있는 단점이 있다. 뿐만 아니라 다른 나라의 사례에 비추어 볼 때 해외 에이전시에만 의존하는 경우 국내 의료기관들이 해외 에이전시에게 전적으로 의존하는 형태가 된다.

세 번째 모델은 국내에서의 의료관광 업무는 원활하게 진행되지만, 해외에서의 홍보, 모객 및 사후관리에 어려움이 있어 의료관광이 장기적인 관점에서 활성화되기 어려운 단점이 있다.

네 번째 모델은 국내 의료기관이 에이전시에게 수수료를 지급하지 않기 때문에 비용 절감의 장점이 있다. 그러나 환자로부터 의료 정보를 받는 과정에서 시행착오가 많이 발생될 수 있어 많은 시간과 노력에도 불구하고 환자를 유치하기 힘든 경우도 많이 발생될 것이다.

4. 의료관광 에이전시의 업무 프로세스

외국인 환자가 국내 입국 시 의료관광 에이전시의 업무는 다음과 같은 흐름으로 진행된다.

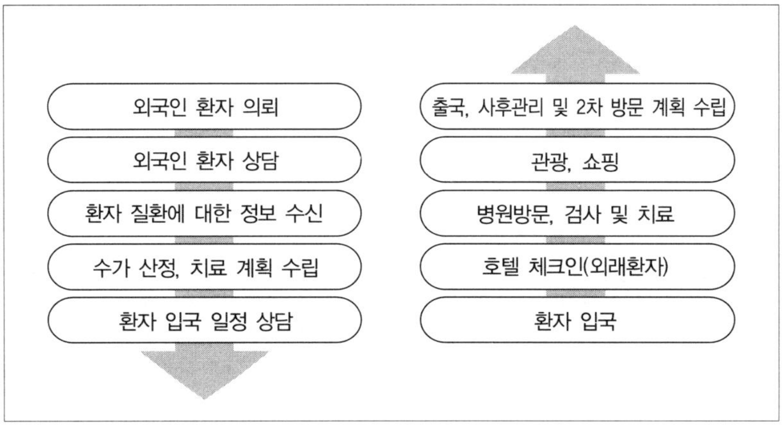

[그림 III-1] 메디컬투어 프로세스

1) 환자 상담 및 견적서 작성

(1) 환자 정보 수집

고객 유치 초기 단계로 진료비와 코디네이터의 역할이 유치 성과에 절대적인 영향을 미치는 단계라고 할 수 있다. 빠른 회신을 위해 코디네이터는 초기 단계에서 가능한 정확하게 환자의 정보(환자의 개인 정보, 진료 기록, 검사 결과지, 영상의학적 검사 결과)와 환자의 희망 진료 사항을 파악해야 한다.

(2) 환자 의뢰 및 체류 계획 수립

환자로부터 받은 진료 내용을 국내 병원에 의뢰해야 하는데, 이때 먼저 고려할 것은 환자의 상태에 따라 진료과를 결정하고, 진료과에 따른 국내 의료기관에 환자의 진료 계획 및 진료비를 의뢰해야 한다는 것이다.

체류 계획 시 치료 일정에 따른 입원 및 외래 진료 일수, 예상 치료 전 검사, 예상 진료비, 제공 가능한 서비스 등을 고려해야 한다. 진료비의 경우 환자가 의료기관을 선택하는 가장 큰 요인이라고 할 수 있는데 국내 입국 후 치료 과정에 따라 예상 진료비가 변동될 수 있음을 환자에게 미리 공지해야 한다.

서비스 비용 산출을 위한 의료관광 옵션 체크 리스트를 송부하는 것이 업무를 효과적으로 처리하는 데 도움이 된다. 옵션 리스트에는 호텔 및 숙박 기관 이용, 시간 선택, 휴대폰 대여, 공항 영접 및 환송, 관광, 부가 서비스 등이 있으며 옵션 선택 시 비용이 추가로 발생됨을 미리 안내해야 한다.

(2) 환자 답변 발송

의료관광객은 평균 2~3개국에서 5개 이상의 견적서와 회신을 받을 수 있으므로 체류 시의 치료 계획과 예상 의료 수가는 되도록 신속하고 정확하게 발송해야 한다. 고객이 이메일로 진료 의뢰를 하였을 경우 특별한 경우를 제외하고는 2~일 이내에 진료 회신을 함으로써 고객에게 좋은 이미지를 심어 주는 것도 중요하다.

2) 예약 업무

(1) 의료기관 예약증 발송

예약증 발급을 위해 환자의 여권 사본, 동반 가족의 여권 사본을 미리 수령하며 환자의 인적 사항을 정확하게 기재하도록 한다.

예약증은 고객이 의료관광 또는 의료 서비스를 받는 사실을 알려 주는 가장 기초적인 서류로 고객의 의료기관 방문 사실 및 이용 서비스에 대한 확인 사항으로 최초 접촉 후 실제 의료기관을 방문하는 데 필요한 서류이다. 의료기관에 환자 및 동반 가족의 여권 사본을 보내고 의료기관에서 수령한 예약증을 환자에게 송부한다.

(2) 비자 신청

먼저 환자의 국적에 따라 무사증발급 입국 환자와 사증발급 입국 환자를 구분해야 한다. 고객이 사증을 발급받아야 할 경우 현지에서 비자 신청 시 현지 의사 진단서와 한국 병원의 예약증, 지불 능력 확인서(재직증명서, 은행 잔고 확인서, 기타 재산 증명원 등) 등의 서류가 필요하므로 병원의 예약증을 신속하게 발송해야 한다.

(3) 환자 숙박 및 공항 픽업 차량 예약

환자가 입원 시에는 입원 날짜에 따른 입원실을 예약해야 하며 외래 진료의 경우 환자에게 맞는 호텔을 미리 예약해 두어야 한다. 공항 영접을 위한 차량이나 원하는 부가 서비스(관광)에 대해서도 사전에 예약 및 확인하도록 한다.

3) 환자 입국

(1) 공항 영접

고객 접견의 시작이며 에이전시에 대한 이미지를 형성하는 단계이다.

일반 관광객과는 달리 환자들은 치료를 목적으로 방문하기 때문에 심리적으로 불안해 할 수 있다. 따라서 첫 대면 시 따뜻한 인상과 신뢰를 심어 주는 일이 매우 중요하다.

(2) 병원 내 진료 서비스

① **접수**: 대부분 처음 방문하는 환자이므로 의료기관별로 사용하는 전산 프로그램에 맞게 고객을 등록한 후 의료기관의 정책에 맞게 일반 동의서를 작성한다.

이때 환자가 개인 신상 공개에 대해 꺼려할 경우가 있기 때문에 의료 통역 코디네이터는 환자가 되도록 이해하기 쉽게 기재 항목에 대한 충분한 설명을 해 주어야 한다. 환자의 진료 기록은 추후 환자가 재방문하거나 현지에서 필요로 할 수가 있기 때문에 진료 기록 공개에 대한 동의서도 반드시 작성하게 해서 법적으로 보호받도록 한다.

접수 시 비자 종류와 체류 기간을 반드시 확인하고 최초 진료 신청서를 작성한다. 이때 환자의 과거 병력, 가족력, 특이한 체질 등을 문진표를 통해 꼼꼼하게 체크하여 부작용이 일어날 수 있는 요인들을 확인하는 것도 의료사고를 예방하는 방법이다.

보험 가입 여부와 가입 증명서를 확인하고 해당 보험사에 지급보증 여부를 확인한다. 이때 보험금 청구를 위한 해당 서류를 사전에 파악하여 환자 퇴원 시 준비하여 주는 것은 물론이고, 보험의 범위 내에서 가능한 검진, 진료 등을 파악하여 환자에게 제안하고 서비스를 받게 하는 것도 코디네이터의 업무 중 하나로 볼 수 있다.

② **진료과 상담 및 외래 진료**: 진료 전, 진료 중 그리고 진료 후마다 진행 상황에 대해 미리 알려 주어 환자가 심리적 안정 상태에서 진료를 받을 수 있도록 도와야 하며 진료과 상담 후 입원 오더 및 검사, 진료 안내가 이루어지고 환자가 좀 더 수준 높은 진료 서비스를 희망하는 경우 선택 진료를 신청하도록 돕는다.

진료 중 예상하지 못한 분야에 대한 진료나 검사가 진행되어야 할 때에는 진행 전 환자에게 미리 충분한 시간을 가지고 필요성에 대해서 설명을 하고 환자의 동의 아래 시행하도록 한다.

진료비는 가급적 모든 진료와 상담이 끝나고 난 뒤에 한꺼번에 수납할 수 있도록 하고 만약 의료기관의 시스템상 불가능하다면 환자에게 이에 대해 사전 설명으로 오해가 없도록 해야 한다.

③ **입원:** 미리 입원이 결정되어서 의뢰된 환자일 경우 병실 확인 후 병실에 입원하도록 안내하고 외래 진료 후 입원이 결정된 경우에는 병실 확인 후 가급적 환자가 희망하는 병실을 구하도록 돕는다. 병실 확인 후 입원 약정서를 작성하도록 도우며, 입원 시 준수해야 되는 사항에 대해서도 자세하게 알려 준다.

입원 기간 중에는 가급적 하루에 한 번 정도 방문을 통해서 환자의 요구 사항을 파악하도록 하고 해당 병원의 담당 간호사에게 진료 진행 사항을 수시로 확인해서 예상보다 재원 일수가 늘어나지 않도록 신경을 써야 한다. 또 동반한 가족이 있다면 가족을 위한 관광 프로그램 등에 대해서도 안내를 해 줄 필요가 있다.

④ **검사 및 수술(시술):** 진료 시 필요한 각종 검사에 대한 동의는 반드시 받아야 하며, 가급적 환자가 사용하는 언어로 준비하도록 한다. 이는 시행 예정인 검사에 대해서 환자에게 정보를 제공하는 측면이기도 하며 향후 불미스러운 일이 발생 시 대처 측면에서 유리하다고 할 수 있다. 건강 검진 환자의 경우 검진 전 금식 시간, 내시경 검사 전 투약 방법 등에 대해 미리 공지해야 한다. 의료 코디네이터는 환자의 시술 행위와 관련된 모든 부작용에 대해서 설명을 하거나 서식을 통하여 가능 합병증을 공지하는 것이 현명하다.

⑤ **약품 전달 및 주의 사항:** 외래 진료 후 약 처방이 필요한 경우 의료기관 원외 약국을 이용하는 시스템에 대해 설명하고 처방, 전달 서비스를 제공한다. 이때 고객이 처방받은 내역에 대해서는 고객이 사용하는 언어로 별도의 처방전을 작성하여 전달한다.

⑥ **퇴원:** 의료관광 코디네이터는 고객의 진료 종료 시점에서 발생한 진료비 계산서 내역에 대해 고객에게 상세히 설명을 해 준다. 국내 의료 비용 체계에 대한 설명과 경험한 진료임을 확인시키고 정확히 산정되었음을 설명해야 한다.

또한 최초 금액보다 초과되는 경우가 많이 발생하므로 진료비 내역에 대해 원무과에서 사전 확인 후 고객이 경험한 진료이며 정확하게 비용이 산정되었음을 설명한다. 만약 환자가 퇴원 후 항공기에 의료기나 약품 등을 소지해야 하는 경우라면 항공사나 세관 제출용 소견서를 별도로 작성하도록 한다. 모든 의료 기록은 파일 또는 CD 자료로 의료기관에 요청을 하고 환자에게 제공해 주면 좋은 이미지 형성에 도움이 된다.

(3) 관광

건강 검진 환자나 성형·미용 목적의 헬스케어 투어로 한국을 방문한 환자의 경우 한국 여행을 희망하는 경우가 있다. 이때 코디네이터는 고객이 원하는 관광지를 중심으로 관광 프로그램을 안내할 수도 있으며, 기존의 에이전시가 개발한 관광 프로그램을 통하여 관광 알선을 할 수도 있다.

헬스케어 투어는 메디컬 투어와는 달리 관광에 대한 비중이 상당히 높기 때문에 시티 투어, 쇼핑, 체험 활동, 축제, 이벤트, 공연 관람 등 다양한 형태의 상품을 공급하고 코디네이터를 통한 고품격 관광 서비스를 제공하는 것이 고객 만족도를 높이는 길이다.

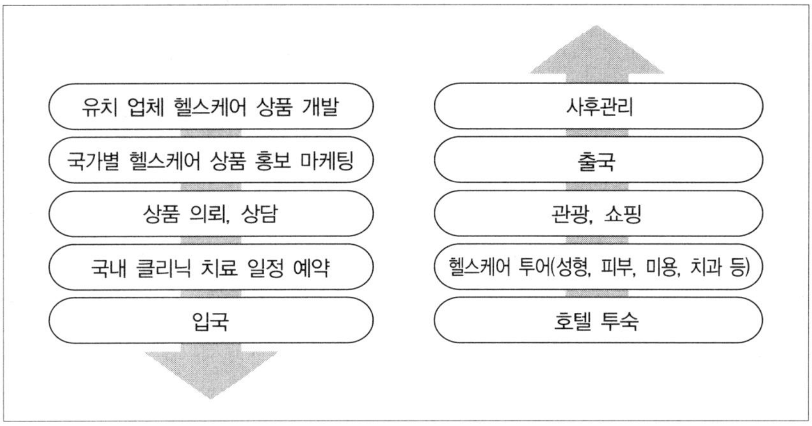

[그림 III-2] 헬스케어 투어 프로세스

4) 환자 출국

(1) 의무 기록지(번역본) 전달

고객이 요청하는 경우, 현지에서 진료에 대한 지속적인 치료를 위해 국가별 진단서와 소견서를 제공하는 행정적인 지원을 해야 한다.

(2) 공항 환송

새로 들어오는 환자보다 환송을 하는 환자에게 더 관심을 쏟는 것이 환자의 만족도와 구전 효과에 좋다는 것을 인식하고, 그동안 과정을 담당했던 코디네이터나 에이전시 관계자가 배웅하도록 한다. 거동이 불편해서 휠체어를 타야 하거나 앰뷸런스를 타야 하는 경우에는 퇴원 전

미리 준비해 두도록 한다.

안부 메일이나 소식지 발송 등으로 꾸준히 관리하여 재방문 유도 및 구전의 축으로 활용한다.

5. 의료관광 에이전시 현황

1) 해외 의료관광 에이전시 현황

(1) 싱가포르 의료관광 에이전시

싱가포르의 주요 여행사인 CTC, Global Wellness & Travel(GWT), Tour Asia, Uniglobal Holidays는 의료관광을 알선하고 있다. 이 외에 2003년에 설립된 전문 의료관광 에이전시인 Medi Tour와 Singapore International Assist가 있다. Uniglobal Holidays는 러시아의 300여 개 여행사와 협력하여 입국 의료관광을 알선하고 있다. CTC는 12개의 상품(건강 체크, 치과 스케일링, 미백, 피부 관리, 요양 등)을 선정하고 제휴 병원으로 타톡생, KK Women's and Children's Hospital, Thomson Medical Centre, Econ Nursing Home and Northern Hope Medical Specialist를 선정하였다. 타깃 국가는 중국, 인도네시아, 중동, 러시아, 보르네오, 베트남이며 치과 비용이 비싼 한국도 겨냥하고 있다. 싱가포르 국내 에이전시 이외에 미국의 Global Choice Healthcare는 Parkway병원에게 미국인을 알선하고 있고 일 년에 약 150~200명을 알선하는 것으로 예측되고 있다(윤형호, 2007).

(2) 캐나다 의료관광 에이전시

Gosculptra는 캐나다 몬트리얼 Outbound 의료관광 에이전시로 튀니지와 아르헨티나에서 성형 수술, 위 우회술(gastric bypass), 불임 치료를 알선하고 있다. Medsolution는 캐나다 벤쿠버에 소재하고 있으며, 인도, 폴란드, 남아프리카, 터키, 말레이시아, 멕시코, 프랑스, 코스타리카, 브라질에 심장 질환 및 수술, 성형 수술, 미용, 치과, 위 우회술, 불임 환자를 송출하고 있다. Medsolution은 환자에게 수수료를 받지 않고 협력 병원으로부터 수수료를 받는다. 협력 병원 선정 기준은 국제 인증, 장비 및 의료 기술, 의료진 및 직원의 영어 능력이 중요하고 미국 보험회사의 인정 여부도 중요하다.

(3) 호주 의료관광 에이전시

All About Beauty는 호주에서 미용, 성형 수술만을 전문적으로 알선하는 에이전시이다. 미국, 캐나다의 고객을 위해 미국에 사무소를 운영하고 있다.

(4) 네덜란드 의료관광 에이전시

Contour Kliniek은 네덜란드에 소재하고 있으며, 협력 미용 업체 혹은 의원들과 체인을 구성하여 미용관련 서비스를 제공하고 있는 네트워크 업체이다. 본점 의원 혹은 체인 의원을 통해 성형 수술을 하고 있으며, 미용 및 성형 수술에 관하여 온라인 상품을 안내하고 있다.

Erco Reizen B. V.는 아시아, 북미, 남미, 오세아니아 국가에 대한 관광상품을 판매하는 여행사로서, 인도에 Erco Travel이라는 관계사를 두고 의료관광 사이트를 운영하고 있다. 여기에서 제휴병원을 소개하고, 세부적으로 치과, 안과, 심장, 성형, 정신과, 비뇨기과 정보를 제공하고 있다. 또한 외국인들이 자주 이용하는 분야의 표준 의료비를 미국과 영국의 치료비와 비교하여 제공하고 있으며, 고객은 이메일로 개인 및 질병 자료를 입력하면 상담을 받을 수 있다(윤형호, 2007).

(5) 미국 의료관광 에이전시

① MTI(Medical Tours International): MTI는 미국 뉴저지주 캠든에서 2002년 Outbound 의료관광 서비스업을 위해 설립되었으며 주로 면허를 취득한 간호사들로 구성된 그룹이다. MTI는 2005년 약 1,300여 명의 환자를 주로 코스타리카와 싱가포르의 병원에 주선하는 회사로 미국 내에서 가장 큰 규모이다. MTI의 간호사들이 해외 의료기관을 직접 방문하여 의료시설과 의료진의 수준이 미국의 환자 관리 기준에 적합한지, 편의 시설은 충분한지를 점검한 후 협력 병원을 정하고 있다.

MTI는 해외 병원 또는 의사들로부터 환자 알선 수수료를 받고 있다. 하지만 이 수수료는 병원이 마케팅을 위해 지불하는 통상 비용이기 때문에 MTI는 병원이 환자에게 청구하는 의료비용에 이들 수수료를 추가하지 않도록 하고 있다. MTI의 간호사 자격을 보유하고 있는 직원들은 해외 협력 병원의 의료진이 전문 자격증을 보유하였는지, 미국이나 유럽의 면허증을 보유하였는지, 간호사들 역시 적절한 교육과 면허를 소지하였는지 면밀히 점검하여 환자의 안전을 도모하고 있다.

또 MTI는 외국 의료진 및 직원들과의 의사소통 과정에서 발생할 수 있는 의료사고 혹은 실수를 방지하기 위해 노력하고 있다. MTI는 환자들의 알레르기, 건강 이력, 특별한 처방에 대한 잘못된 의사소통의 위험을 줄이기 위하여 환자에게 I.P.I.D를 사용하고 있다. 이것은 미국

식품위생국(FDA)이 의료사고를 줄이기 위해 권장하고 있는 측정기로서 환자의 정보와 건강 기록을 수록하고 있는 작은 이동식 기록 매체이고 환자는 이것을 목에 걸거나 지갑에 보관하고 해외 병원을 방문한다.

MTI는 환자가 최적 가격으로 의사와 병원, 지역을 선택할 수 있도록 정보를 제공하고 있다. 적절한 비용 이해를 위해 "The Difference Between Cheap and Affordable Surgery"라는 영상물을 제공하고 있으며 원활한 수술 일정과 항공, 숙박 등 계획을 위해 "The Negative Effects of Stress on Healing"라는 영상물도 제공하고 있다.

② MedRetreat: MedRetreat는 메릴랜드 Odenton에 소재하고 있고 인도, 타이, 말레이시아, 터키, 코스타리카, 브라질, 남아프리카, 아르헨티나의 8개국에 Outbound 의료관광을 알선하는 에이전시이다.

〈표 III-2〉 MedRetreat의 의료관광 알선 절차

순서	내용
1	홈페이지 접속, MedRetreat의 사업 및 의료관광 내용 숙지
2	온라인 회원 가입, 상담 및 정보 제공, Podcast 방송 청취
3	미국 프로그램 매니저 배정, 매니저와 상담
4	미국 프로그램 매니저는 의료 서비스에 관해 외국 병원, 의사 정보 제공
5	회원은 미국 내 진찰 기록, 검사 기록을 제공
6	MedRetreat는 디지털화하여 외국 병원에 제공
7	회원은 외국 의사에게 제공할 3페이지 의료서식 작성
8	회원에게 의료 비용 견적과 현지 체제 비용을 받음
9	회원은 외국 의사와 텔레컨퍼런스 혹은 이메일을 통해 직접 상담
10	미국 프로그램 매니저 여권, 비자 수속을 대행
11	회원은 총 비용의 30%를 선수금으로 지급
12	여행 일정, 병원, 담당 의사, 호텔에 대한 최종 확인
13	현지 매니저 소개
14	현지에서 매니저 공항 미팅, 호텔 이동 및 현지 일정 진행
15	도착 다음날 담당 의사 방문, 진찰 및 검사
16	수술
17	수술 후 퇴원, 현지 매니저와 호텔로 이동
18	현지 매니저를 통한 현지 관광 혹은 귀국 도움

출처: www.medretreat.com

MedRetreat는 2004년 첫 번째 환자를 외국에 보냈고, 2006년에는 320명의 환자를 외국에 보냈다. 또 2007년 1월부터 기업에게 종업원을 위한 의료관광 서비스를 제공하기 시작하였다.

그 예로 종업원의 의료 비용의 15% 감소를 목표로 세운 North Carolina의 제지 회사를 위해 인도 의료관광을 알선하였다.

MedReatreat는 호텔 예약을 통한 수수료와 제휴 병원으로부터 수입의 20%를 알선 수수료로 받는다. 또 고객에 대한 품질 보증을 위해 고객들이 외국 현지에서 치료를 받을 때 의료비 전액을 선불하도록 되어 있지만, 현지에서 환자의 마음이 변할 경우 환불이 가능하도록 하고 있다.

③ IndUShealth: IndUShealth는 미국 환자가 인도에서 치료받는 것을 주선하기 위해 2004년에 노스캐롤라이나 Raleigh에서 설립되었다. 인도계 벤처 전문 경영인 Raleigh에 의해 창업되었으며, 경영진으로 의사와 병원 전문경영자들이 참여하고 있다. 이 회사는 2005년에는 수십 명의 환자를 주선하는 데 불과하였지만 2006년에는 수백 명을 주선하였다. IndUShealth는 인도 의료진의 자문을 받아 우수한 인도 병원을 협력 병원으로 선정하고 있으며 미국에 못지않은 치료 및 종합적인 서비스를 제공하려고 한다. 또한 미국 의사들과 연계된 서비스를 받게 하고 있고 인도 병원에 대한 진료 의뢰를 체계적으로 정비하고 있다. IndUShealth는 여행사와 협력하여 환자들의 인도 방문, 회복 프로그램, 현지 요양 및 관광 프로그램을 제공한다.

제휴 병원으로는 Apollo병원, Escorts Heart Institute, Max Healthcare, Wockhardt병원이 있다. IndUShealth는 인도 협력 병원의 선정 기준으로 다음과 같이 제시하고 있다. 먼저 이들 병원은 미국 병원과 같은 수준의 의료 서비스를 제공하며, 그 외 여행 및 체류 관련 서비스도 제공하여야 한다. 둘째, 이들 병원은 JCI와 같은 국제 인증을 보유하고 있으며, 미국과 영국에서 훈련을 받거나 이들 국가의 면허를 보유한 증명된 의료진과 직원이 큰 비중을 차지하고 있어야 한다. 셋째, 이들 병원은 원격 치료 시스템과 외국인과 관련된 의료 문제가 발생할 때 IndUShealth의 경영진과 대화를 할 수 있는 시스템을 갖추고 있어야 한다.

④ Planethospital: Planethospital은 2002년 캘리포니아에서 설립되었으며, 미국 본사의 의사와 간호사들은 환자 고객이 해외에서 적절한 의사를 찾을 수 있도록 의료관광 알선 사업을 하고 있다. 특히 이들은 환자 고객과 상담을 하고 환자의 상태를 정확히 이해하기 위해 의무 기록을 검토하고 관련 해외 의료진과 연락하고 있다. 또한 미국 환자가 해외 의사와 직접적으로 통화할 수 있도록 하여 의료관광을 잘 이해하도록 하고 있다. 특히 환자가 현지에 도착한 후 적응할 수 있도록 현지 직원들이 잘 도와주고 있다. Planethospital은 의사 선정, 비자, 항공 티켓, 호텔 등 모든 일정을 도와주고 있다. 2006년 7개월간 200명의 환자를 송출했으나 2007년 3월에는 11,000여 명으로부터 상담 요청을 받았다.

〈표 III-3〉 Planethospital 지정 해외 병원

국가	병원	국가	병원
인도	IIMS Hospital	태국	Promjai Dental Clinic
	Apollo Hospital		Piyavate Hospital
	Fortis Hospital		Yanhee Hospital
	Max Hospital		TRSC Lasik Center
	Hiranandani Hospital		Samitivej Sukhumvit
싱가포르	National University Hospital	벨기에	ANCA Hip Surgery Clinic
		멕시코	Hospital Angeles

출처: www.Planethospital.com

Planethospital은 'Best of Bothworld Healthcare Plan'을 도입하여 미국 의사가 해외 현지까지 환자를 동반하고 치료 과정을 현지 의사와 상담을 하여 적절한 치료를 받도록 하고 미국에 돌아와서도 추후 진료를 맡는 제도이다. Planethospital은 또한 플로리다의 저가 의료보험사인 United Group Plans와 협력하여 외국에서 수술을 받을 수 있도록 하는 Optmed라는 보험 상품도 중개하고 있다. 또한 인력 관리 컨설팅 회사인 Mercer와 협력하여 기본 진료와 응급 치료는 미국에서, 수술은 외국에서 하는 복합 보험 상품을 개발하고 있다.

Planethospital은 해외 병원, 여행사, 항공사로부터 수수료를 받지 않고 환자 고객으로부터 수수료 295달러를 직접 받고 있다. 고객은 진료 자료(X-ray, MRI)를 Planethospital에게 보낼 때 25달러를 지급하고 해외 의사와 통화를 원할 때마다 100달러를 지급한다. 고객은 최대 3명의 외국 의사와 통화를 할 수 있으며, 이 비용은 수술 비용에 추가가 된다. 만약 고객이 개인적인 추가 서비스를 원하면 360달러를 지급한다.

Planethospital은 암, 임신, 당뇨, 라식, 성형외과, 정형외과, 흉부외과, 신경외과 분야에 전문의를 알선하고 있다. 특히 미국 혹은 영국의 Fellow 혹은 면허를 가지고 있는 의사를 소개하고 있다. 외국의 협력 병원은 인도, 태국, 싱가포르, 멕시코에 있다. Planethospital은 슬관절 전치술인 경우 환자를 인도, 벨기에, 멕시코로 보내고 있으며, 비용은 양편 기준 9,000~18,400달러이다.

2) 국내 의료관광 에이전시 현황

2009년 5월 외국인 환자 유치 업체 등록을 시작한 이래 2010년 3월 현재, 국내 의료관광 유치 업체는 112곳이 등록을 하였으며, 등록 업체 현황은 아래 〈표 III-4〉와 같다.

대부분의 등록 유치 업체는 의료기관과 관광 인프라가 집중되어 있는 서울특별시에 소재하

고 있으며, 나머지 업체는 경기도, 부산, 대구, 제주특별자치도 등 의료관광 활성화를 위한 정책을 펼치고 있는 일부 지자체에 소재하고 있다.

현재 의료관광을 추가한 기존 일부 대형 여행사를 제외하고는 대부분의 유치 업체가 영세한 규모이며, 코디네이터를 포함한 의료관광 전문 인력도 매우 부족한 실정이다.

〈표 III-4〉 국내 의료관광 에이전시 등록 현황

등록 연번	상호명	소재지
1	스타팍스주식회사	서울특별시 영등포구
2	닥스메디컬코리아주식회사	서울특별시 강남구
3	한국 의료산업주식회사	경기도 수원시
4	삼성플러스관광주식회사	대구광역시 수성구
5	(주)테크노투어	대전광역시 유성구
6	(주)코리아비지니스트래블트레이드	서울특별시 도봉구
7	(주)진세항공	서울특별시 강남구
8	주식회사 로터스테마투어	서울특별시 중구
9	코러스	경기도 하남시
10	주식회사 위트메디컬투어	대구광역시 남구
11	(주)유에스여행	서울특별시 종로구
12	Discover Korea 제주에코	제주특별자치도 서귀포시
13	(주)하나투어인터내셔날	서울특별시 종로구
14	주식회사 와우코리아관광	서울특별시 용산구
15	주식회사 메디코리아포유	경기도 성남시
16	(주)아미아인터내셔날	서울특별시 서초구
17	글로벌어시스턴스파트너스(주)	서울특별시 종로구
18	(주)코앤씨	서울특별시 서초구
19	주식회사 봉융	서울특별시 양천구
20	(주)글로벌킴스코퍼레이션	경기도 군포시
21	클릭메디칼투어(주)	서울특별시 강남구
22	(주)홀리데이링크	서울특별시 마포구
23	(주)서진항공	서울특별시 중구
24	(주)프라자이십일	서울특별시 서대문구
26	(주)알앤엘바이오	서울특별시 관악구
27	주식회사 현대메디스	서울특별시 마포구
28	(주)인터메디컬트레블	서울특별시 종로구
29	주식회사 KMI인터내셔널	서울특별시 서초구
30	주식회사 바이칼통상	서울특별시 종로구
31	(주)카엘바이오 서비스	서울특별시 종로구
32	(주)세방여행	서울특별시 서대문구
33	주식회사인투플랜	서울특별시 중구
34	(주)시노서울	서울특별시 마포구
35	(주)애플백	서울특별시 강남구
36	(주)성광에어 서비스	서울특별시 중구

37	(주)메디투어코리아	부산광역시 동래구
38	코리아메디컬로하스(주)	서울특별시 금천구
39	한나라관광(주)	서울특별시 중구
40	(주)에스엠피아	서울특별시 강남구
41	(주)엠비아이인터내셔널	서울특별시 용산구
42	주식회사 비엘지	서울특별시 영등포구
43	주식회사 파라다이스티앤엘	서울특별시 중구
44	주식회사 뷰티앤비지니스	부산광역시 부산진구
45	(주)햇살메디투어	경기도 하남시
46	주식회사 에덴피플	서울특별시 구로구
47	I0A메디칼서포트센터	서울특별시 서초구
48	(주)티바이텀	서울특별시 강남구
49	(주)아시안메이트	서울특별시 은평구
50	코리아메디컬투어	서울특별시 종로구
51	(주)에버원투어	서울특별시 강남구
52	(주)클렉스	서울특별시 구로구
53	에이전시앤마케팅주식회사	대전광역시 서구
54	주식회사 케이앤월드	서울특별시 서초구
55	한국 의료컨설팅	광주광역시 광산구
56	주식회사씨드메이트	서울특별시 송파구
57	썬코리아투어이벤트(주)	서울특별시 마포구
58	(주)제인투어앤트래블	서울특별시 종로구
59	(주)드림티앤이	서울특별시 강남구
60	(주)메디웨이글로벌	서울특별시 강남구
61	세일관광주식회사	서울특별시 종로구
62	주식회사 유경경영자문	서울특별시 서초구
63	(주)더스피릿오브아유르베다	서울특별시 강남구
64	피.에이.에이(주)	서울특별시 강서구
65	(주)이지메디투어	서울특별시 서초구
66	한국도심공항(주)	서울특별시 강남구
67	코리아나월드관광(주)	경기도 용인시
68	(주)에스에이엠스타	서울특별시 마포구
69	주식회사 비젼항공투어	경기도 부천시
70	주식회사 메디투어파트너스	서울특별시 강남구
71	주식회사 매거진플러스	서울특별시 종로구
72	티지이씨	서울특별시 강남구
73	세양엠티엠주식회사	부산광역시 해운대구
74	(주)크리오투어	서울특별시 강동구
75	주식회사 함투어	서울특별시 강남구
76	한예성형네트워크	서울특별시 구로구
77	나비나	서울특별시 마포구
78	(주)세중나모여행	서울특별시 중구
79	(주)아이에스아이의료관광전문	서울특별시 강남구
80	에스피트래블	서울특별시 마포구
81	윌즈파트너스(WILLZ PARTNERS)	서울특별시 종로구

82	(주)우진비나코포레이션	서울특별시 마포구
83	(주)메디나	부산광역시 남구
84	(주)세계투어	서울특별시 중구
85	메디컬트래블코리아	부산광역시 동구
86	(주)삼호투어앤트래블	서울특별시 중구
87	(주)모두투어인터내셔널	서울특별시 중구
88	씨엔웨이	경기도 양평군
89	(주)메디로드	서울특별시 영등포구
90	주식회사 이부커스코리아	서울특별시 중구
91	정원KMS	서울특별시 강남구
92	(주)메디네스트	서울특별시 강남구
93	라마르홀딩스	서울특별시 강남구
94	(주)에이브이팝	서울특별시 금천구
95	(주)케이알컴퍼니	서울특별시 마포구
96	(주)제윤투어	대구광역시 북구
97	(주)타비투어	서울특별시 서대문구
98	(주)유진케임텍	서울특별시 마포구
99	한국관광산업개발주식회사	서울특별시 종로구
100	주식회사인터비즈투어	서울특별시 영등포구
101	메디크로바(주)	서울특별시 강남구
102	주식회사 더글로벌	경기도 수원시
103	(주)아시아트래블모바일	서울특별시 강남구
104	주식회사 라임메디컬투어	서울특별시 종로구
105	서울국제여행사	충청남도 연기군
106	(주)포트래블	서울특별시 중구
107	(주)알앤엘내츄럴라이프	서울특별시 강남구
108	주식회사 엠케이캐슬	서울특별시 마포구
109	(주)한몽파트너스	서울특별시 서초구
110	나비코리아	서울특별시 강남구
111	주식회사 셀라스	서울특별시 양천구
112	주식회사 고려의료관광개발	부산광역시 부산진구

6. 의료관광 에이전시의 외국인 환자 유치 사례

국내 의료관광 에이전시를 통해 입국한 외국인 환자의 대표적인 사례를 보면 다음과 같다.

첫 번째 사례로서, 싱가포르에서 실패한 러시아 의료관광객이 한국에 입국해 성공적인 치료를 받았던 케이스이다.

러시아 블라디보스토크에 거주하는 니콜라이라는 환자는 WPW(심실조기흥분증후군)를 가진 남자로서, 2009년 4월 중순 싱가포르의 H메디컬센터에서 수술을 받았다. 하지만 환자의 상태는 호전되지 않았고 초기의 의료 수가에서 계속 추가되는 비용 때문에 이중으로 고통을 받고 있었다.

결국 이 환자는 국내 D에이전시와 연결이 되어 치료에 대한 가능성을 타진해왔다. D사는 전문적인 의료 지식과 환자 유치 프로세스를 바탕으로 6월 21일 부정맥 재수술을 받으러 한국에 들어오는 환자의 케이스로 만들었다.

환자는 서울 신촌의 S병원에서 고주파전극도자절제술(Radiofrequency Ablation)을 통해 성공적인 치료를 받고 지금은 러시아에서 한국 의료관광을 전도하는 데 일조하고 있다.

위의 사례는 싱가포르에서 실패한 치료 경험을 가진 환자가 한국에서 성공적인 치료를 받고 한국 의료관광에 대한 무한 신뢰를 가지게 된 케이스로서, 유치 업체가 의료관광 경쟁국과의 의료 기술력을 비교할 수 있는 계기를 만들어 한국 의료 기술의 우수성을 널리 알리게 된 성공적인 사례라고 할 수 있다.

다음은 동남아시아도 한국 의료관광 산업의 주요 목표 시장이 될 수 있다는 가능성을 보여준 사례이다. 베트남 하노이에 거주하는 36세 Thanh Ha라는 여자 환자로서, 항생제 부작용으로 인한 피부의 염증성 병변으로서, 색소의 침착 및 흉터 제거를 위해 입국한 사례이다.

이 환자는 국내 D에이전시가 현지 협력 에이전시를 통해 추천받은 환자로, 한국 의료와 관광에 대해 전혀 경험이 없었기 때문에 베트남에서 의료관광지로 비교적 잘 알려진 싱가포르와 태국행만을 고집했다. 한국의 높은 의료기술에 대한 여러 차례의 설득 끝에 한국에 입국해 강남의 A피부과에서 치료를 받게 되었다.

이미 베트남 현지에서 많은 치료 경험이 있었지만 호전되지 않아 그동안의 엄청난 심적 고통과 한국 의료에 대한 막연한 기대를 가지고 들어와 피부과 의료진의 정확한 진단을 받고 흉터 제거 및 색소 침착 완화에 효과적인 L-T Laser, V-Star Laser, Deep-Fx, Vital Iont 등의 전문적인 피부 시술을 받았다.

전반적인 상태를 볼 때 한 달 간격으로 총 5회 정도 치료가 필요하다는 전문의 의견을 듣고 베트남과 한국을 꾸준히 오가며 치료를 받은 결과, 색소 침착 및 흉터의 제거가 성공적으로 이루어졌으며, 치료를 받았던 피부과와 D에이전시의 서비스에 대해 대단히 만족해하는 결과를 낳았다.

이 환자는 베트남에는 한국 의료에 대한 정보가 전혀 없기 때문에 대부분의 부유층 환자가 싱가포르행을 택하고 있다면서 앞으로 홍보 마케팅만 잘 된다면 많은 베트남인들이 찾게 될 것이라는 얘기를 남겼다.

위의 사례는 베트남을 비롯한 동남아시아 의료 후진국들에 한국 의료관광의 체계적인 홍보 마케팅이 이루어진다면 많은 환자를 유치할 수 있다는 점을 시사한다.

다음은 국내 병원의 의료 행정 서비스의 실수로 인한 대표적인 실패 사례이다.

2009년 5월 27일 러시아 하바로브스크 거주 우측두엽 낭종(cyst)의 진단을 받은 만 19세의 알렉세이 환자가 국내 D에이전시에 접수되었다.

증상으로는 두통과 언어장애가 관찰되었으며, 계속되는 두통으로 학업에 어려움을 호소하는 환자로서, 입국 전 의료 수가와 교통비, 숙소, 식사 등에 대해 상세한 비용과 6인실 병실로 입원 가능한지에 대해 의뢰해 왔다.

국내 D에이전시는 국내 병원에 환자에 대한 세부 사항을 의뢰하였고, 6인실 병실 사용이 가능하다는 확답을 받아 환자에게 전달한 결과, 환자는 입국을 결정하였다. 그러나 입국 4일 전 병원으로부터 6인실에 입원이 불가하다는 통보와 아울러 치료 일정도 취소되었다는 통보를 받고 환자에게 전달한바, 일단 들어와서 호텔에서 숙박을 하면서 외래 치료를 받겠다고 해 6월 21일 입국하게 되었다. 2인실에 입원해 수술 일자를 다시 잡아야 했고, 결국 6월 26일에 수술을 받게 되었다. 다행히 수술 결과와 환자의 상태는 매우 양호했다.

그런데 또 다른 문제가 발생이 됐는데, 수술 후 병원비에 대한 중간 정산에서 예약 당시 수가보다 2배로 올랐다는 통보를 받고 환자가 몹시 당황해 했다. 결국 환자는 병원비를 절감하기 위해 조기 퇴원을 결정하게 되었고, 7월 2일 퇴원 수속을 밟고 러시아로 돌아가게 되었다.

이 사례는 국내 병원의 외국인 환자 수용 태세가 잘 되어 있지 않다는 점을 단적으로 보여주는 사례로서, 의료 수가 산정에 오류가 많으며, 의료 행정 서비스에도 많은 문제가 있다는 사실을 보여 주었다.

병원을 추천하고 환자를 알선하고 입국에서 출국까지 성심성의껏 뒷바라지를 했던 D에이전시의 노력은 모두 헛수고로 돌아가게 되었고, D사와 한국은 러시아 하바로프스크 지역에서 부정적으로 한국 의료관광이 구전되는 경험을 하게 되었다.

Ⅳ. 의료관광 에이전시 등록

1. 외국인 환자 유치 사업 등록 개요

1) 외국인 환자 유치 사업의 등록 배경 및 목적

의료법 개정에 따라 외국인 환자를 유치하려는 의료기관 및 유치 업자는 의료법(제27조의2) 및 보건복지가족부령에서 정한 요건을 갖추어 의무적으로 등록하도록 하고 있다.

이는 외국인 환자를 유치하려는 의료기관 및 유치 업자에게 일정한 요건을 갖춰 등록하게 함으로써 무분별한 외국인 환자 유치 행위로 인한 국내 의료 시장질서 혼탁화를 방지하고 지속적으로 관리할 수 있는 제도적 장치로 활용하기 위함이며, 외국인 환자 유치 과다경쟁으로 인한 공공 의료 서비스의 질적 저하를 막고 미자격 의료기관 및 유치 업자의 난립으로 인해 발생할 수 있는 한국 의료 서비스의 대외 이미지 실추를 방지하기 위해서이다.

2) 외국인 환자 유치 사업 대상 및 제한

외국인 환자 유치 활동의 허용 대상은 「국민건강보험법」 제93조에 따른 가입자나 피부양자가 아닌 외국인에 한정하며 보건복지가족부령이 정하는 바에 따라 유치 활동이 불가한 국내에 거주하는 외국인은 아래와 같이 규정하고 있다.

① 「출입국관리법」 제31조에 따라 외국인등록을 한 사람(출입국관리법시행령 제12조 및 별표1에 따른 기타(G-1)의 체류자격을 가진 사람은 제외함)

② 「재외동포의 출입국과 법적지위에 관한 법률」 제6조에 따라 국내거주신고를 한 외국국적동포

「보험업법」 제2조에 따른 보험회사, 상호회사, 보험설계사, 보험대리점 또는 보험중개사는 외국인 환자를 유치하기 위한 행위가 금지되고, 상급종합병원(종합전문요양기관)의 경우 의료법 제27조의2제5항에 따라 병상 수의 100분의 5를 초과하여 외국인 환자를 유치할 수 없다.

3) 외국인 환자 유치 사업 등록 대상 및 접수

「국민건강보험법」 제93조에 따른 가입자나 피부양자가 아닌 외국인 환자에 대한 유치 활동을 허용하는 내용으로 「의료법」 이 개정(법률 제9386호, 2009. 1. 30 공포, 5. 1. 시행)됨에 따라 외국인 환자 유치 사업 등록을 위한 사전 접수를 2009년 4월 28일부터 받아오고 있다.

외국인 환자 유치 사업 등록 대상은 외국인 환자를 유치하고자 하는 국내 의료기관 및 유치업자로 정하며 의료법 제27조의2에 따라 외국인 환자를 유치하고자 하는 의료기관 및 유치 업자는 일정 요건을 갖추어 등록하여야 한다.

외국인 환자 유치 사업 등록 업무 및 사업 실적 보고는 한국보건산업진흥원이 위탁받아 수행하고 등록 접수는 한국보건산업진흥원에서 2009년 4월 28일부터 수시로 받고 있으며, 등록 신청서 제출 후 20일 이내에 등록증을 교부받을 수 있다.

처리 기간은 '일' 단위로 계산하고 초일을 산입하되, 공휴일을 산입하지 않고 있다(민원사무처리에 관한 법률 제6조제2항).

등록 절차를 보면, 한국보건산업진흥원은 신청서 및 구비 서류를 접수·검토하여 보건복지가족부에 그 내용을 알리고 복지부는 등록 요건에 적합한 경우 등록증을 발행하여 진흥원에 송부한다. 진흥원은 발행된 등록증을 신청자에게 통보 및 교부한다.

2. 외국인 환자 유치 사업 등록 내용

1) 외국인 환자 유치 사업의 등록 요건

(1) 외국인 환자 유치 의료기관 등록 요건

외국인 환자 유치를 위한 의료기관의 등록 요건 사항은 유치하고자 하는 외국인 환자 진료 과목의 전문의 1인 이상. 다만, 진료 과목이 「전문의의 수련 및 자격인정 등에 관한 규정」 제3조에 따른 전문 과목이 아닌 경우는 제외하고 재직증명서 등을 통해 진료 과목 전문의가 현재 병원에 근무하고 있음을 증명하여야 한다.

(2) 외국인 환자 유치 의료기관 등록 신청 시 제출 서류

외국인 환자 유치 관련 등록 신청을 희망하는 의료기관은 등록 신청서와 함께 아래의 서류를 구비하여 제출하여야 한다.

① 의료기관 개설신고증명서 또는 개설허가증 사본 1부

② 사업 계획서 1부(기관 소개, 사업 목적 및 주요 사업 내용, 업무 조직 등 포함

③ 진료하고자 하는 외국인 환자 진료 과목 전문의의 명단 및 자격증 사본(치과, 한의과 등은 의사 명단 및 자격증 사본 제출)

④ 사업자등록증 사본 1부

(3) 외국인 환자 유치 업자 등록 요건

외국인 환자 유치 업자의 등록을 위해서는 보증보험에 반드시 가입을 해야 한다. 이는 「보험업법」 제4조제1항제2호 라목의 보증보험에 대하여 금융위원회의 허가를 받은 보험 회사만 해당하고 보험 금액 1억 원 이상, 보험 기간은 1년 이상으로 하고 있다.

보증보험금으로 외국인 환자 유치 과정에서 발생된 손해를 배상한 경우, 1개월 이내에 보증보험에 다시 가입할 수 있다. 보증 범위는 외국인 환자 유치 업자가 외국인 환자를 유치하여 의료기관에 소개, 알선하는 과정에서 고의 또는 과실로 인하여 외국인 환자가 입게 되는 손해에 대한 배상 책임을 보장하는 것을 내용으로 하고 있다.

외국인 환자를 유치하기 위한 유치 업체의 자본금의 규모는 1억 원이며, 유치 업자가 기존 사업을 운영하고 있을 경우, 기존 사업의 법정 최저 자본금을 제외한 자본금이 1억 원 이상으로 정하고 있다.

또 외국인 환자 유치 업체는 반드시 국내에 사무실을 두어야 한다.

(4) 외국인 환자 유치 업자 신청 시 제출 서류

외국인 환자 유치 관련 등록 신청을 희망하는 유치 업자는 등록 신청서와 함께 아래의 서류를 구비하여 제출하여야 한다.

① 정관 1부

② 자본금 규모를 증명할 수 있는 서류(세무사 또는 공인회계사가 확인한 대차대조표, 법인등기부등본 등)

③ 사업 계획서 1부(회사 개요, 사업 목적 및 주요 사업 내용, 업무 조직 및 인원 등 포함)

④ 보증보험에 가입된 사실을 증명할 수 있는 서류 1부(보증보험증권 원본)

⑤ 사무실 소유권 또는 사용권이 있음을 증명하는 서류

⑥ 사업자등록증 사본 1부

(5) 보증보험 가입 및 절차

① 보장금액 및 기간: 의료법 제27조의2제2항 및 같은 법 시행규칙 제19조의 4 제1항 제3호에 의거 보증보험의 가입 금액은 1억 원 이상이며, 보험 기간은 1년 이상으로 하고 있다.

1. 보증보험이란?	• 보증보험은 각종 거래에서 발생하는 신용위험을 감소시키기 위하여 보험의 형식으로 취급하는 보증제도로, 보증보험회사가 일정한 대가(보험료)를 받고 계약상의 채무이행 또는 법령상의 의무이행을 보증하는 특수한 형태의 보험
2. 보증보험 유형	• 보증보험 유형은 '인허가보증보험'이며, 채무자의 법령상 또는 계약상 채무 또는 의무의 불이행으로 인해 채권자가 입은 손해를 담보하는 보험 상품
3. 보증보험의 목적	• 채무자의 채무불이행으로 인한 손해를 보상
4. 보험사고의 성격	• 채무자의 고의 또는 과실로 인한 손해 담보
5. 중도해지 여부	• 보증보험은 보험 기간 중 중도해지가 불가능하다는 것이 기본 원칙이나 보험사고가 없었음이 명확한 때에는 해지 가능

[그림 Ⅳ-1] 보증보험의 개요

② **보장 방법 및 절차:** 보장 방법은 외국인 환자 유치 업자는 등록 신청 전 법령에서 정한 금액을 보장하는 보증보험에 가입하여야 하며, 손해배상 책임보장 금액에 상당하는 인허가 보증보험에 가입하여야 한다. 보험료율은 보장금액의장금액의 0.737%로 정하고 있다.

③ **보증보험 가입(보증보험 가입 내용):** 보험 계약자는 외국인 환자 유치 업자가 보험료를 납입할 의무를 지닌 보험 계약자가 되며, 또한 이용자에 대한 손해배상 책임자가 된다.

피보험자는 보험금 청구권자이며, 현재 등록 및 사업 실적 보고 업무의 위탁을 맡고 있는 한국보건산업진흥원으로 설정하고 있다(향후 보건복지가족부장관의 지정을 통하여 변경 가능).

보험업법에서 명시된 보증보험 업무를 취급하는 회사는 현재 '서울보증보험(주)' 1곳이며, 보험계약의 체결은 '사이버 지점'에서도 가능하다.

④ **보험 계약의 체결:** 외국인 환자 유치 업자가 보증보험회사에 보증보험 계약을 청약하며, 청약 시 법인 등기부등본이나 사업자등록증을 지참해야 한다.

외국인 환자 유치 업자로부터 이행보증에 관한 청약을 받은 보증보험회사는 청약 서류를 확인하는 것 이외에 신용 정보 등을 조회하여 적정한 자격을 갖추었다고 판단될 경우, 인수 조건(연대보증인 추가 여부 등)을 확정한다.

보험계약 청약서가 접수되고 보험료가 영수되면 보증보험회사는 보험 계약자에게 보험증권을 교부한다.

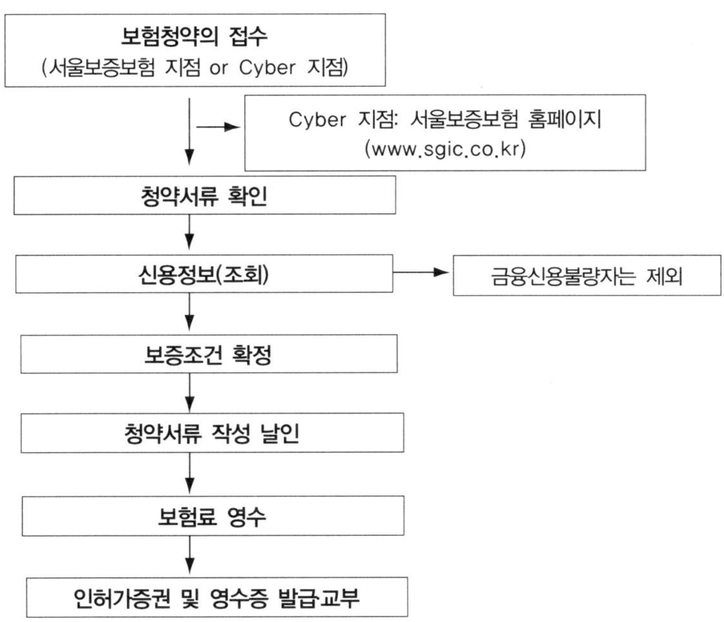

[그림 IV-2] 보험 가입 절차도

2) 외국인 환자 유치 사업의 등록 절차

(1) 외국인 환자 유치 사업 등록 절차

외국인 환자 유치 희망 의료기관 및 유치 업자는 다음 순서에 따라 한국보건산업진흥원에 등록을 신청할 수 있다.

① 신청인		② 진흥원		③ 복지부		④ 진흥원		⑤ 신청인
신청서 작성	⇒	신청서 접수 및 검토	⇒	등록증 발행	⇒	등록증 교부 및 통보	⇒	등록증 수령

[그림 Ⅳ-3] 외국인 환자 유치 사업 등록 절차

① 신청인은 등록 요건을 확인하고 등록 신청서와 구비 서류를 준비하여 진흥원에 신청함
② 진흥원은 신청인의 서류를 접수하고 검토 후 그 내용을 복지부에 알림
③ 복지부는 등록 요건에 적합한 경우 등록증을 발행하여 진흥원에 송부함
④ 진흥원은 발행된 등록증을 신청인에게 통보 및 교부함(접수일로부터 20일 이내)
⑤ 신청인이 등록증을 수령함

(2) 등록 접수 전 확인 사항

① 공통 사항
i) 외국인 환자 유치 사업 등록 신청서의 충실 기재 여부 확인
ii) 사업계획서 1부 제출
iii) 사업자등록증 사본 1부
② 의료기관
i) 의료기관 개설허가증 및 개설신고증명서 사본 1부
ii) 유치하고자 하는 외국인 환자 진료 과목의 전문의 명단 및 자격증 사본 1부
③ 유치 업자
i) 정관 1부(법인인 경우)
ii) 보증보험 가입 확인을 증명할 수 있는 서류(보증보험증권 원본)
- 1억 원 이상을 보장하는 보증보험에 가입 여부 확인
- 보증보험의 유효 기간 확인(1년 이상)

iii) 1억 원 이상의 자본금을 소유하고 있는지 확인(세무사 또는 공인회계사가 확인한 대차대조표, 법인등기부등본 등)

- 유치 업자가 기존 사업을 운영하고 있을 경우, 기존 사업의 법정 최저 자본금을 제외한 자본금이 1억 원 이상으로 함

iv) 부동산 소유권 또는 사용권을 증명하는 서류 1부(임대계약서 등)

〈표 IV-1〉 자본금 확인 서류(예시)

<table>
<tr><th>설립 유형</th><th>자본금 증명</th><th>사실 확인 방법</th></tr>
<tr><td rowspan="2">법인</td><td>출자자본증자(유상증자)</td><td>등기부등본</td></tr>
<tr><td>잉여자본금증자(무상증자), 자본(자산에서 부채를 뺀 금액), 회사내규 예산 확인서, 재무제표, 대차대조표</td><td rowspan="2">세무사 또는 회계사의 확인서</td></tr>
<tr><td rowspan="2">개인 사업자</td><td>개시대차대조표, 대차대조표</td></tr>
<tr><td>예금 잔액 증명서</td><td>은행 확인</td></tr>
</table>

상기 등록 요건에 적합한 경우 외국인 환자 유치 등록증 발행 및 교부를 하며, 등록 요건에 부적합한 경우 신청인에게 부적합함을 통보하고, 신청 서류 일체를 반려한다.

〈표 IV-2〉 등록 관련 Check list

<table>
<tr><th>의료기관</th><th>유치 업자</th></tr>
<tr><td colspan="2">등록 요건</td></tr>
<tr><td>• 유치하고자 하는 진료 과목의 전문의 1인 이상
- 해당 전문의의 재직증명서
- 치과, 한의과 등은 의사 명단 및 자격증 사본</td><td>• 보증보험 가입(1억 원 이상, 가입 기간 1년 이상)
• 자본금 규모(1억 원)
• 국내에 사무실을 둘 것</td></tr>
<tr><td colspan="2">첨부서류</td></tr>
<tr><td>• 사업계획서 1부
• 의료기관 개설신고증명서 또는 개설허가증 사본 1부
• 유치하고자 하는 외국인 환자 전문의의 명단 및 자격증 사본
• 사업자등록증 사본 1부</td><td>• 정관 1부(법인인 경우)
• 자본금 규모를 증명할 수 있는 서류
• 사업 계획서 1부
• 보증보험에 가입된 사실을 증명할 수 있는 서류 1부(보증보험증권 원본)
• 사무실에 대한 소유권이나 사용권이 있음을 증명하는 서류
• 사업자등록증 사본 1부</td></tr>
</table>

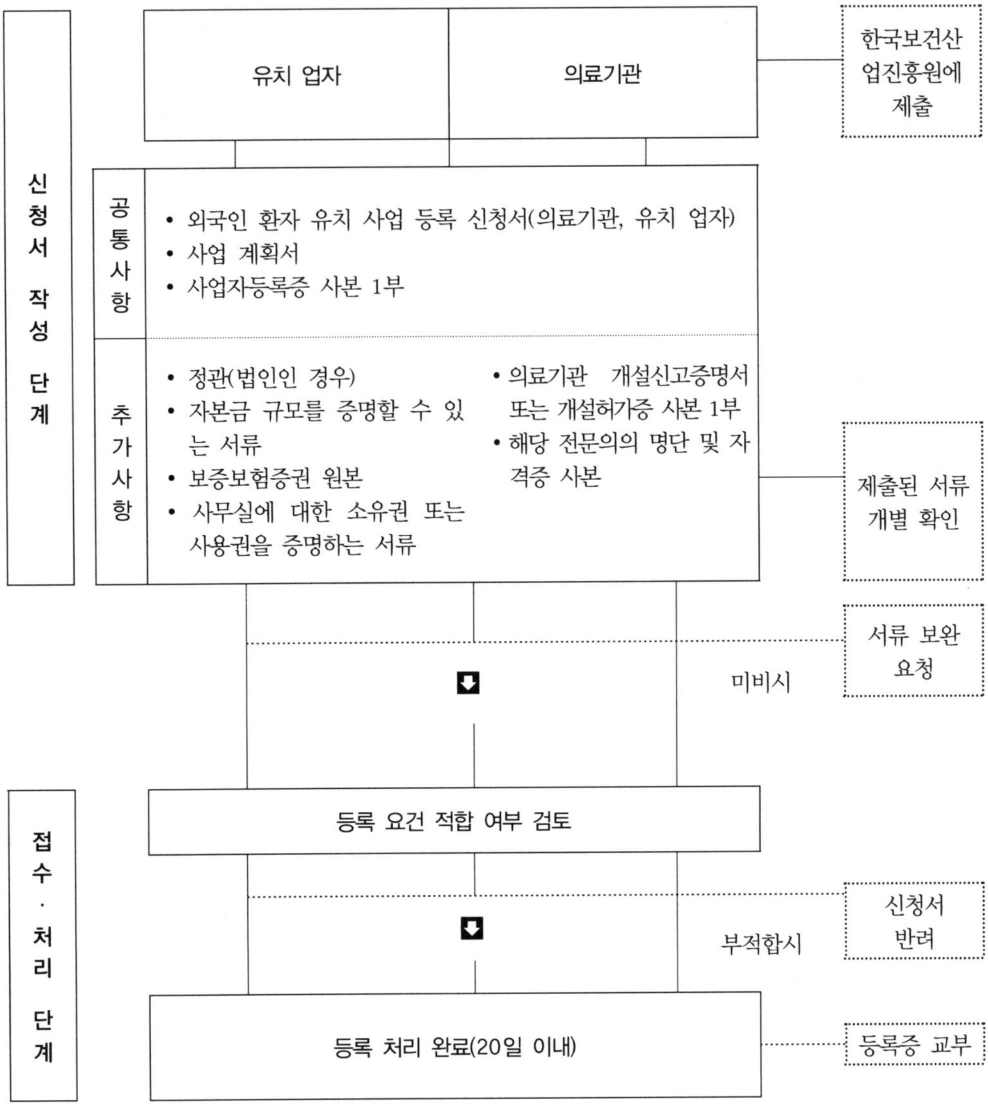

[그림 IV-4] 외국인 환자 유치 사업 등록 업무 절차도

3) 외국인 환자 유치 사업 등록 변경 및 휴업 및 폐업

(1) 변경 신고

의료기관은 의료기관명, 소재지, 대표자 등이 변경된 경우 등에 한하여 변경 신고를 하여야 하며, 유치 업자는 상호명, 소재지, 법인 대표자, 보증보험에 관한 사항 가운데 변경이 있는 경

우에 한하여 변경 신고를 하여야 한다.

변경 신고 방법은 변경신청서에 변경 내용 작성 후 한국보건산업진흥원에 제출하면 된다. 그리고 등록증을 발급받은 자가 등록증을 분실하였거나 헐어서 못 쓰게 되어 재발급받고자 할 때에는 등록증 재발급 신청서를 작성하여 한국보건산업진흥원에 제출하면 된다.

(2) 휴업 및 폐업, 휴업 후 영업 재개

외국인 환자 유치 사업에 등록한 의료기관 및 유치 업자로서 휴업 또는 폐업하거나 영업을 재개하려는 자는 아래 표와 같이 서류를 구비하여 신청하여야 한다.

〈표 IV-3〉 외국인 환자 휴업, 폐업 신고 서류

구분	휴업	폐업	휴업 후 영업 재개
의료기관 및 유치 업자	휴업신고서, 등록증	폐업신고서, 등록증	재개업신고서

휴업에는 외국인 환자 유치 사업의 등록 후 영업을 개시하지 아니하는 경우도 포함되고, 유치 업자가 폐업 또는 휴업을 할 경우 현재 계약 체결자 등 유치·소개 중에 있는 환자에 대한 조치 계획서 1부를 제출하여야 한다.

유치 업자가 폐업을 한 경우, 가입한 보증보험의 증권 기간 단축확인서 발급을 신청할 수 있다.

V. 의료관광 에이전시의 상품 개발

1. 상품에 대한 이해

1) 상품의 개념

상품이란 매매의 대상이 될 수 있는 유형·무형의 모든 재산을 말한다. 상업학의 입장에서 보면, 상품은 인간의 물질적 욕망을 만족시킬 수 있는 실질적 가치를 지니고 있다. 또 매매를 위해 이동이 가능한 유체재산(有體財産)을 가리키는 것으로, 유가증권·부동산·상표권 등은 제외된다.

경제학의 입장에서 보면 상품은 한편으로는 가치를 지니고, 다른 한편으로는 사용가치나 효용(效用)을 지닌 노동 생산물이다. 어느 재화가 아무리 인간의 생활에 유용하고 사용 가치를 지니고 있다 하더라도, 공기나 천연의 물과 같이 노동의 생산물로서의 가치를 가진 것이 아니면 상품이라고 할 수 없다.

또 반대로 사용 가치가 없는 무용의 것이라면, 노동 생산물이라 하더라도 상품이 될 수 없다. 즉, 상품이 사용가치나 효용을 지닌다고 해도, 이것은 상품 생산자의 물질적 욕망을 만족시키는 사용 가치가 아니라 타인을 위한 사회적 사용 가치여야 한다.

노동 생산물이 상품으로 불리게 되는 데는 그것이 교환되어 타인의 물질적 욕망을 만족시켜야만 하기 때문이다(정찬종 · 신석호, 2006).

2) 일반 상품과 서비스 상품의 차이

일반적으로 상품은 크게 재화와 용역, 즉 일반 유형 상품과 서비스 상품으로 구분된다. 이 중 서비스는 판매 목적으로 제공되거나 상품 판매와 연계하여 제공되는 모든 행위, 편익 및 효용이라고 할 수 있다. 따라서 일반 상품과 서비스 상품은 다음과 같은 점에서 차이가 발생한다.

〈표 V-1〉 일반 상품과 서비스 상품의 차이

구분	일반 상품	서비스 상품
형태	유형	무형
분리 여부	생산과 소비 사이에 시차 존재	생산과 동시에 소비
	재고로 수요 · 공급 조절 및 완충	저장 불가능
고객 참여	한정적 · 간접적 참여, 비인적(非人的) 생산	적극적 · 직접적 참여, 생산의 속인(屬人)화
이질성	품질 관리로 동질성 유지 가능	투입과 변형 과정의 변동으로 결과의 이질화

서비스는 무형적 성격을 띠는 일련의 활동으로서 고객과 서비스 제공자의 상호 작용에서 발생하며, 고객의 문제를 해결해 주는 것을 뜻하는 것이다. 여기서 고객과 서비스 제공자의 상호 작용이란 말의 의미는 고객이 서비스 제공자와 상호 협동을 하여 비로소 자신이 원하는 서비스가 창출되도록 한다는 것을 뜻한다(정찬종 · 신석호, 2006).

2. 의료관광상품의 개념 및 특성

1) 의료관광상품의 개념

상품은 인간의 필요와 욕구를 충족시켜 줄 수 있는 제공물로서 사람들이 그것에 주의를 기울이거나, 획득하거나, 사용 · 소비하게 하기 위해서 시장에 제공하는 모든 것으로 유형재, 서비스, 아이디어, 사람, 장소, 조직 등을 포함한다.

상품은 그 형태 여하, 형태 유무에 관계없이 소비자에게 그 상품을 사용함으로써 만족을 줄 수 있어야 하며, 그 상품 자체는 교환 가치와 사용 가치가 있어야 한다.

WTO는 관광 상품을 '관광지, 숙박 시설, 교통 수단, 서비스와 관광 매력물을 결합시킨 것'으로 정의하고 있다. 또한 한국관광공사는 '광의의 관광 상품은 관광 업계가 생산하는 일체의 재화와 서비스이고, 협의의 관광 상품은 여행 상품과 관광에 유관되는 일체의 서비스 또는 관광 사업자가 관광자원을 바탕으로 판매할 것을 전제로 이를 상품화한 것'이라고 하였다.

이를 바탕으로 의료관광상품을 정의하면 '의료관광객의 욕구를 충족시켜 주기 위하여 의료 업계와 관광 업계가 생산하는 일체의 유·무형 재화와 서비스'라고 할 수 있다(유명희, 2010).

2) 의료관광상품의 특성

의료관광상품은 의료관광객에게 만족을 가져다준다는 측면에서는 근본적으로 일반 상품과 동일하나 몇 가지 다른 특성을 가지고 있다. 의료관광상품의 공통된 특성을 살펴보면 다음과 같다.

(1) 유형성과 무형성의 병존

의료관광은 의료 시설 및 호텔 시설, 휴양 시설 등의 유형의 형태를 갖춘 상품이다. 그러나 인적 서비스는 무형성을 가지고 있어서 구매하기 전에 점검해 볼 수도 없고 시험해 볼 수도 없는 것이 특성이다. 무형의 의료관광 서비스 상품은 비디오, 팸플릿, 안내 브로슈어 등의 보조 수단을 통해 구체화시켜야 한다.

(2) 복합성

의료관광상품은 복합적인 재화로 구성되어 있다. 의료 및 휴양 시설, 교통 수단, 숙박 시설, 관광 목적지인 관광자원, 정보업(의료관광 알선업, 여행업) 등이 합쳐져 상품을 이루고 있다.

(3) 생산과 소비의 동시성

의료관광상품은 일반 상품과 달리 먼저 판매가 되고 그 다음에 생산과 소비가 동시에 발생한다. 예를 들어 의료관광 패키지 상품의 경우 고객이 먼저 패키지 상품을 구매하고, 정해진 날짜에 출발하게 된다. 이때 잠재 의료관광객이 의료관광을 하는 동안 생산이 이루어지게 되며 동시에 소비도 이루어지는 것이다.

(4) 비저장성

의료관광상품은 생산되는 즉시 판매 및 소비되는데 만약 판매되지 않은 경우에는 재고로 저장할 수 없는 비저장성이 있다. 예를 들어 병실이나 객실, 항공기 좌석은 당일 상품으로 판매되고, 이 중 일부 판매되지 않은 병실이나 객실, 항공기 좌석의 경우에는 그대로 소멸된다. 따라서 이러한 소멸성은 공급이 경직되는 비저장성인 재고 불가능성을 의미한다.

(5) 유사성과 모방성

의료관광상품 및 서비스는 대체로 유사한 점이 많고 쉽게 모방할 수 있는 단점이 있다. 구성 요소가 모두 유사하며 후발 업체도 쉽게 기존 업체의 상품을 모방할 수 있다.

시장 도전자는 시장 주도자가 보유하고 있는 상품과 서비스를 개발하기에는 많은 시간과 투자가 수반되므로 투자 위험을 피하여 기존 상품을 모방하는 경우가 많다.

따라서 시장 주도자는 신상품과 서비스의 개발에 지속적으로 많은 투자를 하여야 하며 시장 도전자가 모방하기 어려운 서비스, 전문성, 신뢰성으로 상품을 차별화하여야 한다.

(6) 인적 서비스의 중요성

의료관광산업은 인적 서비스의 중요성이 강조되고 있다. 이는 생산과 소비가 동시에 이루어지기 때문에 종사원의 기술, 판매 방법, 매너, 상담 기술, 안내 기술 등에 따라 매출액의 증감에 영향을 미치고 재판매에도 결정적인 영향을 미친다. 또한 인적 의존성이 크기 때문에 기계화에 한계가 있으며 일정한 상품의 질을 유지하기 어렵다.

(7) 가격 체계의 불완전성

의료관광은 국가 간의 가격이 다르기 때문에 가격 체계가 상호 균일형을 이룰 수 없다. 또한 의료관광객에 따라서 동일 의료관광상품이나 서비스에 대해서 각각 느끼는 가치 판단이 다르기 때문에 높은 가격에도 저항을 받지 않는 경우가 생기는 것이다.

(8) 수요의 탄력성

의료관광상품은 다른 상품과 비교할 때 우등재에 속한다. 그래서 의료관광 수요의 탄력성은 대개 1보다 크다. 즉, 의료관광상품의 수요 증가율은 소득 수준의 증가율보다 빠르게 증가한다. 소득 수준이 높아질수록 의료관광의 수요는 더욱더 증가한다는 것이다.

어느 수준의 소득 임계치가 넘어 의식주 등의 기초 욕구가 충족되고 난 후부터 자기실현 욕구가 급증하기 시작하게 된다.

(9) 공급의 비탄력성

의료관광상품은 수요 변화에 따라 공급량을 신축적으로 조절할 수 없는 성격을 지녔다. 의료관광단지나 시설은 공급량을 조절할 수 없다. 또한 비저장성, 소멸성으로 인해 재고가 불가능한 상품으로 수요에 비해 공급의 비탄력성을 가지게 된다(유명희, 2010).

3. 의료관광상품의 구성 요소 및 분류

1) 의료관광상품의 구성 요소

(Kasper, 1989)는 의료관광의 구성 요소로서 온천 등의 건강 상태를 파괴하지 않은 물리적 환경(휴식할 수 있는 경관), 기반 시설(자연의 보충, 환경 보호를 위한 엄격한 규제), 시설들(치료 센터, 요양, 치료를 위한 도구), 교통 통제 조치(교통 억제 지역), 의학 치료(전문의), 치료를 위한 적절한 숙박 시설, 조절된 식사 등을 의료관광의 필수 요소로 보았다.

또한 전명숙(2007)은 인프라 시설, 관광 자원, 특색 있는 음식 등 일반적 구성 요소 이외에 고객 맞춤 비용과 접객 서비스 마인드 또한 의료관광 구성 요인으로 중요한 역할을 한다고 하였다.

의료관광상품의 구성 요소는 의료 산업의 기술력, 의료관광 인프라 시설, 관광 자원, 특색 있는 음식, 고객 맞춤 비용, 접객 서비스 마인드로 구분되며 구체적인 내용은 다음과 같다.

(1) 의료 산업의 기술력

수준 높은 의료 산업 기술력은 의료관광상품을 구성하는 필수 요소라 할 수 있다. 의료관광 선진국인 싱가포르, 태국, 인도의 여러 의료기관들은 세계적 의료 수준으로 인증하는 'JCI' 인증을 통과하였고, 이와 같은 의료 서비스 구축으로 의료관광객들의 높은 신뢰를 받고 있다. 현재 한국에서 'JCI' 인증을 통과한 병원은 2곳으로 다른 의료관광 선진국에 비해 그 수가 매우 낮은 편이다.

(2) 의료관광 인프라 시설

의료관광 인프라 시설은 병원 및 의료 시설, 환자가 진료를 받는 동안 체류할 수 있는 숙박 시설, 건강관리 및 요양에 필요한 마사지, 스파 시설, 운동 기구 시설 등과 같은 보조 시설, 병원이 있는 장소까지의 접근성을 위한 교통 시설 등으로 볼 수 있다(유명희, 2009).

(3) 관광자원

의료관광은 의료와 관광이 결합된 형태의 서비스 산업이므로 의료 자원과 함께 관광 자원도 의료관광 상품 주요 구성 요소로 제고되어야 한다. 환자는 의료기관에서의 진료뿐만 아니라 진료 후 관광을 필요로 할 수 있기 때문에 의료기관이 위치한 지역 사회는 다양한 관광 매력물을 개발하여야 한다. 특히 건강과 관련이 있는 청결한 주변 환경, 아름다운 자연환경 등의 자연 관광자원, 문화·예술·전통을 고려한 사회적 관광자원 및 산업 관광자원의 발굴 및 개발이 필수적이다.

(4) 특색 있는 음식

의료관광 고객은 건강을 위한 진료와 더불어 집을 벗어난 타지에서의 관광 행동을 하게 된다는 면에서 지역적 특색을 음미할 수 있는 전통 음식이나 별미가 관광 매력으로 작용할 수 있으며 유기농 소재의 건강식, 체질에 맞춘 건강식, 치료를 목적으로 하는 보양식, 한방 음식 등과 같이 건강을 증진하고 에너지를 보충할 수 있는 음식이 부수적 역할을 한다(권성길, 2008).

(5) 적절한 의료관광 비용

선진국의 높은 의료 비용은 의료관광을 더욱 증가시키고 있다. 예를 들어 미국 무보험자들이 대장 조영술을 받으려면 한국에선 80달러면 가능하나 미국은 1,700달러의 비용이 든다. 따라서 이러한 미국과 같은 선진국 시장 공략을 위해서는 저렴한 비용을 제공하며 선진국과 대등한 기술 및 인프라를 구축하는 것이 필요하다(김미주, 2009).

또한 고객층에 따라 다양한 상품을 구성하는 것이 중요하다. 고품질을 추구하는 고객에게 고가격 전략으로 고품격의 상품을 제시하고, 일반 대중들에게는 경쟁력 있는 가격의 상품을 구성하여 제공해야 할 필요가 있다. 의료관광객은 주로 여유 계층이 참가하는 특성이 강하므로 고객에 따른 특성을 고려하며 상품을 구성하고 그에 맞는 가격 정책을 적용해야 한다.

(6) 접객 서비스 마인드

의료 시설과 종사자들은 환자에 대한 권리를 보장하고 환자에 대한 친절한 서비스로 환자에게 진료와 의료 시설에 대한 만족도를 상승시키기 위하여 노력할 필요가 있다. 의료관광의 주체인 환자는 의료 산업 측면에서 볼 때 환자이지만 의료관광 산업면에서 볼 때 관광의 주체인 고객에 해당되어 고객으로서의 권리를 보장받아야 한다.

따라서 의료관광에 종사하는 근로자들은 고객 서비스 마인드를 기본적인 업무 덕목으로 삼고 고객을 접객해야 하며, 세심하고 철저한 전문적 서비스로 무장하여 고객에게 만족을 주어야 한다(권성길, 2008).

2) 의료관광상품의 분류

세계 주요국의 의료 비용 추이를 보면 계속적으로 증가하는 추세에 있다. 관광산업은 더욱 더 활성화될 것이며, 각 국가마다 다양하고 차별화된 의료관광상품을 개발할 것으로 예상된다. 따라서 의료관광 에이전시가 의료관광상품을 개발하고 홍보를 하기 위해서는 관광객의 수요와 관심 분야를 정확하게 분석하고 제공할 상품을 준비해야 한다.

의료관광상품별 특징을 살펴보면 다음과 같다.

(1) 질병 의료관광(Surgical Medical Tour)

특정 질병이 있는 불특정 다수의 환자들이 질병 치료의 전문 의료인을 찾아 심장 수술, 장기 이식, 골수 이식과 같이 생명의 보존과 직결되는 종류의 응급한 상황에서 자국에서 시술되지 못하는 경우 타국에서 수술을 받는 유형이다. 치료의 전과 후 인근의 관광지를 방문하거나 관광 행위를 할 수 있도록 구성한 의료관광상품으로서 외국의 경우 관광객 또는 환자와 동반 가족이 치료와 관광 기간 동안 체류할 수 있는 법적 허가와 진료를 받을 수 있는 인프라의 구축이 필요하다. 대표적인 국가로 독일과 요르단이 있다.

(2) 전통 의료관광(Tradition Medical Tour)

방문국의 전통 의학에 의한 치료와 관광을 목적으로 하는 의료관광상품으로서 서양 의학과는 반대의 개념인 생명과 직결되어 있지는 않지만 만성 질환, 알레르기 등을 치료하고 건강을 유지하기 위해 관광지 고유의 전통 의학을 체험하고 온천과 스파를 즐기는 형태의 의료관광이다. 대표적인 관광지로는 인도의 아유르베다나 한국의 한방 치료와 같은 특정 국가의 전통 의학을 활용한 환자 개인의 체질을 분석하여 치유를 목적으로 하여 개인 맞춤형 건강 생활법으로 인도, 태국 등이 있다.

(3) 미용 의료관광(Esthetical Medical Tour)

외모를 가꾸기 위한 성형 수술이나 미용, 마사지, 온천, 스파, 피부 마사지를 위한 의료관광 상품으로 의료관광 에이전시가 많은 관심을 가지고 개발하고 있는 상품의 유형이다.

주로 여성들이 애용하는 의료관광상품으로서 자국에서 체험하지 못한 특별한 미용 관련 서비스 체험이나 의료 기술이 뛰어난 국가에서 성형 미용을 받고 관광을 겸하는 형태이다. 의료 기술이 뛰어난 경우와 상대적으로 자국에 비해 경제적인 비용이 미용 의료관광상품의 동기가 된다.

미용 의료관광은 주로 자국과 가까운 나라를 선택하는 경향이 많다. 대표적인 관광지로 멕시코, 아르헨티나, 태국, 말레이시아, 남아프리카공화국 등이 있다.

(4) 휴양 의료관광(Rest Medical Tour)

휴양지에 적합한 자연 환경과 건강을 위한 의료 서비스의 인프라가 갖추어진 곳을 방문하여 체류하는 의료관광상품으로서 경제적, 시간적 여유를 가진 의료관광객이 주 고객이며, 대부분 휴양지 내에는 건강과 의료, 휴양에 필요한 시설을 갖추고 있으며, 주로 장기 체류의 관광객이 많은 특징이 있다.

4. 의료관광 에이전시의 의료관광상품 개발 방안

1) 특화 의료 서비스 분야별 전략 상품 개발

외국인 환자 유치에 적합한 전략 진료 과목에 대한 설문 조사 결과, 성형외과가 73.5%로 성과가 있을 진료 과목으로 가장 높게 나타났으며 다음으로 일반외과 19.9%, 한방과 14.6% 순으로 나타났다(한국보건산업진흥원, 2006). 따라서 외국인 환자 유치 시 강점이 있는 의료 서비스 부분을 중심으로 한 상품 개발이 필요하다.

2) 주요 국가별 전략 의료관광상품 개발

정부 차원의 의료관광자원의 개발과 함께 의료관광 에이전시는 타겟 시장별 가격 경쟁력이 있는 의료관광상품 개발이 시급하다.

중국의 경우 고소득층을 주요 타깃으로 삼아 소비 성향에 맞는 의료 서비스를 제공하는 의료관광상품을 개발하는 것이 유리하며, 건강 검진부터 중증 질환 치료 상품까지 다양한 형태의 상품 구성이 가능하다.

일본의 경우 성형, 건강 검진 등의 비 급여 분야를 우선 타깃으로 상품을 구성해야 한다. 그리고 미국(교포 시장)의 경우 사적 보험 체계로 보험 미 가입 교포를 대상으로 한 의료관광상품이 만들어져야 하며, 보험 상품의 개발도 필요하다(최윤정, 2007).

아울러 주요 타깃 시장을 발굴하여 일반 관광객들의 방한 추이 및 방한 형태를 토대로 의료상품 개발 전략도 중요하다.

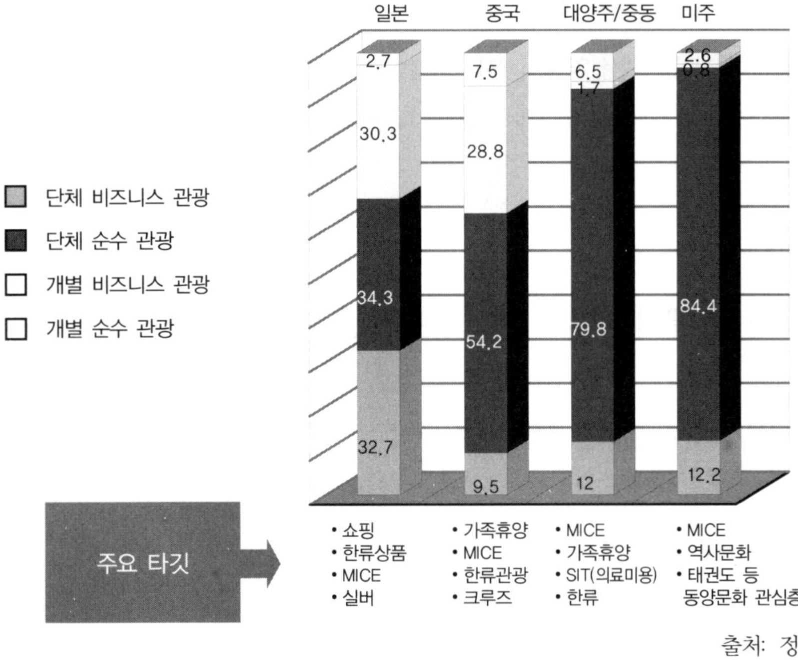

출처: 정진수, 2009

[그림 V-1] 주요 국가별 방한 추이 및 방한 형태

3) 한류를 이용한 특화 의료관광상품 개발

우리나라는 성형·미용 부문에서 의료 기술 및 가격 경쟁력이 있으며, 아시아의 한류 열풍으로 말미암아 한류 스타 모방 성형 수술에 대한 관심도 증가함에 따라 관련 성형 의료관광이 개인병원을 중심으로 확산되고 있는 추세이다.

의료관광 에이전시는 이러한 한류를 이용한 성형, 미용 의료관광, 한방 치료를 특화한 의료관광상품 개발이 필요하다. 건강과 치료 목적의 방문객은 장기간 체류하며 지출 규모도 큰 것이 특징이다(평균 체류 기간 11박으로 최장). 그러므로 성형-미용-음식과 엔터테인먼트를 결합한 뷰티 관광이나 전통 문화를 체험할 수 있는 한방 관광 상품화를 통해 다른 나라와의 차별화를 시도하고 한국의 문화 체험에 관심이 깊은 장년층을 유치하기 위해 산사 체험, 고택 체험 상품, 템플스테이 웰빙 등 오리엔탈 트렌드와 맞물려 최근 각광받고 있는 관광 상품을 의료와 연계하여 매력 창출이 필요하다.

Ⅵ. 의료관광 에이전시의 마케팅

1. 마케팅에 대한 개념과 이론

1) 마케팅의 개념

(1) 마케팅의 정의

마케팅은 고객이 필요한 가치를 창조하여 커뮤니케이션하고 배달하는 조직의 활동으로 정의되며 이러한 활동을 통하여 조직, 고객, 협력자, 사회 모두가 긍정적인 효과를 획득해야 한다(고은주 외, 2007).

마케팅 개념은 생산된 것을 판매하여 이익을 극대화시킨다는 판매 개념에서 소비자의 욕구를 충족하는 단계를 넘어 보다 폭넓은 이해관계자들을 위한 가치를 창조하는 과정으로 변화되었다.

(2) 마케팅의 기본 용어

① **필요(needs)**: 필요란 기본적으로 어떤 무엇이 부족한 상태로서 추위나 더위에 대한 생리적 필요나 사랑에 대한 사회적 필요, 자신을 돋보이기 위하여 하고 싶은 개인적인 필요 등이 있다. 이는 인간의 생리와 인간의 본능에 의해 생기는 것이다.

② **욕망(wants)**: 욕구는 필요가 구체적인 형태 또는 해결 방법으로 표시된 것을 말한다. 예를 들어 "예쁘게 보이고 싶다"라는 필요를 해결하기 위해 "성형 수술을 하고 싶다, 피부 관리를 받고 싶다"와 같은 욕구를 표출하게 된다. 필요를 해결하기 위한 욕구는 문화와 사회적 환경 또는 개성에 따라 다양하게 나타난다.

③ **수요(demands)**: 수요는 욕구를 만족시키기 위한 구매 의사와 구매력이 있는 경우를 말한다. 즉, "예쁘게 보이고 싶다"는 필요이며, 필요를 해결하기 위해서 "성형 수술을 하고 싶다"라고 하는 것은 욕구이고, 성형 수술을 하고 싶은 의사와 수술할 수 있는 돈이 있을 경우 '수요'가 되는 것이다. 필요를 충족시키기 위한 욕구를 가지는 사람은 많으나 실제 구매 의사와 구매력을 지닌 사람은 한정되어 있기 때문에 실제 수요를 파악하는 것이 중요하다.

④ **제품과 서비스**: 필요와 욕구를 충족시키기 위한 것으로 제품과 서비스가 있다. 제품은 물리적 형태를 지니고 있는 기능성 화장품, 의약품 등을 말하며, 서비스는 사람, 장소, 활동, 조직, 생각 등에 의해서 욕구를 충족시키는 것으로 진료 서비스(예: 성형 수술, 레이저 시술), 병원 공간 디자인(예치과의 스카이라운지 리셉션 공간 등), 주차 대행 서비스 등이 포함된다. 따라서 소비자는 가치 있는 제품과 서비스를 제공하는 기업이나 병원을 찾게 된다.

⑤ **효용, 가치, 만족**: 효용이란 소비자가 제품을 통해 얻고자 하는 편익이며, 가치는 효용에 값(비용)을 부여한 것이며, 만족은 편익과 비용을 함께 고려했을 때 가장 적절하게 느껴지는 상태이다. 즉, 소비자의 특성에 따라 효용, 가치, 만족이 다르므로 소비자 만족을 극대화할 수 있는 차별화된 마케팅 전략이 중요하다.

⑥ **교환, 거래, 관계 유지**: 교환은 상대방이 필요로 하는 대가를 주고 원하는 것을 얻는 행위이고, 거래는 두 당사자 간의 가치 교환 행위로서, 교환 조건(교환 수량, 시간, 장소 등)이 만족되면 가능하다. 관계 유지는 상대방이 원하는 품질을 적절한 가격으로 제공하고 사후 서비스를 통해 신뢰 관계가 형성되게 하고 지속적인 거래 유지를 이끌어내어 거래 비용도 절감시키기 때문에 마케팅에서는 매우 중요한 개념이다.

⑦ **시장**: 시장은 특정 필요와 욕구의 충족을 위한 교환과 거래에 참가하고자 하는 잠재적 고객의 집합을 말하며, 효익 시장으로는 건강 시장, 미용 시장, 제품 시장으로는 의류 시장,

패션 액세서리, 신발 시장 등이 있다.

(3) 마케팅 개념의 발전

마케팅의 개념은 과거부터 변화, 발전되어 왔으며, 현재는 경제 개발 수준과 사회문화 수준, 시장 상황에 따라 다양한 마케팅 개념이 국가별로 공존하고 있다. 일반적으로 기업 관점에서 본 마케팅의 발전은 대량을 저가로 생산하는 것에 중점을 두었던 생산 중심 개념에서 제품의 품질을 주로 생각하는 판매 중심 개념, 소비자의 욕구를 충족시켜 주고 적절한 이익을 위하는 마케팅 중심 개념, 사회의 공익을 생각하는 사회 지향적 마케팅 개념으로 발전해 왔다. 최근에는 패션과 라이프스타일이 중요한 패션 마케팅 개념으로 발전되었고, 기업 및 타깃 소비자의 특성에 따라 차별화된 마케팅 개념을 도입하여 적용하고 있다.

① **생산 중심 개념:** 생산 중심 개념은 가장 오래된 마케팅 개념으로 생산량이 부족한 단계에서 기업은 능률적인 대량 생산과 제품의 가격 인하에 치중하였다. 현재도 저가 정책의 전략을 사용할 경우 기업은 동일 품목의 대량 생산을 통해서 제품 단가를 인하시킨다.

② **제품 중심 개념:** 생산 중심 개념에 입각한 저가 정책의 유지가 어려우면 좋은 품질의 제품을 생산하는 데 치중하게 된다. 하지만 제품이 기술적으로는 매우 훌륭해도 소비자의 변화하는 필요와 욕구를 충족시키지 못하면 경쟁에서 뒤지게 된다.

③ **판매 중심 개념:** 판매 중심 개념은 기업이 '이미 제조된 상품'을 판매하기 위해 적극적으로 판촉 활동을 추진해야 한다는 관점이다. 시장 경쟁이 치열해짐에 따라 소비자의 선택 범위가 넓어져 소비자의 정확한 욕구를 고려하지 않고 제조할 경우, 소비자의 불만이 증가되고, 지속적인 판매가 어렵게 된다.

④ **마케팅 중심 개념:** 마케팅 중심 개념은 소비자의 필요와 욕구를 잘 파악하여 소비자가 원하는 제품이나 서비스를 제공하는 것이다. 마케팅 중심 개념은 제품 판매가 중심이 아닌, 목표 시장 및 수요에 초점을 두며, 고객의 필요와 욕구를 구체적으로 파악하여 제품을 공급하는 고객 지향적 활동이어야 한다는 입장이다. 이를 위해 기업 내의 마케팅 및 관련 부서의 활동이 통합적으로 조정되어야 하며, 고객 만족을 극대화함으로써 적절한 이익을 얻어야 한다.

〈표 VI-1〉 판매와 마케팅의 차이

개념	출발점	초점	수단	목적
판매 개념	공장	제품	판촉과 판매 활동	판매 증가에 의한 이익의 극대화
마케팅 개념	시장	고객의 필요	관련 활동의 조정	고객 만족을 통한 적절한 이익

출처: 한국보건산업진흥원, 2009

⑤ **사회 지향적 마케팅 개념:** 사회 지향적 마케팅은 기업의 장기적인 존속과 발전을 위해 소비자, 사회 및 기업이 공생하고 발전하도록 마케팅 활동을 수행한다는 개념이다. 사회 지향적 마케팅의 사례로 환경 친화적인 소재 사용 등의 환경 마케팅 또는 그린 마케팅, 자원의 효율적인 회수와 재활용을 위한 재마케팅(re-marketing), 기업의 윤리적인 제품 철학을 강조하는 윤리적 마케팅 또는 윤리적 브랜딩, 기업의 공익적인 측면을 강조하는 메세나 마케팅 등이 있다.

의료 마케팅의 경우 건강과 친환경 중심의 개념을 상품과 서비스 개발에 적용한다면 병원의 이윤 창출과 더불어 기업 이미지 제고가 가능하다. 메세나 마케팅의 사례로, 애플사와 패션 브랜드 아르마니(Armani)를 비롯한 기업들이 참여한 RED project는 스페셜에디션 상품 판매로 기업의 판매액 일부를 '세계 AIDS, 결핵대책기금'에 기부함으로써 사회에 이익을 환원하였다.

2) 마케팅 조사 분석

(1) 시장 분석

① **SWOT 분석:** SWOT(Strength, Weakness, Opportunities, Threat) 분석이란 조직 외부의 환경적 요인과 조직 내부의 구성 요인을 분석하여 전략적 방향을 도출해 내는 기법이다.

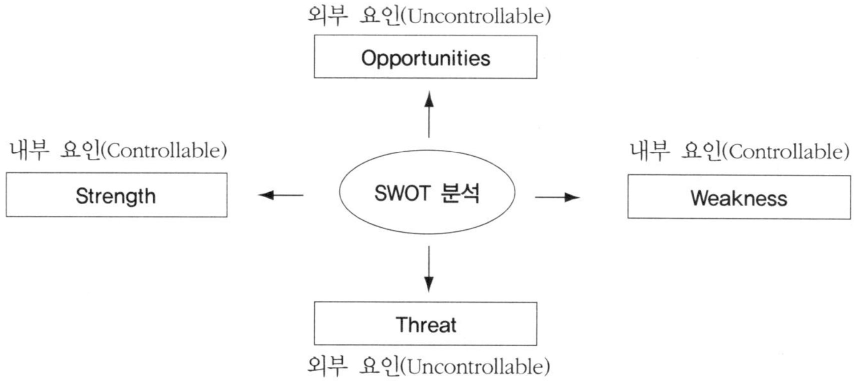

출처: 신재기 · 유명희, 2009.

[그림 VI-1] SWOT 분석

SWOT 분석의 특성을 살펴보면 다음과 같다.

첫째, 조직이나 상품, 사업의 강점과 약점, 기회와 위협을 분석하여 전략을 수립하는 방법으로서 전략 기획의 한 기법으로 활용된다.

둘째, 조직 전체, 개별 사업 또는 서비스, 개인 수준에서 적용 가능하다.

셋째, 내부 요인 분석은 조직이 가지고 있는 강점(Strength)과 약점(Weakness)을 분석하는 과정인데 강점과 약점은 경쟁자와 비교하여 조직이 보유하고 있는 것으로 조직의 노력 여하에 따라 바뀔 수 있다.

넷째, 외부 요인 분석은 조직의 노력과 상관없이 통제할 수 없는 환경적 요인으로 조직에 도움이 되는 기회(Opportunities)와 기업의 활동에 나쁜 영향을 줄 수 있는 위협(Threat)으로 구분된다.

한국의 의료관광을 분석해 보면, 강점(Strength)으로는 수준 높은 의료진 및 의료기관이 많이 있고, 의료 수준에 비해 상대적으로 의료 수가가 낮으며, 의료에 대한 접근성이 좋다는 것이 있다. 약점(Weakness)으로는 언어 소통의 애로가 있고, 식사 · 숙박 · 교통 등에 지불하는 체재 비용이 높으며, 한국 의료에 대한 국제적 인지도가 부족하고, 다인종 · 다문화에 대한 이해가 부족한 점 등을 꼽을 수 있다. 한국 의료관광의 기회 요인(Opportunities)으로는 의료관광 관련 법률이 개선 · 정비된 점, 중국 · 동남아시아 · 러시아 · 미국 · 캐나다 등의 의료관광객이 급증하고 있는 점, 의료관광에 대해 세계적으로 관심이 증가하고 있는 점이 있다. 위협 요인(Threat)으로는 태국 · 싱가포르 · 인도 등 의료관광 선도국의 시장 선점, 일본 · 중국 등 잠재적 경쟁국의 출현 가능성 등이 있다. 한국 의료관광 추진 전략에 적용한 사례를 살펴보면 다음과 같다.

〈표 VI-2〉 한국 의료관광 시장에 대한 SWOT 분석

구분	내용	마케팅 전략 관점에서 고려할 요소
강점 요인	• 수준 높은 인프라 • 경쟁과 교류를 통한 의료 발전 의료 산업화 전략 • 광고 홍보 마케팅 노하우 • 의료 수준에 비해 낮은 수가 • 의료에 대한 높은 접근성	• 한국형 의료관광, 지역적인 문화와 환경의 특성을 살린 의료관광상품 개발 • 중앙정부 차원의 지속적인 의료관광 유치 노력 • 지자체의 의료관광을 위한 지속적인 인프라 건립 • 의료관광 활성화를 위한 불합리한 법률 및 조례 개편 • 의료관광 참가자에 대한 Visa wave 프로그램 운용 및 참가인에 대한 무비자 확대 마련 • 의료관광상품 개발을 위한 회의 및 전시회 개최 • 의료 첨단기술 발표회 등의 의료관광 홍보 전략 • 민 · 관 · 지방 · 중앙정부가 함께하는 시너지 효과를 올릴 수 있는 의료관광 마케팅 전략 • 의료관광업체에 대한 재정적 지원 확대 • 의료관광 국제기구의 적극 한국 유치

약점 요인	• 언어 소통 • 다인족, 다문화 이해 부족 • 비싼 체제비(숙박, 교통, 식비 등) • 국제적 인지도 부족	• 주변 경쟁국과 비교될 수 있는 의료관광에 대한 대회 인지도 제고 • 각국의 문화와 관습의 이해를 기초로 한 차별화 마케팅 전략 • 의료관광 활성화를 위한 각 지자체 호텔의 업그레이드 전략 • 대 국민 의료관광산업의 중요성에 대한 인식 • 의료관광 전문가 양성 프로그램을 통한 전문가 육성(자격 제도 도입 등) • 지자체의 특성화 시설 개발 • 의료관광의 정밀성 있는 치료 프로그램을 운영할 수 있는 언어 문제 해결 등 • 의료관광 활성화를 위한 남북 공동 상품 개발
기회 요인	• 의료 제도 개선 • 의료 산업화 · 글로벌화 • 극동 · 러시아 시장 출현 • 의료관광에 대한 관심 유도 • 한국 의료관광 산업의 성장성	• 테마 의료관광지 및 휴양지, 요양지 조성 • 의료관광 전 · 후 안보 및 체험 관광 유치 • 지방과 자매도시의 의료관광 국내 유치 • 아시아와 세계 BT-HUB 국내에 구축 • 유수한 BT 기업의 국내 유치 전략 • 일본 대비 비용 절감 홍보 전략 • 중국 대비 의료 기술력 우수 홍보 • 의료관광자에 대한 대 국민 친절 홍보 • 한의학 등의 의료 서비스 상품 개발 • IT, TT, BT가 함께하는 공동 기술력 개발과 마케팅적 노력 • 의료관광 활성화를 위한 각 지자체의 노력
위협 요인	• 중동 의료기관 부상 • 주변국 의료 수준 발전 • 주변국의 전략적 투자 • 동남아시아 의료기관의 시장 선점 • 일본 · 중국 등 잠재적 경쟁국	• 시장 세분화에 의한 차별화된 상품 개발 • 우수한 의료관광상품에 대한 지원과 홍보 • 남북이 공동으로 시너지를 발휘할 수 있는 의료관광상품의 개발 및 홍보 • 우수한 치료 전문 인력 우수성 확보 • 의료관광 목적을 위한 중저가 호텔 개발 • 적극적인 해외 자본 투자 지원 정책 마련 • 의료관광 측면의 한류 상품 개발 • 우수한 119시스템 등에 의한 정부의 대외 이미지 홍보 전략 마련

출처: 김도영 외, 2008

② **소비자 분석:** 소비자 분석이란, 의료관광 시장 속에서 실질적인 대상이 되는 소비자들이 원하는 것이 무엇인지 알아보고 그에 대한 전략을 세우는 것을 말한다. 따라서 의료관광 에이전시의 마케팅 계획에 있어 매우 중요한 부분이라고 볼 수 있다. 여기서는 Maslow의 욕구 단계 이론을 설명하고 이를 통해 관광과 연관된 소비자의 욕구를 살펴보도록 하겠다(한국보건산업진흥원, 2009).

Maslow의 이론을 간단히 살펴보면 그는 인간이 태어날 때부터 타고난 두 세력을 생존적 경향(Survival Tendency)과 실현적 경향(Actualizing Tendency)으로 보고 있다. 생존적 경향은 인간의 생성을 단순히 생리적인 차원에서 유지시키려는 경향으로, 이에는 음식이나 물을 필요로 하는 생리적 욕구(Physiology Needs), 남들과 가까이 하고 동일시하고자 하는 소속 욕구(Needs for Belongingness and love)가 포함된다. 사람들은 여기에 나열된 순서대로 이러한 욕구들이 충족되기를 바라는데, 이 욕구들이 충족된 후에 비로소 인간의 실현적 경향이 문제된다는 것이다. 실현적 경향에는 정보나 자극을 추구하는 자아 존중적 욕구와 인간이 타고난 소질을 개발시키려고 하는 자아 실현적 욕구가 있다. 생존적 경향과 실현적 경향 사이에는 어떠한 갈등이 있는 것은 아니고, 생존적 경향이 어느 정도 충족이 된 후에 실현적 경향이 작동하게 된다고 보고 있을 뿐이다.

위에서 소개한 Maslow의 욕구 이론을 관광에 적용하면, 욕구 단계별로 관광객을 위해서 무엇을 준비해야 할지에 대한 시사점을 얻을 수 있다.

〈표 VI-3〉 Maslow의 욕구 단계 이론과 관광

구분	설명	관광과의 관계
생리적 욕구	음식, 옷, 주거, 그 밖의 기본적인 필수 요소 등	• 정찬을 할 수 있는 식사 시설 • 요리 시설을 갖춘 특별실 • 바비큐 시설을 갖춘 야영지 • 숙박 시설(호텔, 모텔, B & B) • 공중화장실
안전의 욕구	개인의 안전과 행복에 대한 욕구	• 개인 신상 보호 • 길 안내 • 정보 센터 • 경고 문구 • 안전한 교통 수단
소속의 욕구	한 집단의 구성원으로서 집단으로부터 사랑받고자 하는 욕구	• 지역 사회의 친절함 • 인종별 커뮤니티와의 접촉 • 사회적 활동 • 유흥가 관광 • 낭만적인 활동
자아존중 욕구	자기 자신과 다른 사람들로부터 존경받고 인정받고 싶은 욕구	• 다른 곳에서 할 수 없는 독특한 활동 • 유명인사 교섭 • 교육에 대한 기회
자아실현 욕구	자신의 잠재력을 성취하고 싶어하고, 자신이 원하는 종류의 사람이 되려고 하는 욕구	• 전문가들과 함께 교육에 참가 • 가치 있는 활동에 지원할 수 있는 기회 제공

출처: Bonita M.k, 2006

(2) STP 전략

의료관광 에이전시 고객 집단을 선정하여 적절한 상품과 서비스를 효과적으로 개발하고 마케팅 전략을 도입하는 것을 STP 전략이라고 한다. 즉, STP 전략은 시장 세분화를 거쳐 전체 시장을 구성하는 여러 고객 집단들을 확인하고 세분 집단 중 특정 고객 집단을 표적으로 삼아 제품과 서비스의 포지셔닝을 실행하는 마케팅 활동이라 할 수 있다.

STP 전략 과정은 크게 시장 세분화, 표적 시장 선정, 제품 포지셔닝의 세 단계로 이루어진다. 첫째, 세분화(Segmentation)는 다양한 욕구를 가진 전체 시장을 일정한 기준에 따라 동질적인 소비자 집단으로 나누는 과정을 말한다. 둘째, 표적화(Targeting)가 있다. 각 세분 시장의 매력도를 평가하여 의료관광 에이전시에 가장 적절하다고 판단되는 세분 시장을 선정하고 진입할 목표 시장을 선정하는 과정으로써 집중하고자 하는 고객 집단을 결정하는 것을 말한다. 마지막으로, 선택된 표적 시장의 잠재적 수요자들에게 의료관광을 인식시키는 포지셔닝(Positioning) 과정이 있다(한국보건산업진흥원, 2009).

STP 과정을 그림으로 살펴보면, 다음과 같다.

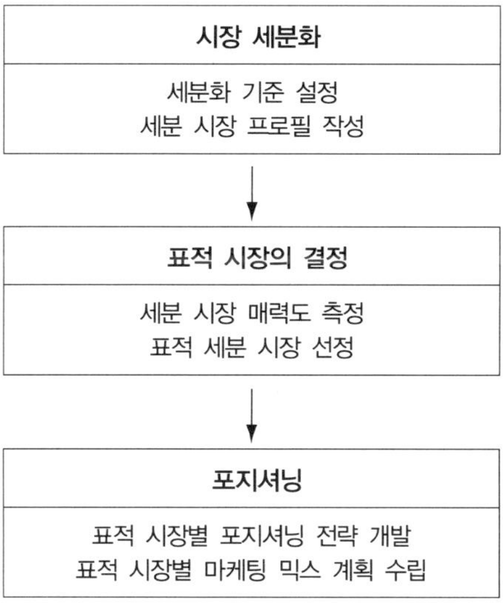

출처: 신재기 외, 2009

[그림 VI-2] STP 절차

3) 마케팅 믹스

(1) 개념

모든 마케팅 전략은 STP 과정을 바탕으로 기업은 소비자들의 욕구를 충족시킬 수 있는 마케팅 전략을 도출하게 된다. 이때 집단 내에서 서로 다른 욕구를 가진 집단을 목표로 포지셔닝을 하게 되고, 기업이 가진 자원의 효율적 분배를 위해 제품(Product), 가격(Price), 유통(Place), 촉진(Promotion)의 각 차원에 대한 마케팅 믹스를 개발하게 된다.

① **제품과 서비스:** 마케팅 믹스의 여러 요소 중 가장 핵심이 되는 것이 바로 제품이다. 왜냐하면 제품이 곧 기업 존재의 기반이며, 제품이 다른 마케팅 믹스의 출발점이기 때문이다.

제품 믹스란 판매하는 제품 계열과 품목의 조합을 말하며, 제품 믹스 전략은 제품 넓이, 깊이, 길이의 개념을 이해하고 경쟁적 이점을 가진 제품을 지속적으로 제공하기 위해 상황에 따라 수정, 개발하는 것이다. 예를 들면 Beauty Care 서비스의 시간을 연장하고 사용 재료의 고급화를 통해 차별화된 고급 서비스를 신제품으로 출시할 수 있다.

특히, 상표는 타사 제품과의 구별을 위해 붙여진 이름으로 등록상표, 상표 마크, 상표명 등이 있다. 또한 병원의 브랜드와 체인사업과 기능성 화장품의 브랜드 개발 등이 의료 산업에서 최근 활발하게 진행되어 왔다. 포장은 제품을 담는 용기나 기구를 말하는데, 제품의 보호, 움직이는 효과적인 마케팅 활동의 도구로서 중요한 요인으로 고려된다. 제품의 디자인과 색상, 보증, 고객 서비스 등도 중요한 제품의 특성으로 관리되어야 한다.

서비스는 한 당사자가 다른 당사자에게 만족을 제공하는 행위나 수행 과정을 말하며, 서비스는 유형의 제품과 연결될 수 있으며 마케팅 믹스 전략 수립에 영향을 미치는 차별화된 특징은 무형성, 비분리성, 변화성, 소멸 가능성이다. 서비스 산업에는 병원, 의료기관을 포함하여 대학, 교회, 항공사, 은행, 경영 컨설팅 회사, 소매업 등이 있다(한국보건산업진흥원, 2009).

② **가격:** 가격 결정은 기업이 신제품을 개발하거나 획득하는 경우, 기업이 새로운 유통경로 또는 새로운 지역에 제품을 도입할 때 그리고 새로운 계약 또는 입찰을 행할 때에 당면하게 되는 문제이다. 시장에서 가격은 수요와 연결되는 민감한 마케팅 의사 결정 분야이다. 따라서 기업이 가격 전략을 수립하는 데 여러 요인들을 고려하여야 한다.

③ **유통:** 유통은 마케팅 경로의 흐름을 효율적으로 관리하고 조정하는 일이다. 마케팅 경로는 어떤 제품이나 서비스가 사용 또는 소비에 이용될 수 있도록 하는 과정과 상호 의존적인 조직체들이다. 마케팅 경로 구성원은 생산자로부터 소비자에게로 상품을 전달하는 일을 수행하며 정보의 수집 및 제공, 제품에 대한 판매 촉진, 협상, 주문, 금융, 위험 부담, 물적 유

통, 지급, 소유권 이전과 같은 일련의 기능들을 수행한다.

④ **촉진**: 마케팅은 제품을 디자인, 생산하고 적절한 가격을 책정하여 유통시키는 것으로 끝나지 않는다. 마케팅의 임무는 고객들에게 우리 제품이 어디에서 팔리고 있는지를 알리고, 다른 제품과 비교하여 장점을 설득시키고 기존의 구매 성향을 바꾸는 것이다.

기업의 마케팅 커뮤니케이션의 주요 수단은 광고, 판매 촉진, 홍보, 인적 판매로 구분된다. 대부분의 기업들은 하나 이상의 마케팅 커뮤니케이션 수단을 사용하고 있으며, 각각의 믹스들은 개별적으로 작용하는 것보다는 다른 수단들과 통합해 사용할 때 그 효과가 더욱 커진다. 이와 같은 커뮤니케이션 믹스들의 통합적 사용 전략이 통합적 마케팅 커뮤니케이션(IMC; Integrated Marketing Communication)이다.

마케팅 믹스의 4Ps와 함께 서비스 마케팅의 7Ps를 의료관광 관점에서 살펴보면 〈표 Ⅵ-4〉와 같다.

〈표 Ⅵ-4〉 의료관광 마케팅 믹스 7Ps

구성 요소	내용
상품(Product)	의료관광 프로그램, 병원 및 병원 내 서비스
가격(Price)	의료비, 관광 비용, 숙박·항공 비용
유통(Place)	중간 판매인, 홍보 매개체
촉진(Promotion)	광고, 인적 판매, 홍보, 판매 촉진
과정(Process)	도착부터 출발까지의 서비스 진행 과정
물리적 환경(Physical Environment)	병원 시설, 관광 시설
인력(People)	의료진, 참가자, 관광 조직

출처: 신재기 외, 2009

(2) 상품 개발

패키징(Packaging)과 프로그래밍(Programming)은 관광산업만의 독특한 마케팅 믹스 구성 요인이다. 이러한 두 가지 요인을 통해 관광 제품 및 서비스의 특성인 소멸성과 수요 공급을 일치시키는 문제를 극복할 수 있다.

상당수의 패키지는 프로그래밍 요소를 자체에 포함하고 있으므로 패키징과 프로그램은 불가분의 관계에 있다. 예를 들면 의료관광에는 항공편 예약, 현지 관광, 숙박 등은 물론이고 의료 (수술 및 시술) 프로그램이 연계되어 있기 때문이다.

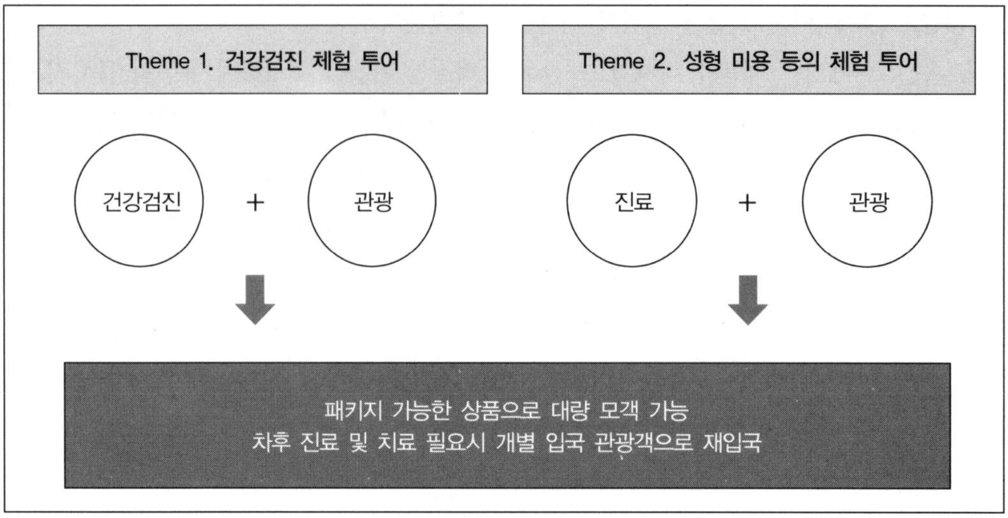

출처: 김용진, 2009

[그림 VI-3] 단체 입국 관광객을 위한 의료관광상품 유형

패키징과 프로그램이 의료관광 마케팅에서 차지하는 역할과 중요성은 막대하다. 따라서 패키징과 프로그래밍이 상호 결합되면 의료관광 에이전시는 마케팅에 있어 많은 이점을 가질 수 있다.

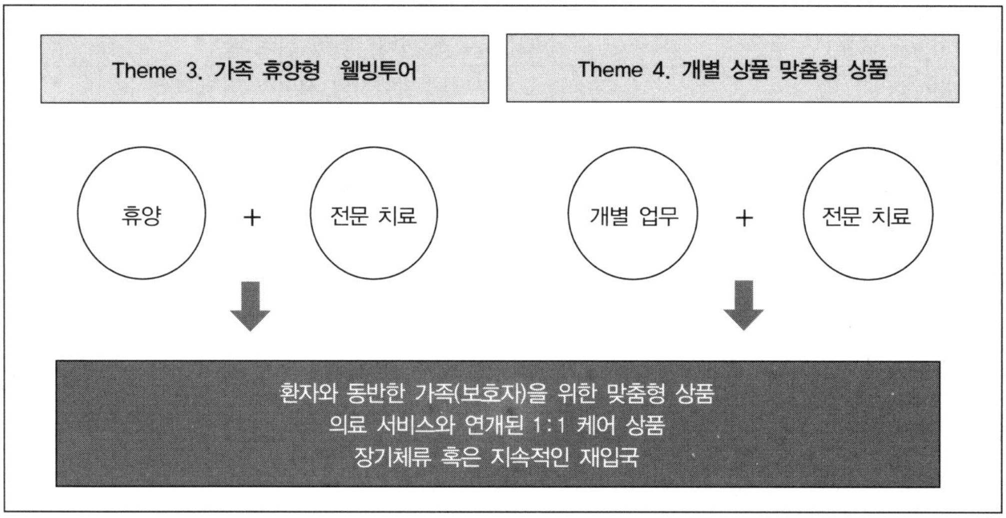

출처: 김용진, 2009

[그림 VI-4] 개별 입국 관광객을 위한 의료관광상품 유형

4) 고객 구매 행동

잠재적 구매 가능성이 있는 환자를 효과적으로 유치하기 위해서는 소비자들이 어떻게 구매 결정을 하는지에 대한 이해가 필요하다. 5단계의 구매 절차 표준 모델은 아래 〈표 VI-5〉와 같다. 그렇지만 소비자가 얼마나 이 단계에 관여하느냐에 따라서 더 간단하고 빠를 수도, 더 복잡하고 길어질 수도 있다.

〈표 VI-5〉 구매 절차 5단계

단계	내용
필요 인지	외부적 문제와 내부적 요구를 확인한다.
정보 탐색	시장으로부터 얻고자 하는 상품의 정보를 파악한다.
선택 대안 평가	소비자가 얻고자 하는 혜택을 주는 상품으로 결정한다.
구매	상품에 해당하는 대가를 지불하고 거래를 완성한다.
구매 후 평가	구매한 상품이 원하던 혜택을 주었는지에 대해 평가한다.

출처: Bonita M. k., 2006

2. 의료관광 에이전시의 마케팅 전략

1) 해외 현지 마케팅

(1) 해외 의료관광 설명회 개최

외국인 환자 유치 목표 국가에 의료관광 에이전시가 직접 현지 설명회를 개최함으로써 한국 의료관광의 경쟁력과 에이전시의 브랜드를 알릴 수 있는 기회가 된다. 주요 대상은 현지 의료관광 관련 에이전시, 의료인, 여행사 등이 되며, 의료관광 에이전시가 개발한 의료관광상품을 집중 홍보함으로써 현지 환자를 유치하는 데 큰 이점이 있다.

(2) 해외 의료관광 관련 업체와의 네트워크 구축

국내 의료관광 에이전시는 유치 목표 국가의 의료관광객 송출 에이전시, 의료기관, 의료관광 관련 업체 등과의 유기적인 협력 네트워크를 구축함으로써 환자 유치 기반을 조성할 수 있다. 네트워크를 통한 인력 교류, 팸투어, 의료관광 정보 제공, 의료관광상품 제공 등의 다양한 홍보 활동을 전개해 나가야 할 것이다.

2) 한국 의료관광 체험 마케팅

(1) 한국 의료관광 팸투어 실시

해외 의료관광 전문 에이전시, 여행사 관계자, 의료관광 전문 미디어 관계자, 의료관광 관련 정부 부처 공무원 등을 초청해 한국 의료관광 팸투어를 실시해서 의료관광 에이전시가 구성한 의료관광상품을 실제 체험하게 해 보는 것도 좋은 마케팅 방안이 될 수 있다.

한국 의료관광이 태동기를 맞으면서 정부 기관 및 의료기관에서 해외 관련 인사를 초청한 팸투어를 실시해 왔었다. 그러나 적절한 참석 대상자 선정이 이루어지지 않아 실제 성과는 낮은 것으로 평가되고 있다. 따라서 의료관광 에이전시는 구체적인 상품을 통해 체험 팸투어를 기획하고 대상자 선정에 신중을 기한다면 좋은 결과가 있을 것이다.

(2) 입소문 마케팅

의료관광 에이전시는 유치한 환자에게 최상의 서비스를 제공해 한국 의료관광에 대한 만족도를 높이는 일이 무엇보다 중요하다. 이는 한국 의료와 에이전시의 상품 및 서비스에 만족한 환자는 자국으로 돌아가 긍정적 구전을 할 가능성이 높기 때문이다.

입소문 마케팅은 큰 비용이 들지 않으면서 효과는 크게 나타나는 의료관광에 있어서의 대표적인 마케팅 기법이라고 할 수 있다.

3) 인터넷 마케팅

현재 한국을 방문하는 의료관광객은 인터넷을 통해 한국 의료관광에 대한 정보를 많이 얻고 있는 것으로 나타나고 있다. 따라서 의료관광 에이전시는 원스톱 의료관광 프로세서와 협력 병원, 한국 관광지 안내, 입출국 정보, 한국 비자 발급 안내 등이 상세하게 구성된 사이트를 개설해 다양한 온라인 마케팅을 전개해 나가야 할 것이다.

현지 의료관광 사이트와의 협력 마케팅, 현지 포털사이트 내 온라인 광고, 현지 의료관광 전문 기관, 업체에 배너 광고, 배너 교환 등의 마케팅 활동과 한국 의료관광에 대한 최신 정보를 제공하는 메일링 서비스를 병행해서 전개해 나가면 효과가 클 것으로 예상된다.

Ⅶ. 의료관광 가이드 실무

1. 의료관광 안내

1) 개념

안내의 사전적 의미는 '인도하여 어떤 내용이나 사정 등을 소개하여 알려줌' 또는 '데리고 다니면서 그곳의 사정을 가르쳐 줌'이라고 되어 있다. 어의의 활용은 상품 안내, 안내 창구, 안내 방송, 안내 책자, 관광 안내 등으로 다양할 수 있으나, 본서에서 안내의 의미는 '직업적 전문성을 띠면서 의료관광 목적으로 이동하는 일련의 과정에 주도적으로 관여하는 일'을 뜻하는 협의적인 측면에서의 안내에 한정한다. 즉, 사정을 잘 모르는 어떤 사람을 가고자 하는 곳까지 데려다 주거나 그에게 여러 가지 사정을 알려 주는 의미에 있어서 관광 안내의 개념이다.

여행안내라는 주제를 다룬 고전적인 원론이라고 할 수 있는 Freeman Tilden의 *Interpreting Our Heritage*(1957)에서는 "여행안내란 단순히 사실적 정보를 전달하려고 하기보다는 원 대상을 사용해 보거나 매체 설명에 의하거나 직접 경험에 의해서 그 의미와 관계를 나타내고자 하는 교육적 활동이다"라고 정의하고 있다.

한국관광공사(1999)는 "관광 안내란 관광객에게 관광자원과 그 매력을 소개하고 관광 편의 시설에 대한 정보를 제공함으로써 낯선 지역의 방문에서 오는 불안감이나 심리적 위축감을 해소시켜 편안하고 안전한 관광 행위를 하도록 돕는 인적 서비스 행위이다"라고 정의하였으며, 2008년에는 정보, 체험, 물적 서비스의 중요성을 부각하여 의미를 약간 변형하였는데 "관광 안내란 관광객에게 관광과 관련된 정보를 제공하여 관광객의 의사 결정을 도와주고 편의 증진을 도모함으로써, 낯선 지역의 방문에서 오는 불안감을 해소시켜 편안하고 풍부한 관광 체험을 하도록 돕는 종합 인적, 물적 서비스이다"라고 정의하고 있다.

의료관광은 관광과 연계된 의료 서비스라는 의미로 의료 여행이라고 하며, 의료 서비스와 휴양, 레저, 문화 활동 등 관광 활동이 결합된 새로운 관광 형태로 분류할 수 있으며, 보건 관광(Health tourism), 또는 건강관리 관광(Healthcare tourism)이라고도 불리며, 여행사나 매스컴의 영향으로 인해 의료 행위를 위해 다른 나라를 여행하는 활동을 총칭한다. 문화체육관광부에서는 의료관광을 '해외 거주 외국인이 국내 병의원에서 예방 진료, 수술 치료, 휴양 치료 등의 의료 서비스를 받으며, 환자 본인 또는 동반자가 일체의 관광 행위를 병행하는 것'이라고 정의하고 있다. 따라서 의료관광에 참여하는 대상자에게 의료 서비스에 접근할 수 있는 편의 도모와 관광 체험을 동시에 제공하는 인적·물적 서비스라고 정의할 수 있다.

여기에서 관광 안내 서비스를 크게 두 가지로 구분할 수 있는데, 첫째는 관광 안내소에서 정보를 제공하는 관광 안내 서비스로서 국가 기관인 한국관광공사 및 지방자치단체에서 직접 설치하여 운영하거나, 소관 부처나 지방자치단체에서 법적, 제도적으로 인가받아 설립한 한국일반여행업협회 및 각 지역관광협회 등에서 국가 기관을 대리하여 운영하는 형태를 보인다. 관광정보센터라고 하는 TIC(Tourist Information Center)를 운영하고 있는데, 일반적으로 관광 안내소를 의미하는 영어 명칭이지만 통상 국내에서는 한국관광공사에서 운영하고 있는 여행객 종합관광안내소를 가리켜 TIC라고 부른다. 2009년 7월 인천공항에 설치된 '의료관광안내지원센터'는 한국의 의료관광 홍보 및 방한 의료관광객과 병원 코티네이터나 관광통역안내사의 공항 내 미팅 장소로 활용되고 있다. TIC의 주요 업무는 국가나 해당 지역을 찾아오는 방문객이나 관광객에 대해 다양한 정보를 제공하는 것이며, 이들이 제공하는 정보는 시간의 흐름에 상관없이 변하지 않는 정태 정보, 즉 관광지 정보, 역사문화 정보, 의료관광 정보, 사회·산업 정보, 편의 시설 정보, 상업 시설 정보, 관리 시설 정보, 인근 관광지 현황, 안내 시설 등이며, 또한 정보 수집과 관리가 어려운 동태 정보, 즉 주기적인 관광지 정보, 비주기적인 숙박·교통·기상 정보 등으로 구분할 수 있다.

둘째는 관광 가이드에 의한 인적 관광 안내 서비스로서 법적, 제도적으로 관광 안내 자격을 갖춘 전문 직업인이 관광객과의 동행을 전제로 하는 관광 안내 서비스이다. 본서에서는 직업적 전문 관광 가이드에 의한 의료관광 안내 서비스 내용을 구체적으로 분석하고 기술하기로 한다.

2) 목적

관광 안내의 목적은 국가적 차원의 거시적 관점과 여행사 경영 실무 차원의 관점으로 나누어 볼 수 있다. 국가적 차원의 목적은 우리나라를 찾는 관광객을 관광자원과 보다 효율적으로 연결시켜 관광이 지니는 경제, 사회, 문화적 효과를 극대화시키려는 것으로 관광객의 관광 편의 증진을 통해 국가와 관광 대상지에 대한 긍정적 이미지를 각인시킴으로써 궁극적으로 외래 관광객의 유치 증진을 도모하는 데 있다. 따라서 국가 및 지방자치단체는 외래 관광객이 접근하기 쉬운 공항, 역, 버스 터미널 등은 물론 시내 중심 지역이나 관광지에 관광 안내소를 설치하여 전문적인 안내 교육을 받은 외국어 구사 가능한 관광 안내 요원을 배치하여 운영한다.

여행사나 의료관광 에이전시의 사업적 관점에서 관광 안내 목적은 판매된 무형의 관광 서비스 상품을 관광객이 즐기고 체험할 수 있도록 전문적인 관광 가이드의 동행, 해설, 안내 등을 통하여 약속된 관광 일정을 완벽하게 제공하는 데 그 목적이 있다. 물론 여행사에서는 관광객에게 해당 관광 상품에 대한 최대한의 만족을 제공하여 기업 이윤 창출 및 재방문을 목표로 할 수도 있다. 여행 상품 구성 요소들은 일반적으로 관광지, 의료 서비스, 교통, 호텔, 쇼핑, 식사, 랜드(land) 서비스, 관광 가이드 등으로 이루어져 있지만, 관광 가이드에 의한 관광 안내 서비스는 해당 관광 상품의 성공과 실패에 영향을 미치는 핵심 요인으로 볼 수 있다.

3) 기능

(1) 안내 기능

관광 안내의 주 기능으로서 관광객이 요구하는 병원, 관광지 혹은 관광자원에 대한 안내, 이용 및 편의 시설에 대한 안내, 기타 관광객이 요구하는 사항에 대한 안내 기능을 말한다. 관광 안내소에서의 안내는 주로 구두, 방향 지시, 비치 자료에 의한 정보 제공으로 안내가 이루어지나, 관광객이 구입한 관광 상품에 포함된 안내 내역은 구체적으로 공항 입국의 미팅 서비스, 투숙 장소까지의 교통 서비스, 호텔 체크인과 체크아웃 서비스, 식음료 안내 서비스, 병원과의 통원 서비스, 호텔 관광지 이동 안내, 쇼핑 및 일정 이외의 활동 안내 서비스, 통역 안내 서비스, 출국 수속 서비스 등이 있다.

(2) 보호 기능

관광 안내의 보호 기능은 낯선 지역의 방문에서 오는 심리적 불안감 해소뿐만 아니라 현지 주민과의 마찰을 사전에 방지하고 위험한 관광 루트, 관광지에서의 도난 및 사기 등 각종 위험 요소로부터 관광객을 보호하는 것을 말한다.

관광객들은 여행 계획 수립 및 여행 상품 구매 시점부터 방문지에 대한 안전성을 충분히 검토하고 실행하지만, 현지에서 돌발적인 변경, 건강상 문제, 사건 등은 항상 발생 가능하고 관광객 스스로 극복하기에는 어려움이 따를 수 있다. 따라서 방문객의 안전을 위하여 국가가 제도적으로 관광 안내소를 설치하여 관광객의 안전에 대비하고 있으며, 또한 관광 상품을 판매한 여행사에 의해 관광 안내가 이루어지므로 여행객은 타국에서 보호를 받으면서 안전한 여행을 즐길 수 있는 것이다.

(3) 해설 및 통역 기능

관광객에 대해 관광자원의 매력, 역사, 설화, 사적 가치, 식생 등 다방면에 걸친 해설뿐만 아니라 관광지 혹은 관광 대상 국가의 국민성, 사회 문화적 풍토 등에 관하여 이해를 돕거나 의료 서비스에 접근하기 위한 통역 기능이다.

외국 관광객이 스스로 이동하며 관광지 및 관광자원에 대해 체험하고, 이용하고, 즐길 수도 있지만 그 지역의 역사, 정서, 스토리, 장소적 특성을 완벽하게 이해하고 만족을 얻기에는 많은 노력과 시간을 요구한다. 따라서 관광객에게 필요한 장소나 필요한 시간에 필요한 정보를 정확하고 유익하게 전달하기 위하여 국가 기관은 관광 안내소 종사원을 통하여 소속 지역에 대한 전반적인 안내 및 해설을 제공하며, 여행사는 관광 가이드를 통하여 동행 안내 및 해설을 제공하고 그리고 해당 관광지는 전문 통역 해설사를 고용하여 관광자원에 대한 안내 및 해설을 제공하는 것이다(최정자, 2008).

문화체육관광부는 2001년 '한국방문의 해', 2002 '한 · 일월드컵' 공동개최 등 국가적인 행사의 개최를 계기로 내 · 외국인 관광객들에게 정확한 관광 안내 서비스를 제공하기 위하여 문화유산해설사제도를 2001년에 도입하였다. 2005년부터는 문화유산해설사제도를 문화관광해설사로 명칭을 변경하여 운영하고 있는데, 이들은 지역을 찾는 방문객들을 대상으로 지역의 홍보대사 및 교육자로서의 역할을 담당하고 있으며, 최근에는 이들의 활동이 문화재, 문화유산뿐만 아니라 관광지, 관광단지, 생태 · 녹색 관광, 농 · 어촌 관광, 의료관광 등 다양한 분야의 관광

자원으로 확대되고 있는 실정이며 좋은 반응을 얻고 있다고 한다.

(4) 예약 기능

관광 안내, 관광 정보 제공에만 그치지 않고 필요 시 관광객을 대신하여 숙박, 교통, 지역 산업 시설, 음식점 등 각종 편의 시설에 대한 예약을 대행하는 기능이다.

일반적으로 호텔 예약의 경우 지역적 시기적으로 비수기와 성수기로 나누어서 예약 상황이 달라질 수 있는데, 성수기에는 미리 예약할 필요가 있으며 호텔은 예약 부도를 방지하기 위하여 서류상으로나 전화상으로 신용 카드 오픈을 요구하며 당일 예약 취소 시 1박분의 취소료를 청구한다.

관광식당의 경우는 주로 전화상으로 예약을 받으나 엄격하게 예약금을 요구하지 않고 있으며, 일부 선급금을 지불해야 예약이 이루어지는 고급 식당을 제외하고는 구두로 예약하는 경우 손님이 부당하게 예약을 취소했다고 해서 법적으로 손해배상을 요구하지는 않는다. 특히 여행사의 단체 고객 예약과 같은 경우는 많은 좌석을 확보하는 실정이므로 예약 부도를 감안하여 선급금을 요구하는 경우가 많고, 갑작스런 예약 취소는 관광식당의 영업에 막대한 차질을 가져오므로 변경 사항에 대한 원활한 정보 교환이 필요하다.

우리나라에서 항공 예약의 경우 발권 전에 이루어지는 취소에 대해서는 위약금이 없으며, 대부분 열차, 고속버스와 같은 교통편도 사전 취소에 대해 취소 요금 규정들을 가지고 있으나 엄격한 적용은 하지 않고 있는 실정이다.

아무튼 관광 안내의 기능 중 예약 기능은 매우 민감한 책임의 소재가 있으므로 관광 안내소에서 직무상 관광객을 대신하여 예약 편의를 제공하고 있으나 취소에 대한 규정을 명확히 설명할 필요가 있다. 또한 여행사의 경우는 담당 종사원 및 관광 가이드에 의한 예약 상황 변경이나 재확인에 대한 치밀한 지시와 운영이 필요하다고 하겠다. 상거래에 있어서 예약 부도와 같은 무책임한 행위는 향후 거래에 있어서 도의적인 책임을 져야 하고 신용과 관계되는 불이익을 당할 수 있음을 주의해야 한다.

4) 효과

앞서 설명한 바와 같이 의료관광 안내는 관광지와 관광 매력물, 의료 서비스에 생명을 불어넣는 윤활유와 같은 역할을 하는 것이다. 아무리 유명한 명승지를 방문하고 역사적으로 의미가 있는 유적지를 살펴볼지라도 그러한 명성과 의미를 제대로 해설하고 안내하는 사람이 없다면 그곳에 가 보았다는 기억만 남을 뿐 진정한 가치를 느낄 만한 흥미롭고 소중한 이야기를 놓칠 수 있다는 것이다.

또한 편안하고 자유스런 분위기에서 관광 상품 일정에 포함된 모든 서비스를 만족스럽게 제공받아야 할 관광객들에게 관광 안내라는 핵심적 역할이 부족하다면 이들은 신변에 불안함을 느낀다든지 제대로 진행되지 못한 여행 일정으로 불편함을 느낄 것이며, 관광지에 대한 구전을 통한 추천이라든지 재방문 효과는 기대할 수 없을 것이다.

따라서 국가 기관의 관광 안내소 운영이나 여행사에 의한 체계적인 관광 안내를 통하여 여행 전체를 관리하고 해설 또는 안내 활동을 함으로써 관광객들을 보살피고 여행의 가치를 더욱 증진시킬 수 있는 것이다. 관광객의 여행 욕구가 만족되고 의도된 여행 일정이 완성됨으로써 방문국에 대해서는 우호적인 이미지를 간직하게 하고 기업 입장에서는 매출 증대와 지속적인 사업 발전을 꾀할 수 있는 것이다.

관광 안내의 효과는 우리나라 관광 진흥 관점 4가지와 관광 상품을 취급하는 여행 기업 관점 4가지로 다음과 같이 정리해 본다.

(1) 우리나라 관광 진흥 관점

① **관광 대상지에 대한 이해를 증진**: 관광 안내를 통하여 관광객이 관광지 주민과 연결됨으로써 상호 교류와 친선이 증진되고 지역에 대한 관습, 풍속, 국민성 등에 대한 정보를 파악함으로써 관광 대상지에 대한 이해가 증진된다. 즉, 관련 기관의 제도적 노력이나 현장에서 여행사의 적극적인 관광 안내 활동으로 인하여 외래 관광객으로 하여금 해당 관광지 매력물을 즐기고 지역 주민을 접함으로써 그 지역이나 국가의 문화를 이해하고 상호 교류하는 우호적인 단계까지 발전할 수 있다는 것이다.

이런 의미에서 관광업 종사자들은 민간 외교관이라고 한다. 민간 외교관은 외무고시를 거치지 않은, 국가 공무원이 아닌 사람으로서 예를 들어 학술을 교류하는 학자뿐만 아니라 관광 가이드, 항공 승무원, 외국인을 대상으로 하는 숙박·식음료 서비스 업종에 종사하며 개인적, 시민적 차원의 외교를 행하는 일반인들을 일컫는다.

② **외래 의료관광객의 유치 증진**: 의료관광 안내를 통하여 만족스러운 관광이 될 수 있도록 함으로써 재방문 및 타인에 대한 긍정적인 구전 파급 효과를 유도하여 외래 의료관광객의 유치 증진에 기여한다.

정부가 2009년 1월에 발표한 17개 신성장 동력 산업에 의료관광 분야가 포함되었는데, 한국관광공사는 외래 의료관광객 유치 증진 일환으로 외국 환자 및 보호자의 관광 안내 편의를 위하여 발 빠른 대처를 하고 있다. 안내 서비스로는 공항 내 미팅 포인트 마련을 통한 의료관광 및 일반 관광 정보 제공 및 안내, 의료관광 잠재 고객을 대상으로 한 의료관광 상담 코너 마련 및 체험 공간 제공을 통한 한국 의료관광 홍보, 국내외 관광객 및 잠재 의료관광객에게 의료기관 및 의료 서비스에 대한 홍보 및 예약 안내 실시, 국내의 의료 서비스 기관과 네트워킹을 통한 종합 안내 기능, 병 · 의원 홍보물 비치 및 홍보 영상물 상영(LCD), 각 병의원 의료관광 코디네이터와 한국관광공사 TIC 통역 안내원 간 핫라인 운영, 한국 국제의료서비스협의회 회원사 및 지자체 회원사 병의원, 리스트 확보로 적시 지원 등의 구체적인 관광 안내 사업을 추진하고 있다.

③ **관광 대상지에 대한 우호적 이미지 형성:** 관광자원과 매력물에 대한 안내 및 해설을 통하여 관광 관련 정보와 자료에 대한 접근을 용이하게 하는 등 관광객의 관광 편의를 증진시킴으로써 관광 대상지에 대한 우호적인 이미지를 형성시킨다.

최근에는 도시 마케팅의 일환으로 도시 브랜딩에 대한 연구가 활발하다. 도시를 브랜드화하여 도시의 개성과 이미지를 방문객에게 우호적으로 형성하게 만드는 것이다. 따라서 방문객에게 감동을 제공하는 관광 안내 서비스도 그 도시에 대해 차별적이고 의미 있는 감성적 이미지를 형성하게 할 수 있으며, 궁극적으로 재방문 유도 및 그 도시와 관련된 기업 및 상품의 매출 증가에도 기여할 수 있다.

④ **의료관광산업 발전에 기여:** 체계적인 의료관광 안내 시스템은 관광객의 의료 서비스나 관광사업체 이용을 위한 효과적인 매개체 역할을 하므로 국가나 지방자치단체는 외래 방문객으로 하여금 보다 많은 관광 소비를 촉진할 수 있도록 체계적인 관광 안내 시스템을 운영해야 할 것이다. 한국관광공사나 지방자치단체에서는 필요하고 적절한 장소에 관광 안내 센터를 설치하고, 자질을 갖추고 교육 훈련을 이수한 통역 안내 요원들을 배치하여 최일선 의료관광 마케터로서의 역할을 부여해야 할 것이다.

따라서 외래 관광객들은 여행 기업, 관광숙박업, 관광식당, 관광 토산품, 기념품, 관광 관련 편의 시설 등의 판매 정보에 쉽게 접근함으로써 관련 시설의 이용도를 증대시켜 지역의 관광산업과 국가 경제 발전에 기여하게 된다.

(2) 의료관광 기업 관점

① **의료관광상품을 최종적으로 완성:** 의료관광상품을 구성하는 요소들은 매우 이질적이며 다양하지만 그 상품에 생명을 불어넣는 것은 안내이다. 아무리 훌륭한 관광 매력을 포함

하고 있다 하더라도 그에 따른 친절하고 정확한 안내와 해설이 따르지 않는다면 결코 그 상품이나 관광지는 생명력을 얻을 수 없다.

아무리 작고 사소한 것일지라도 그것이 지닌 심오한 의미와 메시지를 전달받는다면 그 사소함만으로는 옳게 깨닫지 못한 기쁨과 만족이 배가 될 것이다. 사실 관광 안내가 없는 여행 상품은 실체를 구현할 수 없는 무형성의 나열일 뿐이다.

② **의료관광객과의 주요 접점 형성:** 서비스 상품은 동시성을 가지고 있어 소비를 하려는 사람은 생산지로 가야만 한다. 의료관광상품도 마찬가지다. 여행을 즐기기 위해서는 여행자들은 여행지로 가야만 하는 것이다. 따라서 여행안내는 그러한 생산과 소비의 주요 접점을 담당하는 역할을 수행한다.

그렇기 때문에 관광 가이드의 역할 여하에 따라 의료관광상품의 생명력이 좌우될 뿐 아니라 더 많은 고객 유치의 기회가 되거나 아니면 기존의 고객조차도 잃어버릴 수 있는 계기가 되고 마는 것이다. 여행안내의 중요성에 주목하지 않을 수 없는 대목이다.

③ **의료관광 기업의 중요한 수입원:** 의료관광 안내는 여행 일정과 더불어 시작된다. 사실 이런 여행 일정은 수많은 부품들의 연속이기 때문에 수배 내용과 특별 프로그램의 운영에 따라 상당한 수입을 올릴 수 있는 기회가 주어지는 것이다. 제한된 일정 속에 여행자들이 원하는 모든 것을 여행 내용으로 포함할 수도 없으려니와 여행자들의 특별한 기호도 개별적으로 상당한 차이가 있으므로 선별 관광을 통해서 이들의 욕구를 충족시키는 것은 자연스러운 것이다.

따라서 여행안내는 정규 여행 일정을 통해서 또한 선택 관광을 통해서 상당한 수입을 창출할 수 있는 기회가 주어진다.

④ **새로운 고객을 창출하고 기존의 고객을 관리할 수 있는 기회:** 새로운 고객의 창출에는 여행에 만족을 느끼는 현재 고객의 구전이 큰 역할을 하는 것이다. 만족한 고객은 만족한 상품을 재구매할 가능성이 높아질 뿐 아니라 다른 사람에게 입소문을 통해서 구매 욕구를 자극할 수도 있고 권유할 수도 있다. 결국 관광 안내란 가장 훌륭한 세일즈가 되며 고객관리의 귀중한 정보를 얻는 중요한 기회가 되는 셈이다.

특히 현대 기업의 고객 관리의 핵심은 신규 고객의 개발보다 우량 고객의 지속적인 유지에 놓여 있다. 우수 고객 20%가 회사 수익의 80%를 가져다준다는 파레토의 법칙도 그렇지만 기존 고객 유지가 회사 수익의 25% 증가를 가져다준다는 연구에서 보듯이 많은 개발비가 투입되는 신규 고객의 개발보다 우량 고객의 유지가 지속적 수익을 보장하는 훌륭한 수단이 되는 것이다.

이러한 우량 고객 확보는 고객 관계 관리(CRM)에서 얻어진다. 그렇기 때문에 여행을 즐기기 위해 찾아온 고객을 현장에서 만날 수 있고 그 고객들과의 관계를 유지할 수 있다는 것은 관광 안내가 가질 수 있는 매우 특별한 성격이며 여행사의 장기적 수익을 확보한다는 매우 중요한 의미가 있는 매력이다.

2. 의료관광 가이드

1) 역사

관광 가이드가 역사상 처음으로 출현한 것은 고대 그리스 도시국가 시대 때부터였으며, 기원전 776년에 고대 그리스인들이 제우스신에게 바치는 제전 경기의 하나인 올림픽 경기에 참여하기 위해서였다. 여러 신을 섬기던 각 도시국가의 시민들은 올림피아에서 4년마다 한 번씩 올림픽대회가 열리면 올림피아로 몰려들어 신전에 참배하며 제례를 지냈는데 제전 경기는 여러 곳에서 크고 작은 규모로 많이 개최되었으며, 그리스 도시국가들뿐만 아니라 주변국의 귀족들에게 널리 알려져 있어 제전 경기를 관람하거나 축하 행사, 쇼, 축제, 잔치 등에 참석하기 위하여 많은 사람들이 모였다.

특이한 점은 어느 나라에서든지 올림픽 참가자들이 경기에 참가하는 행위가 제약을 받지 않았다는 사실이며, 또한 올림픽이 열리는 때에는 선수와 참관인의 왕래를 돕기 위해 일체의 전쟁 행위를 중단하였다고 한다. 따라서 필연적으로 방문객을 위한 여행안내와 안전을 제공하는 'Proxemos'라는 여행 가이드 직업이 생겼다는 것이다. 오늘날의 해외여행 투어 에스코트와 같은 역할로 볼 수 있을 것이다.

특히 로마 시대는 오랜 기간 평화가 유지되었고 여행업이 번창하여 많은 여행 가이드들이 활동을 했다고 하며, 로마 신화와 관련된 기념물, 올림픽 경기, 전쟁터 등을 주로 안내하였다고 한다. 그러나 로마가 멸망하고 중세 시대로 접어들면서 전쟁이 잦아지고 활동이나 상거래가 위축되어 16세기까지는 여행 행위가 쇠퇴기에 접어든 것으로 볼 수 있다. 이때는 가톨릭교회의 번창으로 인해 성지 순례라는 여행 및 이동의 형태가 있었는데 이때 길 안내인, 보호자, 안전 에스코트와 같은 의미의 여행 가이드가 윈체스터 등에서 활동한 것으로 알려진다.

1660년경부터 1840년대까지 그랜드 투어(Grand Tour)가 생겨났는데, 이는 유럽, 특히 영국의 상류층 자제들 사이에서 유행한 유럽 여행을 말한다. 그랜드 투어라는 말은 영국의 가톨릭 신부 리처드 러셀스(Richard Lassels)가 그의 책 『이탈리아 여행 *The Voyage of Italy*』(1670)에서 처음으로 사용했다. 러셀스는 영국의 유력한 귀족 집안의 가정교사로 일했으며, 이탈리아를 다섯 차례 방문했다. 그는 건축과 고전 그리고 예술에 대해 알고 싶다면 프랑스와 이탈리아를 방문해야 하며, 젊은 귀족의 자제들이 세계의 정치와 사회, 경제를 제대로 이해하기 위해서는 반드시 그랜드 투어를 해야 한다고 말했다.

러셀스의 책 출간을 전후해 영국에서 시작된 그랜드 투어는 점차 다른 북유럽 국가의 부유층으로 퍼져나갔다. 짧게는 몇 달, 길게는 몇 년에 걸쳐 유럽 곳곳의 유적과 문화의 숨결을 직접 체험하는 이 여행은 귀족 사회의 등용문처럼 간주되어 큰 인기를 얻었다. 그들은 주로 고대 그리스 로마의 유적지와 르네상스를 꽃피운 이탈리아의 도시들 그리고 세련된 예법의 도시 파리를 돌아보며 보다 높은 소양과 지적 체험을 쌓고자 했다.

이러한 여행에는 대개 두 명의 가정교사를 대동했다. 한 명은 학문을 가르치고, 다른 한 명은 승마와 펜싱, 춤 등을 가르쳤다. 또 짐을 나르는 하인과 통역을 담당하는 사람 그리고 전용 마차도 필요했다. 열차도 없고 다른 운송 수단조차 여의치 않았던 시절에 이러한 긴 여정을 소화하기 위해서는 막대한 비용을 지불해야만 했다. 그렇기 때문에 이 여행은 상류 사회의 전유물이 되었고 부를 과시하는 수단이 되기도 했다.

1840년대 이후 철도 여행이 대중화되면서 보다 안전하고 빠르게, 또 저렴한 비용으로 여행길에 오를 수 있게 되었다. 그러면서 귀족과 상류층만의 특권이었던 그랜드 투어는 더 이상 그들만의 것이 아니고 따라서 차츰 퇴색되어 갔다.

근대에 접어들어 유럽에서는 현대 여행의 창시자라고도 일컫는 영국의 토마스 쿡(Thomas Cook 1808~1892)이라는 여행 가이드 겸 여행 매니저가 1841년에 런던에 세계 최초의 여행사를 차렸다. 1872년에 최초의 세계 일주 패키지 상품을 만들었다. 1880년에 5개 국어로 된 관광 여행안내지 『유람객』을 발행했다. 토마스 쿡은 침례교 전도사였는데 금주 캠페인을 위한 집회에서 많은 사람들을 참석시키려고 단체 여행을 성사시켰던 것이다. 이렇게 하여 많은 여행사들이 생기고 토머스 쿡에게 힌트를 얻어 다양한 단체 여행을 개발하고 전문 투어 가이드들이 왕성하게 활동하게 되었다. 오늘날 신문지상에서 흔히 볼 수 있는 교통과 숙식, 여행안내자를 포함한 이른바 패키지(package)여행 상품은 그가 처음 개발한 것이다.

미국의 여행 가이드 역사는 남북전쟁 게티스버그 전투 직후 사망자 확인이나 부상자 호송을 위하여 가족, 친지 등의 방문을 안내하는 일에서부터 여행 가이드가 시작되었다고 한다. 이후 1915년부터는 개별 자동차 여행이나 관광업이 번성하면서 여행 가이드가 많은 활동을 하게 되었고 여행안내 서비스에 대한 불만 또한 빈번하게 발생하게 되었다. 따라서 정부에서는 게티스버그 전쟁터 여행 가이드 면허 시험을 실시하여 여행 가이드에 대한 규제를 강화하고 자격을 갖춘 여행 가이드를 보호하고 안내 서비스의 질을 향상시켰다. 이후 옐로우스톤 국립공원 등으로 시스템이 확장되어 효과적인 안내 서비스를 위해 다양한 안내 기법을 개발하고 전속 해설사 안내 서비스를 제공하여 호평을 받게 되었다.

우리나라의 경우 근대적인 여행 알선업이 등장한 것은 아무래도 철도의 개통과 함께라고 말할 수 있다. 1899년 경인선, 1905년 경부선, 1906년 경의선이 각각 운행을 시작하면서 승차권 대리 판매 등을 하는 업체들이 생기게 된다. 1912년 일본은 조선 내 일본인들의 여행 서비스를 위해 일본여행업협회 조선 지사를 설립했고, 1914년에는 일본교통공사(JTB) 조선 지사를 만들었다. 이 회사들은 일본인과 조선인뿐만 아니라 조선을 방문하는 서양인들을 상대로 일을 했는데 이때부터 투어 가이드가 활동을 하게 되었다.

광복 직후인 1945년 10월 JTB를 전신으로 한 대한민국 국영 여행사인 대한여행사(KTB)가 발족하고, 세방, 아주, 한진관광, 서울항공 등 몇 개의 여행사들은 대부분 1960년대 말과 1970년대 초에 창업하여 많은 외국인을 유치하였으며 전문적인 투어 가이드 직업이 번창하기 시작하였다. 따라서 국가에서는 1963년에 관광 통역 안내원 국가고시 제도를 만들어 최초로 자격증 시험을 실시하였으며, 1984년에는 한국관광공사에 위탁하여 관광 통역 안내원을 포함한 관광 종사원 자격시험을 실시하게 하고 정규적으로 관광 종사원 교육까지 실시하게 하여 오늘날에 이르게 되었다.

의료관광은 본래부터 관광산업이 발달한 중남미, 태국 등 동남아시아에서 관광산업의 유형을 다양화하고 의료 서비스 분야의 가격 경쟁력을 활용하기 위해 자연스럽게 발달하였고, 특히 동남아시아에서는 산업 분야로 유망하게 되자 국가들이 의료 허브를 지향하며 21세기 전략 산업으로 적극 육성하고 있다. 우리나라는 2009년 5월부터 해외 환자에 대한 유인 및 알선 행위가 허용되는 의료법이 발효됨으로써 이제야 본격적인 의료관광사업이 시작된다고 볼 수 있다.

따라서 우리나라에서는 의료관광 가이드라는 직업이 매우 생소할 수도 있으며 직업에 대한 정의도 아직은 명확하지 않다. 따라서 현재 사설교육기관 등에서 의료관광 가이드는 메디컬 투어 가이드, 메디컬 투어 코디네이터, 메디컬 투어 통역 가이드 등 혼란스럽게 명명되고 있으며, 물론 국가 지정 자격증 제도로 구분되어 시행되지 않고 있다.

2) 분류

여기서 우리가 흔히 말하는 관광 가이드는 해당 외국어 실력을 요하지 않는 국내 여행안내사와 외국어 구사를 필요로 하는 관광통역안내사가 있다. 보통 관광 가이드라고 할 때 관광통역안내사와 국내 여행안내사를 같이 염두에 두고 사용된다고 볼 수 있다. 특히 일정 외국어 구사 능력이 필요한 관광통역안내사는 여러 가지 명칭으로 쓰이는데, 나열해 보자면 관광 가이드, 관광 통역 가이드, 관광통역안내사, 투어 가이드 등 그 명칭의 쓰임새는 자유롭다. 같은 맥락으로 국내 여행안내사도 국내 여행 가이드, 국내 여행안내사 등으로 말해질 수 있을 것이다. 물론 의료관광 통역안내사는 국가자격 제도로 아직 도입되지 않았으므로 관광통역안내사가 그 역할을 대신하는 것으로 한다.

사실 국내 여행안내사 자격증을 취득한 사람은 국내에서 내국인의 관광을 안내하는 역할만 할 수 있는 데 비해, 관광통역안내사 자격증을 취득한 사람은 국내 여행안내사의 역할뿐만 아니라 국내를 관광하는 외국인을 돕는 일(통역 안내원: Tour Guide), 해외로 나가는 내국인의 편의를 돕는 일(여행 인솔자: Tour Conductor, TC), 또한 해외로 나가는 단체 관광객과 모든 일정을 같이 하면서 리더의 역할을 하는 일(배낭여행 TC)을 할 수 있다. 즉, 관광통역안내사는 국내 여행안내사보다 일할 수 있는 영역이 훨씬 더 넓은 것이다.

관광 가이드의 종류를 구체적으로 분류해 보면 다음과 같다.

(1) 국내 여행안내사 자격증을 취득할 경우

내국인의 국내 여행을 안내하게 된다. 국내의 주요 관광지를 여행 코스로 선정해 내국인 관광의 편의를 돕는다.

(2) 관광통역안내사 자격증을 취득할 경우

① **관광통역안내사**: 한국을 방문하는 외국인 관광객을 안내한다. 이들은 사전에 예약된 손님을 공항에서 만나 일정표에 따라 명승지나 고적지 안내, 환전, 호텔, 택시 이용 등 입국에서 출국에 이르기까지 외국인 관광 여행객들에게 관광 일정의 모든 편의를 제공한다.

② **여행 인솔자(Tour Conductor, TC)**: 1989년부터 해외여행이 자율화되면서 Package 상품을 이용해 해외여행을 하는 사람이 늘어나면서 생긴 직종이 투어 에스코트인 Tour Conductor(TC)이다(김성동, 2008). TC는 여행자들을 인솔해 출국에서 입국까지 책임지는 일을 하는데, 여행사에서 직원으로 채용돼 일하기도 하지만 프리랜서로 활동하기도 한다. TC는 외국인을 안내하는 관광통역안내사와는 달리 해외여행을 하고자 하는 내국인을 인솔하는 일이므로 관광지를 외국어로 설명하거나 일상회화를 외국어로 해야 하는 부담은 없다. 단, 외국 각지를 돌아다녀야 하므로 건강한 체력이 요구되고, 열린 사고와 친절함, 사교성, 긴급 사태에 대처하는 순발력과 침착성 등이 다른 것 못지않게 중요하다. TC는 각 여행사의 사정에 따라 내국인의 단체

해외여행에 동행하면서 관광객들을 안내하기도 하고, 현지에 도착하게 되면 그쪽 현지 안내원(Local Guide)에게 임무를 인계하기도 한다.

③ 배낭여행 TC: 배낭여행 TC는 일반 패키지여행의 TC와는 약간의 차이가 있다.

보통 일반 패키지여행 TC는 출국과 입국 절차를 대행해 주는 에스코트의 성격이 강한 반면, 배낭여행 TC는 그야말로 리더가 되어 관광객들의 인솔자 역할을 하게 된다. 배낭여행 TC가 하는 중요한 일은 목적지에서 호텔 찾아가기, 이동할 기차 시각 결정 및 좌석 예약, 현지에서 간단한 브리핑, 돌아오는 비행기 리컨펌(reconfirm), 입국 및 출국 시 공항에서 체크인(check-in) 도와주기, 기타 긴급한 상황 대처 등을 꼽을 수 있다.

(3) Local Guide 자격증을 취득할 경우

① 일본 현지 안내 가이드: 국내에서 자격증을 취득하여 일본 현지에서 한국 관광객들을 상대로 가이드를 할 수 있는 로컬 가이드 자격증이다. 이 시험은 원래 일본에서만 볼 수 있었지만 2006년부터는 한국에서도 실시하게 되었다. 2009년 시험이 4회째인데 절대인원이 부족한 상태라고 한다. 시험은 1차 필기시험과 2차 면접시험으로 나뉘어 있고, 필기과목은 한국어, 일본 지리, 일본 국사, 일반상식 이렇게 4과목을 본다. 예전에는 관광통역안내사 자격증만 있어도 일본 현지 가이드를 할 수 있었는데 2006년부터는 로컬 가이드 자격증 없이 현지 가이드 일을 할 경우 50만 엔의 벌금이 부과된다.

② 해외 기타 지역 Local Guide: 해외에 체류하면서 한국인 관광객이 외국 관광지에서 관광을 원활하게 할 수 있도록 안내하는 현지 관광 안내사를 말한다. 이들은 현지 사정에 의해 허가나 등록을 해야 하며, 대부분 한국인이며 현지 여행사에 고용되어 여행안내 서비스를 제공하고 있다.

우리나라에서 매년 시행하고 있는 관광통역안내사 자격증 취득을 위한 시험 절차에 대한 2009년 공고는 다음과 같다.

<u>2009년 관광통역안내사 자격시험 시행계획 공고</u>

관광진흥법 제80조 및 동법 시행령 제65조제1항의 규정에 따라 2009년도 관광통역안내사 자격시험 시행계획을 다음과 같이 공고합니다.

2009년 6월 26일 한국산업인력공단 이사장

1. 시험일정

구분	원서접수기간	시험장소	시험지역	시험일자	합격자 발표
필기시험	8.10(월)~8.14(금) (필기·면접 동시접수)	원서접수시 수험자선택	서울, 부산 광주, 제주	9. 6(일)	9.21(월)
면접시험		9. 21(월) 사후공고	서울, 제주	10. 17(토) ~10. 18(일)	11. 4(수)

※ 공인어학성적표, 외국어시험 및 시험과목 면제증명서류제출: 8. 5(수)~8. 14(금) 17:00까지
※ 불어, 독어, 스페인어, 러시아어 면접시험은 서울지역에서 통합 시행

2. 시험과목 및 시험시간

가. 시험과목

구분	시험과목	비고
외국어시험	영어, 일어, 중국어, 불어, 독어, 스페인어, 러시아어 중 1과목	공인어학시험으로 대체
필기시험	국사, 관광자원해설, 관광법규(관광기본법·관광진흥법·관광진흥개발기금법·국제회의산업육성에관한법률 등의 관광 관련법규를 말함), 관광학개론	객관식(과목당 25문항, 4지 선택형)
면접시험	관광실무상식	구술 면접

※ 관광실무상식에 관한 면접시험은 해당 외국어로 시행

나. 시험 시간

구분	교시	과목	시 험 시 간	
			일반응시자	과목면제자
필기시험	1	국사(40%), 관광자원해설(20%)	09:30-10:20(50분)	09:30-10:20(50분)
	2	관광법규(20%), 관광학개론(20%)	10:50-11:40(50분)	-
면접시험		관광실무상식	1인당 10~15분 내외	

※ 필기시험의 ( )의 수치는 과목별 배점 비율임

3. 응시자격: 학력, 국적, 연령 등 제한 없음

4. 시험방법 및 합격자 결정

가. 시험방법: 필기시험, 외국어시험 및 면접시험으로 구분 시행

※ 단, 외국어시험은 다른 외국어시험기관에서 실시한 「공인어학시험성적」 으로 대체

나. 합격자 결정 기준(관광진흥법 시행규칙 제46조)

❍ 필기시험: 매 과목 4할 이상, 전 과목의 점수가 배점비율로 환산하여 6할 이상

※ 배점비율: 국사 40%, 관광자원해설 20%, 관광법규 20%, 관광학개론 20%

❍ 면접시험: 면접시험 총점의 6할 이상

5. 시험 면제(시험과목 일부면제) 및 제출서류

가. 2008년도 필기시험 및 외국어시험 합격자

❍ 면접시험만 응시(별도 제출서류 없음)

※ 원서접수시 필기시험 및 외국어시험 면제자로 접수

나. 관광통역안내사 자격증 소지자

❍ 제출서류: 응시하고자 하는 언어의 공인어학시험성적표 제출

※ 원서접수시 필기시험 면제자로 접수

다. 학력에 의한 필기시험 과목 면제자

❍ 「고등교육법」에 따른 전문대학 이상의 학교에서 관광분야를 전공하고 졸업한 자(졸업예정자 및 관광분야 과목을 이수하여 다른 법령에서 이와 동등한 학력을 취득한 자 포함)

• 면제과목: 관광법규, 관광학개론(2과목)

※ 제출서류

① 관광통역안내사 서류심사 신청서 【별지1】

② 졸업(예정)증명서 1부

③ 성적증명서 1부(부전공한 자: 관광법규 및 관광학개론 이수확인이 가능할 것)

※ 단, 서류제출기간(8.5~8.14)내에 졸업예정증명서를 제출할 수 없는 수험자는 서류제출기간 내에 성적증명서를 제출한 후 필기시험 시행일(9.6)에 시험장에서 졸업예정증명서 제출(미제출시 필기시험 무효)

라. 외국어시험 면제자(공인어학시험성적표 제출 불필요)

❍ 별도 공인어학시험성적표를 제출할 필요는 없으며, 일반응시자로 접수

❍ 「고등교육법」에 따른 전문대학 이상의 학교 또는 다른 법령에서 이와 동등 이상의 학력이 인정되는 교육기관에서 해당외국어를 3년 이상 계속하여 강의한 자

❍ 「초・중등교육법」에 따른 중・고등학교 또는 고등기술학교에서 해당외국어를 5년 이상 계속하여 강의한 자

❍ 4년 이상 해당 언어권의 외국에서 유학한 경력이 있는 자

❍ 4년 이상 해당 언어권의 외국에서 근무한 경력이 있는 자

6. 공인어학시험성적표 및 면제서류 제출

가. 서류제출기간 및 방법

❍ 제출기간: 8.5(수) ~ 8.14(금) 【10일간 : 토・일요일 제외】

※ 증빙서류는 원서접수 마감일(8.14) 17:00까지 제출하여야 함

❍ 제출방법: 방문 또는 우편제출

❍ 관련서류 서식: 개인이 준비할 서류이외의 공통서류는 인터넷(www.Q-net.or.kr)관광통역안내사 홈페이지자료실에서 다운로드 활용

❍ 제출기관

지역본부	주 소	전화번호
서울지역본부	서울특별시 마포구 공덕동 370-4	02-3274-9611
부산지역본부	부산광역시 북구 금곡동 1877	051-330-1952
광주지역본부	광주광역시 북구 대촌동 958-18	062-970-1781
제주 지사	제주 제주시 동광로 113	064-729-0701

나. 공인어학시험성적 기준

❍ 공인어학성적표 제출 대상자

• 2009년도 관광통역안내사 필기시험 및 외국어시험 응시자

※ 2008년도 필기시험 및 외국어시험 합격자는 제외

❍ 공인어학시험의 종류 및 기준점수

〈영어 기준점수〉

시험명	TOEIC	TEPS	TOEFL CBT/IBT	PELT(main)	G-TELP (Level 2)	FLEX
기준점수	760	677	217 / 81점	345	74	677

〈다른 외국어 기준점수〉

시험명	일본어			중국어		불어, 독어, 스페인어, 러시아어
	JPT	NIKKEN	FLEX	HSK	FLEX	FLEX
기준점수	740	750	677	8급	677	677

다. 공인어학시험성적 인정 범위

❍ 공인어학시험성적표는 반드시 원본제출(인터넷에서 출력한 원본도 가능)

❍ 원서접수 마감일 기준으로 2년 이내 취득한 성적

※ 2007. 8. 14 이후부터 실시된 시험 중 원서접수 마감일까지 성적발표 및 성적표가 교부된 시험 중 기준점수 이상인 성적표에 한함

❍ 당해 검정시험기관의 정기시험 성적만 인정하고, 수시 또는 특별시험 성적은 인정되지 않음

※ 정기시험이란 일반인, 학생 등 불특정 다수인을 대상으로 엄격한 감독절차 및 연간 시험일정에 따라 매 시험마다 신규 출제방식으로 실시하는 시험으로서 공인성적표를 발행하는 시험을 말함

❍ 외국에서 취득한 공인어학시험성적도 인정하나, 당해 검정시험기관의 성적조회가 가능한 경우에만 인정

※ 단, 외국에서 취득한 HSK성적은 인정되지 않으며(성적조회 불가), 외국에서 취득한 TOEIC 성적의 경우 성적동의확인서 1부 함께 제출

라. 공인어학시험성적표 조회

❍ 해당 시험기관에 성적표 진위 여부 조회 및 조회결과 부적격자는 시험 무효처리

❍ 수시 또는 특별시험 성적표를 고의로 제출한 자 및 공인어학시험성적표를 위·변조한 자는 부정행위자에 준하여 처리

※ 제출한 서류는 일체 반환하지 않으며, 제출서류가 다음회 시험에서도 계속 유효할 경우 다음회 시험응시시 서류제출 불필요

7. 수험원서 접수

가. 접수기간: 8.10(월) 09:00~8.14(금) 18:00 【5일간】

※ 원서접수 시작일과 종료일을 제외한 나머지 기간은 24시간 접수 가능

※ 필기 및 면접 동시접수(면접시험만 응시하는 수험자도 동일기간에 접수하여야 함)

나. 접수방법: 인터넷(www.Q-net.or.kr) 관광통역안내사 홈페이지 접수만 가능
- ○ 최근 3개월 이내 촬영한 규격(3.5cm×4.5cm)의 탈모상반신 사진 그림파일(JPG 파일)을 첨부하여 회원가입 후 원서접수
- ○ 인터넷 활용이 어려운 내방 수험자를 위해 우리공단 지부·지사에서 인터넷 원서접수를 도와주는 서비스 제공

※ 필기시험 장소는 원서접수시 수험자가 직접 선택

다. 원서접수 완료 후 접수내용 변경
- ○ 원서접수기간 내 취소 후 재접수 가능

※ 원서접수기간 종료이후 취소 및 변경 불가

라. 응시수수료: 20,000원(신용카드, 계좌이체, 가상계좌만 가능)

마. 수수료 환불
- ○ 원서접수기간 내 취소 신청자는 100% 환불하고, 원서접수기간 종료 후에는 취소 및 환불 불가

※ 접수취소 및 환불신청은 인터넷으로만 가능

바. 수험표 교부
- ○ 수험표는 필기·면접시험 공통사용
- ○ 수험표는 시험시행일 아침까지 수험자가 인터넷으로 재출력 가능

8. 합격자 발표

가. 발표일시
- ○ 필기시험: 9. 21(월) 09:00
- ○ 면접시험: 11. 4(수) 09:00

나. 발표방법
- ○ 인터넷(www.Q-net.or.kr)관광통역안내사 홈페이지: 60일간
- ○ ARS 060-700-2009: 4일간(유료)

9. 자격증 발급합격자 발표

가. 발급기관: 한국관광공사(안내: 관광아카데미 02-729-9652)

나. 신청방법: 한국관광공사 내방 및 우편접수

3) 정의

본서에서는 관광 가이드란 포괄적인 용어 대신에 관광진흥법상 공식 명칭인 관광통역안내사로 한정하여 기술할 것이며, 주로 외래 관광객에게 여행안내 서비스를 제공하는 관점에서 고찰하고자 한다.

관광통역안내사는 국내를 여행하는 외국인 관광객 또는 국외를 여행하는 내국인 관광객을 대상으로 여행 일정표의 작성, 여행 비용 산출, 명승지나 고적지의 안내 및 소개 등 여행에 필요한 각종 서비스를 제공하는 사람으로 정의할 수 있다. 관광통역안내사는 관광진흥법에 의하여 국가에서 실시하는 통역에 관한 유일한 자격시험에 합격한 대한민국 표준직업분류(통계청)

의 43220에 속하는 전문 직업인을 말하며, 관광진흥법에서는 국내를 여행하는 개인 또는 단체의 외국인에게 외국어를 사용하여 관광지 및 관광 대상물을 설명하거나 여행을 안내하며, 교통 기관, 숙박 시설, 관광객 이용 시설 및 편의 시설의 이용에 대하여 안내하는 등 여행 편의를 제공하는 자로 정의하고 있다. 현재 관광통역안내사 자격증 제도는 영어, 일어, 중국어, 불어, 독어, 스페인어, 러시아어 등 7개 언어에 한하여 실시하고 있다.

의료관광통역안내사는 국내 병원에서 진료 및 치료 서비스를 받고 연계된 관광 프로그램에 참여하는 사람들을 위하여 통역 및 안내 서비스를 진행하는 의료관광 전문가로 정의할 수 있으며 본서에서는 관광통역안내사의 범주에 포함하여 설명해도 큰 무리가 없을 것으로 사료된다.

4) 역할

관광통역안내사는 관광에 관한 전문 지식, 기술 및 능력을 갖춘 전문 직업인이다. 이러한 관광통역안내사는 친절한 서비스와 정확한 안내를 통해 원활하게 관광이 진행될 수 있도록 관광 일정을 적절하게 조절할 수 있는 능력이 필요하다. 관광통역안내사에 의해 그 관광 상품의 이미지가 좌우될 수도 있을 만큼 상품 평가에 있어 인적 자원으로서 그 역할은 상당히 크다고 할 수 있다(박선희 외, 2001).

관광통역안내사의 임무는 관광 중에 발생하는 불안감을 해소시켜 주고, 관광객에게 관광을 원활히 할 수 있도록 이해시켜 주고 도와주어 관광의 목적을 이룰 수 있도록 안내하는 것이라고 말할 수 있다. 이러한 임무를 수행하기 위한 구체적인 역할로서 지도자 역할, 교육자 역할, P.R. 대행 역할, 주인 역할, 통합·조정 역할, 민간 외교관 역할, 보호자 역할 등 6개 범주로 구분한다(전경선, 2000).

(1) 지도자 역할

관광통역안내사는 지도자의 역할을 수행한다. 지도자는 조직의 목적을 달성하기 위해 구성원들을 일정한 방향으로 이끌어 성과를 창출하는 사람이며, 조직의 문제점을 개선하고, 조직이 환경 변화에 적응하도록 하며, 구성원에게 동기를 부여하는 등의 기능을 수행한다.

관광통역안내사는 비록 여행사에 고용되어 여행안내 지시서 범위 내에서 안내 활동을 해야 하지만, 일단 여행 단체를 맡게 되면 그들의 기분을 고무시킨다든지, 조화로운 단체 행동을 유도한다든지, 단체의 대표로서 외부 접촉에 대응한다든지, 어려운 상황에 발 벗고 나선다든지 여행 단체를 이끌어가는 지도자로서 역할을 충분히 발휘해야 한다.

사실 관광통역안내사는 여행업에 있어서 진리의 순간(moment of truth)에 직접 참여하는 일선 근무자로서 고객과 부단히 교류한다는 관점에서 기업의 목적을 수행하고 여행자들을 만족시키는 중요한 관광 서비스 접점에 위치하고 있는 것이다. 따라서 그들은 여행사의 매우 중요한 구성 요소로서 필요한 곳에서는 신속 정확하게 지도자로서 의사 결정을 할 수 있어야 하고, 또한 현장의 급박한 상황에서는 안내 지시서 상의 규정을 변경하여 대처할 수 있는 능력을 갖추어야 한다.

(2) 교육자 역할

관광통역안내사는 교육자의 역할을 수행한다. 교육자는 학습자의 배움의 과정에서 이끌어주거나 도움을 주는 사람을 의미한다. 이러한 행위를 교육이라고 부르며 대부분의 교육은 학교에서 이루어진다. 그러나 여행은 학교 밖에서 이루어지며 힘이 강한 교사라고도 하며 여행만큼 지식의 교환을 쉽게, 즐겁게 촉진하는 것도 없다. 최고의 여건 속에서 여행자는 현지 주민들이 하는 대로 먹고, 보고, 생활함으로써 장소와 문화를 직접 교류한다는 면에서 어떤 교실 수업과도 비교할 수 없는 경험을 하게 되는 것이다.

따라서 여행자는 학생이고 관광통역안내사는 교사로 볼 수 있으며, 이런 면에서 그들의 역할에 대한 자부심과 내면적 보람은 매우 크다고 할 수 있다.

(3) P.R. 대행 역할

관광통역안내사는 P.R. 대행 역할을 수행한다. P.R. 역할은 가장 중요한 기능이면서 설명하기 어렵고 가장 문제성을 가진 기능이기도 하다. 많은 국가, 기업, 기관에서 관광통역안내사를 관광객들에게 특별 메시지나 이미지를 전달할 목적으로 활용하는데 그 대표적인 예를 들자면 미국국립공원관리소이다. 미국 전역에서 공원 관리자와 해설자들은 공원 관리소 대변인 역할을 수행하고 있다.

마찬가지로 여행사 입장에서 보면 관광통역안내사는 세일즈맨으로서의 역할을 수행하고 있다. 그들이 안내하는 여행객들이 더 많은 관광을 할 수 있도록 현지에서 다양한 선택 관광이나 쇼핑 등을 유도해야 하며, 그러한 판매 활동을 통하여 그들 자신뿐만 아니라 고용된 여행기업의 수익 창출에도 기여해야 하는 책임이 있다.

궁극적으로 관광통역안내사는 만족한 여행안내 서비스를 제공하여 관광객들이 해당 여행사 상품을 재구매할 수 있도록 판매 촉진의 업무도 수행해야 한다는 것이다.

(4) 주인 역할

관광통역안내사는 주인으로서의 기능을 수행한다. 여행이란 크게 보면 사교적 행사이기 때문에 관광통역안내사의 역할은 많은 사교적 측면을 가지고 있으며 친구로서, 중재자로서, 주도자로서, 연예인으로서, 이야기꾼 등의 역할을 수행한다. 훌륭한 주인은 사람들을 즐기며 그들이 편안하게 지낼 수 있는 환경을 만들어 내는 내적인 능력을 갖고 있다. 사람들로부터 최선을 다할 수 있게 하며 필요할 때 다정한 손길을 주며 자연스럽게 사람과 사람 사이의 관계를 촉진시킨다. 관광통역안내사에 의해 그 상품의 이미지가 좌우될 수도 있을 만큼 상품 평가에 있어 인적 자원으로서 여행안내 주체로서의 그 역할은 상당히 크다고 할 수 있다.

(5) 통합 · 조정자 역할

관광통역안내사는 통합 · 조정의 창구 역할을 수행한다. 이 역할은 가장 중요한 것이며 강력하고 장기 지속적일 수 있다. 여행객들의 여정 동안 시종일관 일사불란하게 화합하고 분쟁이 없도록 통합하고 조정하는 것이다. 어떤 의미에서 이 역할은 오케스트라 지휘자처럼 다른 모든 역할을 통합한 것이기 때문에 별도로 생각할 수는 없다.

최선의 상황에서는 관광통역안내사는 단순히 행사가 열리도록 촉진하거나 허락하거나 격려하기만 하면 되는 것이다. 즉, 메시지를 전달하는 것이라기보다는 매체 자체가 되는 셈이다. 그러나 이 역할은 실제로 대단한 노련미와 용기를 필요로 한다. 관광통역안내사는 여행객과 경험에 스스로를 종속시켜야 하기 때문이다. 그러나 가장 배우는 것이 많고 사람들과 유대를 갖게 되며 안내를 통해 가장 큰 보람을 얻는 것이 이 역할이다.

(6) 민간 외교관 역할

관광통역안내사는 그 나라의 민간 외교관으로서 역할을 수행한다. 관광 서비스를 통한 국제간 친선의 가교 역할을 하며, 국위를 선양하는 민간 외교 담당자의 한 사람이라는 긍지를 가지고 외국을 여행하는 내국인에게는 한국인이라는 자부심을 갖게 하고 외국의 관광객에게는 우리나라에 대해서 좋은 인상을 심는 데 최선을 다해야 한다.

관광통역안내사는 외국인 관광객이 입국해서 출국할 때까지 가장 오래도록 접촉하는 사람 중의 한 사람이다. 따라서 외래 관광객의 입장에서는 관광통역안내사를 통해서 우리나라 국민의 모든 것을 평가할 수도 있다. 관광통역안내사는 항시 국민을 대표하는 입장에 있다는 인식을 갖고 민간 외교의 일선에서 한국인으로서의 확실한 좌표를 보여 줄 수 있어야 한다.

(7) 보호자 역할

관광통역안내사는 외래 관광객이 국내에서 여행하는 동안 그들의 안전한 여행과 건강 유지를 우선적으로 챙기는 것이 무엇보다 중요하다. 해외여행 도중 사고를 당하거나 건강을 해치는 사례는 비일비재하다. 사고의 원인은 물론 본인에게 있을 수도 있지만 사고의 원인 제공을 하지 않도록 관광통역안내사의 사전적인 주의 조치와 치밀한 보호 본능을 쌓을 필요가 있다. 관광통역안내사는 위험한 우범 지역 사건, 교통과 운전사고, 식음료 사고, 노약자 상해 등의 발생 가능성을 염두에 두는 안전의식과 관광 안내를 적절히 조화시켜 진행할 책임이 있는 것이다. 특히 의료관광 참여자에게는 보호자로서의 역할이 더욱 중요할 수도 있다.

5) 조건

외국인 여행객들을 대상으로 국내의 관광지를 외국인들의 언어로 소개하는 일을 하는 사람을 관광통역안내사라고 한다. 1980년대 초반만 하더라도 관광통역안내사란 직업은 상당히 생소한 것이었다. 당시만 해도 외국인을 많이 볼 수 없었기에 안내원들이 여행객들을 인솔하는 모습을 보며 신기해하기도 했고 그 나라의 언어를 유창하게 말하는 가이드의 모습은 동경의 대상처럼 느껴지기도 했다. 관광통역안내사에게 있어 어학 실력은 성공적인 가이드 활동의 중요한 요인이 될 수는 있지만 결코 가이드가 되기 위한 필요충분조건이라 말할 수 없다. 그것은 외국인 여행객이 가이드를 통해서 우리나라에 대한 인상과 자신만의 소중한 추억들을 만들기 때문에 중간 매개자로의 역할이 중요할 수밖에 없는 것이다. 여기에서 민간 외교관이며, 한국 관광의 중심에 있는 사람들이 바로 관광통역안내사라는 이야기를 할 수 있는 것이다.

관광통역안내사로 활동하기 위해서는 세 가지 조건이 충족되어야 한다. 그것은 서비스 능력, 전문적인 지식, 뛰어난 어학 실력이다. 먼저 기본적으로 서비스 능력을 갖추어야 하는 것은 여타의 서비스 산업과 다를 바가 없다. 그러나 외국인을 몇 시간에서부터 길게는 몇 주에 걸쳐 함께 생활하게 되는 관광통역안내사에게 있어 서비스의 개념은 여느 서비스 직종과 차별성이 있다. 사람을 관리하고 개개인의 이해와 요구를 적당한 선에서 늘 만족시켜 주어야 하는 것이므로 많은 스트레스와 때로는 긴박감에 놓이는 경우가 많다. 이런 상황에서도 자신보다는 고객의 입장에서 그들에게 제공해 줄 양질의 서비스를 고민해야 하는 것이 바로 관광통역안내사들이 많이 겪고 있는 어려움이다. 그래서 어지간한 마음가짐으로는 관광통역안내사로 오랫동안 활동하지를 못하게 되는 실정이다.

두 번째로는 우리나라의 전반적인 사회, 문화, 역사 등을 설명할 만한 전문적인 지식이 필요하다. 유럽 지역의 가이드를 보면 대부분 나이든 사람들이 많다. 그들은 보통 몇 개 언어를 알고 있음은 물론이고 역사학자나 고고학자, 예술가 수준의 안목을 자랑하고 있다. 그것은 그들이 대부분 전직 교수이거나 변호사 등 전문 직종에서 활동한 경험이 있는 지식인들이기 때문이다. 물론 관광통역안내사가 유럽에서 존경받는 직업임은 당연하다. 우리나라의 관광통역안내사도 지속적인 학습을 통해 전문가가 되어야 함은 물론이다. 그 다음에 비로소 어학 실력은 빛을 낼 수 있는 것이다. 뛰어난 어학 실력을 갖고 있더라도 필요한 정보와 관광 지식을 전달할 능력이 없으면 관광통역안내사로서의 자격에 문제가 있는 것이다. 특히 의료관광 통역을 할 경우에는 의료 관련 전문 용어를 습득하여 병원 관계자와 환자와의 의사소통을 돕고, 그들이 정신적으로 불안하지 않도록 조언할 수 있을 정도의 의료 용어 구사 능력이 필요하다.

6) 자질

자질(Qualities)이란, 일반적으로 인성적 특성으로서 구비되어야 할 요건이나 특정한 임무 수행을 위하여 교육과 훈련을 통하여 개발되어야 할 어떤 자격을 갖추는 것을 의미하는 것으로 지식, 기술, 적성, 가치관, 태도 등의 특성으로 이해된다(김희용, 2007). Capability, Competency, Disposition, Quality, Qualification, Qualities 등의 다양한 영문으로 표기되고 있을 뿐만 아니라, 연구의 영역에 따라 다양한 해석을 함으로써 그 의미를 명확히 정의한다는 것은 매우 어려운 일이다(유근환, 2007). 특히 자질은 공무원, 교사, 군인, 의사 등 직업과 업종에 따라 각기 다른 다양한 요소들로 구성할 수 있으며, 직업에 따라 가끔은 특별한 자질 요소들을 요구하는 경우도 있다.

본서에서는 여러 학자 및 연구자들의 견해를 반영하여 관광통역안내사의 특성과 밀접한 자질 요소들을 저자 임의대로 13개로 한정하여 다음과 같이 정리하기로 한다.

(1) 어학

관광통역안내사의 태생적인 자질로서 외국 관광객을 안내하기 위해서는 해당 외국어를 구사해야 하는 것은 기본적인 조건이다. 다만 관광 안내를 위하여 해당 언어로 관광지와 관광자원에 대해 어느 정도 수준까지 조리 있고 유창하게 구사할 수 있느냐가 관건인 것이다. 물론 뛰어난 어학 실력을 갖고 있다면 더할 나위 없겠지만 동시통역사 수준까지 요구하지는 않는다.

(2) 사교성

관광통역안내사는 타인과 스스럼없이 대화하고 교제할 수 있는 사교성을 갖춘 성격의 소유

자여야 유리하다. 그들이 매일 하는 일은 사람을 만나고 인사하고 안내하며 타인을 챙겨 주는 서비스 업무이기 때문에 항상 접근하기 쉽고 공개적이고 편안해야 한다는 것은 기본적인 자질이다. 다양한 국적과 교육 수준, 인종, 동기를 가지고 있는 관광객을 잘 다룰 수 있고, 관광 일정에 관여된 기타 참여자, 즉 현지 가이드, 버스 기사, 웨이터, 관광 안내소 직원들과도 쉽게 융합하고 협조를 이끌어내야 하기 때문이다.

아무리 사기를 떨어뜨리는 사람들이 있다 하더라도 관광통역안내사들은 그것이 자기 일의 일부분으로 간주하고 극복하는 자세를 갖추어야 하며, 여행객들과 다정해질 수 있는 능력, 대화를 주도하려는 능력 그리고 다른 사람들도 그렇게 하도록 유도할 수 있는 능력을 함양하도록 최선의 노력을 다하는 것이 중요하다.

(3) 상식과 지식

관광통역안내사는 국내외적인 전반적 상식과 지식이 풍부하여 해외여행객과의 눈높이를 맞출 수 있어야 하며, 또한 여행 일정과 관계된 핵심 정보들을 정확하게 숙지하여 관광객에게 설명해야만 한다. 여행객들은 여행 일정 중 다양한 질문을 하고 많은 호기심을 나타내므로 이에 적절히 대응하지 못한다면 그들은 불안함을 느끼게 되며 관광통역안내사를 불신할 것이다. 또한 긴급한 상황과 문제 발생 시 그들이 가지고 있는 상식, 지식, 정보에 기반하여 신속하고 정확하게 일차적인 문제들을 해결할 때 사태가 더욱 확산되지 않는다.

(4) 준비성

관광통역안내사는 여행 일정 중 여행사의 규정과 기본적인 안내 지시서에 따라 여행 일정에서 발생하는 모든 업무를 자신의 노하우를 더해 직접 실행에 옮기는 전문 직업인이다. 따라서 계속되는 다음 일정을 항상 사전 대비하고 준비할 수 있어야 한다.

모든 여행의 이면에는 사전에 치밀하게 준비된 많은 문서들이 있기 마련이다. 각종 지시서, 지도, 약속과 확인 서신, 여행객 정보와 예약 업무 등이다. 관광통역안내사는 여행객들을 안내하고 교류하는 필요 업무 외에도 문서 작성과 확인 보고, 예약 재확인, 운전기사와의 관광 루트 조정, 투어 현황에 대한 본사의 지시들을 수행해야 한다. 이런 모든 일들을 순조롭게 조정하려면 지속적인 계획 수립, 신중한 시간 관리, 상세한 것까지 항상 챙기려고 하는 준비성이 철저히 요구된다.

(5) 자신감

관광통역안내사는 자기 자신을 존중하는 자부심뿐만 아니라 여행 일정 중 자신감에 넘쳐 있어야 한다. 따라서 이것은 여행 단체에게 생기와 활력을 불어넣어 주는 계기가 되며 여행객들이 불안함을 느끼지 않도록 하는 중요한 자질이자 태도인 것이다.

경력상 자신감을 개발하려면 경험도 있어야 하지만 기본적으로는 자기 존중과 적극적인 태도가 필요하다. 스스로 자신의 존재의 가치를 인정하고 자신을 사랑할 수 있는 마음을 가지고 자기 직업에 대한 자부심을 가진다면 자신감이 더욱 향상되는 것이다. 자신감은 관광통역안내사로 하여금 자신의 책무를 적극적이고 효과적으로 수행하게 하고 사람들을 편안하게 하여 즐거운 경험을 만드는 데 도움을 주게 된다.

(6) 침착성

관광통역안내사는 쉽게 당황하거나 흥분하지 않는 성격으로 항상 평상심을 유지하여야 한다. 여행을 하다 보면 뜻하지 않은 문제들이 많이 발생할 수 있다. 먼저 자신의 정보 부족으로 당황할 수도 있고, 방문 지역 이용 시설의 미예약, 차량 고장, 도난 사건, 기상 악화, 컴플레인 발생, 긴급 상황 등 관광통역안내사가 해결해야 할 불규칙적인 상황은 매우 다양하다. 이런 상황이 발생할 때 관광통역안내사는 관광객들이 동요하지 않도록 거의 눈치 채지 못하게 차분하게 문제 해결에 임해야 한다.

경험이 풍부한 관광통역안내사들은 현장에서 발생하는 불규칙한 문제들에 대해 유연하고 융통성 있게 스스로 문제를 해결하는 데 비해 초보 관광통역안내사들은 문제가 생길 때마다 당황하면서 본사에 연락하며 우왕좌왕 하면서 관광객들에게 불안을 조성하고 신뢰를 잃기 쉽다. 따라서 침착성은 안정된 여행안내를 가능하게 하며 관광객으로 부터 신뢰받을 수 있는 전문 직업 안내사가 갖추어야 할 중요한 자질이라고 할 수 있다.

(7) 감수성

감수성이란 말의 사전적 의미는 외부 자극을 받아들이고 느끼는 예민성이다. 동행하는 관광객들이 겪는 어려움을 읽고 그들의 입장에서 배려하는 것으로서 성공적인 관광통역안내사에게 요구되는 폭넓은 인간적 이해를 의미하는 것이다. 사람들을 좋아하는 마음 외에도 동정심 있고, 타인에 대한 존중심이 넘쳐야 하며, 재치 있고, 관찰력이 있어야 한다. 그는 다른 사람의 욕구에 민감해야 하며 다른 견해를 이해할 수 있어야 한다. 관광통역안내사 직무로서 접하게 될 수 있는 상해, 질병, 지체장애인, 여행객 간의 갈등 등을 이해하며 따뜻하고 편안하게 조율할 수 있는 능력이라고 할 수 있다.

(8) 화술

화술은 말하는 재주, 말솜씨, 말재간을 나타내는데 지식이 풍부하고 센스 있는 사람일지라도 화술에 능하지 않으면 관광통역안내사로서 성공하기 어렵다. 특히 외국어를 사용하는 관광통역안내사는 어색하지 않고 자연스럽고 또렷한 발음, 눈 맞춤, 자연스러운 제스처, 밝고 깨끗한 음성 등이 어우러진 화술이 필요하다. 관광객이 보고 듣고 즐겁게 이해할 수 있는 의사소통 기술을 익히도록 노력해야 하며, 특히 콧소리, 둔탁한 악센트, 듣기 거북한 억양 혹은 반복해서 신경질적인 제스처를 취하는 습관 등이 있다면 투어 가이드가 가지고 있는 다른 좋은 특징들을 희석시킬 수 있다.

(9) 건강

여행이 좋아서 관광통역안내사가 되고 싶다고 희망하는 사람들은 안내 활동의 어려움을 과소평가하는 경향이 있다. 그중 특히 강인한 육체적, 정신적 건강을 요구한다는 것을 간과하기 쉽다. 관광통역안내사들은 관광객을 안내하면서 많이 걸어야 하고, 긴 시간 불규칙하게 일하고, 또한 불규칙하고 빠른 식사 습관, 항상 스포트라이트를 받는 스트레스 등과 같은 상당한 에너지와 적응성을 요구한다. 본사로부터 관광 단체를 지정받으면 공항 입국 안내에서부터 지방 관광의 동행 등 관광의 출발에서 종결까지 종일 업무 수행에 매달려야 하기 때문에 육체적, 정신적 피로가 쌓이기 쉽다. 관광객에게 고품질의 안내 서비스를 제공하기 위해 관광통역안내사는 건강한 육체와 정신을 소유하고 유지하는 생활 자세가 필요하다.

(10) 지도력

지도력이란 어떤 상황 하에서 목표 달성을 위해 한 개인이 다른 개인 또는 집단의 행위에 영향력을 행사하는 과정을 의미한다. 관광통역안내사는 주로 관광 단체를 대상으로 업무를 수행하므로 여행 일정을 소화하는 과정에서 관광 단체에게 지속적으로 영향력을 행사하는 입장에 서게 된다. 따라서 고객인 관광 단체를 모시고 섬기는 어려운 상황에서 지도력(Leadership)을 발휘해야 하는 것이다.

특히, 관광통역안내사는 다양하고 예측할 수 없는 어려운 상황에 직면할 때 관광 단체의 리더로서 주도적 행동이 필요하다. 어떤 상황에서든지 솔선수범하여 대응책을 찾고 책임지는 모습을 보여야 한다. 또한 그들의 위치는 길 안내를 하는 동시에 교사로서의 역할까지 하는 어려운 자리인 것이다. 대충 고객과 어울리며 여행을 즐기는 그런 낭만적이고 한가한 위치에 있는 것이 아니다. 여행 중 발생하는 모든 궂은 일은 앞장서서 해결해야 하고 관광객을 배려하면서 때로는 단호함을 보이는 자세도 필요하다. 문제 발생 시 우유부단하거나 관광객들에게 휘둘리면 불미스런 일들이 발생할 수 있고, 결과적으로 여행사의 비용으로 연결된다는 것을 명심해야 한다.

(11) 결단력

관광통역안내사는 관광객이나 투어 에스코트에게 리더십을 이양하지 않고 관광 단체를 확실히 이끌 수 있는 사람으로 독단적이지 않게 관광객을 관리할 수 있어야 한다. 문제가 발생할 경우 모든 책임과 해결할 의무는 관광통역안내사에 있기 때문이다.

노벨평화상 수상자인 조지 마샬(George C. Marshall)은 "훌륭한 리더가 될 수 있는지 여부는 의사 결정 능력에 달려 있습니다. 위대한 기업을 세운 리더들은 우유부단하지 않았습니다. 결단력 함양이야말로 원활하게 기능하는 팀과 리더들의 공통적인 특징입니다. 훌륭한 리더는 심지어 정보가 완벽하지 않아도 어떻게든 결정을 내립니다. 지나치게 분석하여 결정을 내리지 못하여 기회를 놓치는 우를 범하지 않는다는 것입니다"라고 하였다.

(12) 균형 감각

균형 감각은 바라보는 관점이나 느낌에 있어서 흔들리거나 치우치지 않는 안정된 상태를 의미한다. 관광통역안내사는 유머 감각과 진지함 그리고 지적인 면과 사교성을 소유한 사람으로 관광의 순간순간 상황에 따라 관광객의 분위기를 이끌어 가야 한다. 예를 들어 훌륭한 유머 감각은 사람들을 더욱 친근하게 하며 편안하게 하게 한다. 대부분의 사람은 웃는 것을 좋아하기 때문에 유머를 경험하게 한 관광통역안내사에 대해서 고마워하는 것이 보통이다. 그러나 유머를 적절히 사용하려는 균형 감각이 필요한데, 한쪽을 웃기는 농담은 다른 쪽을 기분 상하게 할 수 있기 때문이다.

또한 관광 단체는 각기 다른 국가에서 모인 단체일 수도 있고, 동일 국가 단체인 경우에도 각기 개성과 성격이 다르게 때문에 민감하게 반응하는 종교적, 정치적, 프라이버시 침해 등 돌출적인 발언은 삼가야 한다. 그리고 관광 단체 내에서 각 단원들에 대한 보살핌이나 배려 같은 것도 일부 몇 사람이나 선호하는 사람에게 집중하면 안 되고 조화와 균형이 이루어지도록 이끌어야 할 필요성이 있다.

윤리 의식 또한 필요한데 관광통역안내사는 자기 스스로는 물론 회사, 동료, 여행객 그리고 방문지에 대해서까지 도덕적 책임을 지고 있기 때문에 무리한 선택 관광(Option) 판매나 쇼핑 등을 강요해서는 안 되며, 본사와 본인의 상업적인 의도를 너무 표출하지 말고 관광 일정과 균형을 이루는 부가적인 서비스로 인식할 수 있게 잘 유도할 필요가 있다.

(13) 서비스 마인드

서비스 마인드로 무장되어 있어야 한다는 말은 관광통역안내사에게 가장 적절하게 적용되는 표현이라고 할 수 있다. 관광 통역 안내는 단순히 물건을 제공하는 것이 아닌 무형의 상품인 돌봄의 서비스를 제공하는 것이 주된 업무이므로 관광통역안내사는 관광객이 도움을 요청하는 일이나 불편한 사항을 해결하는 일에 항상 봉사할 마음의 자세로 깨어 있어야 한다.

관광 안내는 여행 일정 중 업무 시간을 정확히 구분하기 어려운 특성이 있지만, 관광통역안내사는 업무 시간 외에도 관광객의 요구에 부응하여 기꺼이 시간을 투자하는 전문 직업 정신을 가지고 적극적으로 임하는 것이 바람직하다. 관광객을 관심과 이해를 가지고 살피고 배려하는 것뿐만 아니라 여행 구성원 간의 존중, 신뢰, 헌신, 기대, 유대, 소속감 등까지도 세심하게 유도하여 공동체적인 분위기에서 모두에게 만족한 여행을 완성하는 것이 관광통역안내사가 지향하는 목표이며 전문 직업인으로서의 자긍심이 될 것이다.

7) 매력

이처럼 독특한 자질과 능력, 많은 희생과 봉사 정신을 요구하는 힘든 여건 속에서 왜 관광통역안내사라는 직업을 희망하는 사람들이 여전히 많은 것일까. 단순히 21세기에는 보다 나아질 것이라는 희망 때문일까. 뛰어난 어학 실력을 가진 고급 두뇌의 여성들이 관광통역안내사로 활동하고 있는데 궁금해지지 않을 수 없다. 물론 직업의 자세한 속사정을 모르고 겉에 보이는 멋진 모습에 막연히 희망하는 것일 수 있지만 몇 년에 걸쳐 계속적으로 활동하는 사람들을 보면 관광통역안내사라는 직업에 매력이 있기 때문이라는 사실을 알게 된다. 우리나라를 찾는 외국인들에게 우리 문화의 우수성을 알리고 민간 외교관으로서 자긍심을 갖고 일을 하는 사람들이 적지 않다는 점이다. 그 외에도 여성들이 일반 직장 생활에서 안정적으로 일할 수 없는 형편이라 일단 관광통역안내사 자격증이 있으면 일할 수 있는 기회를 찾을 수 있고, 전업주부가 된 이후에도 본인이 희망하면 자유롭게 일을 할 수 있어 좋기 때문이다. 그리고 관광통역안내사 활동을 하면서 공부한 많은 지식들이 일을 하면 할수록 재산이 되어가기 때문에 좀처럼 가이드 생활을 포기하지 못하는 경우가 있다. 그 외에도 외국인들과 자주 접촉을 하면서 사고의 폭을 넓힐 수 있고, 다양한 친분 관계를 만들 수 있어 관광통역안내사 개인적으로도 귀중한 자산이 되기 때문이다. 물론 일이 많다면 소득이 일반 직장인보다 많은 것은 물론이다.

관광통역안내사의 구체적인 매력은 다음과 같다.

첫째, 여행을 할 기회를 가진다. 직업 자체가 여행을 동반한 것이므로, 넓고 다양한 시각을 가질 수 있다. 보통 여행사 전속의 경우 1달에 20일 정도 tour를 하기 때문에 TC의 경우 1달에 최소 3~4개국 정도, 관광통역안내사의 경우 6개월 정도 근무하면 웬만한 국내 유명 관광지는 두루 여행할 수 있다.

둘째, 자유롭다. 관광통역안내사는 일정한 근무처와 정해진 근무 시간이 있는 것이 아니라 관광의 시작과 끝이 근무 시간이므로, 관광이 끝나면 개인의 자유 시간이 있다.

셋째, 직장에서의 상하 관계가 없다. 관광이 시작되면 관광통역안내사와 관광객의 관계에서 일이 이루어지므로 직장 내의 상하 관계에 의한 갈등이나 업무상의 트러블은 없다. 여행 기간 동안에는 철저히 본인의 판단 하에 본인이 주체가 되어 움직이다.

넷째, 충분한 금전적 보상이 뒤따른다. 관광통역안내사는 1일 안내 수당, 자격증 수당, 쇼핑 커미션, 팁, 옵션 투어(option tour) 등이 주 수입이므로 개인의 능력에 따라 약간의 차이가 있으나, 경력이 쌓이면 20명 이상의 중단체 이상을 안내하게 되므로, 전문인으로서의 확실한 금전적 대우를 받을 수 있다.

다섯째, 나이 제한과 정년퇴직이 없다. 일본어 관광통역안내사의 경우 현재 가장 왕성한 활동을 벌이는 전문 안내사들이 30대이며 60대 '여사님'들의 power는 가히 대단하다.

여섯째, 전직을 할 경우 외국어 전문직으로서의 경력을 인정받을 수 있다. 관광통역안내사나 TC의 경우 외국어를 구사하는 전문직으로 여성의 경우 결혼 후, 또는 출산 후 외국어학원이나 통역학원 강사로의 전직이 용이하다.

3. 의료관광 통역안내사의 자세와 매너

1) 기본자세

(1) 성실과 진실

관광객들로부터 신뢰를 받을 수 있는 성실성과 진실됨이 관광통역안내사의 중요한 덕목임을 알아야 한다. 행사 도중에 잘못이 다소 발생하고 업무 수행에 실수가 있다 하더라도 성실과 진실을 바탕으로 하는 안내 태도야말로 관광객들의 신뢰감을 구축하는 데 최선의 방법임을 알게 된다.

(2) 친절과 환대

관광통역안내사는 투철하고 확고한 직업의식과 친절한 서비스를 제공하려는 환대 정신을 갖추어야 한다. 특히 친절성은 관광객들의 불안감을 해소시켜 호감을 갖게 할 뿐만 아니라 성실성과도 상통한다는 점을 간과해서는 안 된다. 단, 친절성이 오히려 세련되지 못하고 경박하거나 비굴하다는 인상을 주지 않도록 주의를 하여야 한다(김선일 · 신정길, 2007).

(3) 신속과 정확

관광지를 안내함에 있어 시의적절하게 이루어지도록 신속한 행동과 정확한 내용의 안내가 이루어져야 한다. 일처리에 있어서도 매사에 치밀하고 정확하면서도 신속한 업무 처리 능력을 여행객에게 보여 준다면 여행객들은 안내원을 우러러보게 될 것이다.

※ 관광통역안내사의 5S(임시덕 외, 2008)
성실(sincerity), 명랑(smile), 신속(speed), 확실(sureness), 세련(smartness)

2) 바람직한 마음가짐

(1) 국민의 대표자로서 마음가짐

① **관광통역안내사를 통한 우리나라 이미지 평가:** 외래 관광객이 짧은 체류 기간 중 접촉할 수 있는 우리나라 사람은 극히 제한적이기 때문에 관광객은 관광통역안내사를 통하여 우리나라 전체 이미지를 평가하게 된다. 특히 우리나라에 첫 발을 내딛는 국제공항에서의 미팅 및 환대는 따뜻하게 손님을 맞이하는 첫 인상을 심어 주는 가장 중요한 진실의 순간이다. 이런 중요한 안내 서비스를 여행사 직원이 하는 것이 아니라 대부분 관광통역안내사가 직접 수행하게 된다. 따라서 관광통역안내사는 항상 국민을 대표하고 본사를 대표한다는 자세를 잊지 말아야 한다.

② **관광통역안내사 자신과 일반 국민에 대한 평가:** 항상 겸손하면서도 기품을 잃지 않는 자세는 관광통역안내사 자신의 평가뿐만 아니라 우리 국민 일반에 대한 평가의 척도가 된다. 외래 관광객들이 우리나라에 입국하기 전에 관광통역안내사에 대한 기대와 관심은 매우 크다고 할 수 있다. 한국에 대해 많은 것을 가르쳐 주고 각종 체험을 안내해 줄 수 있는 가장 한국인답고 친절한 관광통역안내사를 상상하고 만나고 싶어 할 것이기 때문이다. 따라서 관광

통역안내사는 모든 관광 일정에서 보여 주는 자세에 있어서 관광객들의 기대에 어긋나지 않아야 하며 본인과 우리나라 일반 국민이 평가받는다는 생각으로 임해야 할 것이다.

③ **국가의 의료관광산업 발전의 선봉장**: 관광통역안내사는 우리나라 관광산업 발전의 첨병으로서의 임무를 수행한다. 우리나라 관광 홍보는 국가가 준비하고 관광산업 운영은 여행사의 몫이다. 관광통역안내사는 여행사에 속하며 일 년 내내 개인과 단체의 수많은 외래 관광객을 현장에서 직접 맞이하고 안내 서비스를 제공하는 산업 역군으로서 최일선에서 근무한다. 사명감을 가진 그들의 역할 여부에 따라 국가의 관광산업 발전과 작게는 여행 기업의 이익과 미래 고객 창출로 연결된다. 관광통역안내사가 모신 외래 관광객들을 재방문하게 하고 그들의 지인들에게 한국관광을 추천할 수 있도록 여행의 감동을 선사하는 직업에 대한 자긍심과 사명감이 필요하다는 것이다.

(2) 서비스맨으로서의 마음가짐

① **감사의 마음으로 기꺼이 도움을 준다**: 관광통역안내사는 자신이 안내를 맡고 있는 외래 관광객에 대하여 항상 감사한 마음으로 응대하며 무엇을 도와주는 것이 좀 더 도움이 될 수 있을지 관광객의 입장에서 생각한다. 관광통역안내사는 통역하는 것이 임무가 아니고 서비스맨으로서 관광객을 안내하고 그들을 돌보는 것이 진짜 임무인 것이다. 그래서 동시통역사와 관광통역안내사가 수행하는 기능과 능력에 뚜렷한 차이가 있다는 것이다. 어느 기업에서 최고의 관광 통역 서비스를 제공하려고 동시통역사를 활용했다가 서비스 마인드가 부족하여 오히려 관광객이 동시통역사를 모시는 듯한 상황이 되어 낭패를 본 사례도 있다고 한다.

② **바른 근무 자세와 품위를 견지한다**: 관광통역안내사는 관광 단체의 전면에서 항상 노출되어 있고, 관광객의 시선을 가장 많이 받는다는 것을 지각하고 바른 자세와 품위를 견지하도록 노력해야 한다. 근무 도중에 음식물 섭취를 아무렇게나 한다든지, 고객이 무관심을 느낄 수 있을 정도로 신문이나 잡지를 아무데서나 본다든지, MP3, 녹음기 등을 무분별하게 청취한다든지, 천박하게 껌을 씹는 행위 등으로 바른 근무 자세와 품위를 손상하는 일이 없어야 한다.

3) 청결한 몸가짐

(1) 제복

모든 관광통역안내사가 항상 유니폼이나 정장 차림의 제복을 입는 것은 아니다. 일본인 관광객을 안내하는 관광통역안내사는 전통적으로 해당 여행사에서 제공하는 제복을 착용하고 관광객을 맞이해야 한다. 그러나 유럽, 미국, 중국, 동남아시아 관광 단체를 안내하는 관광통역안내사들은 특히 유니폼은 착용하지 않고 정장 차림이나 캐주얼한 복장 차림으로 안내 서비스를 하고 있다. 이 점은 여행사 입장에서 관광통역안내사들의 품위 있는 근무 자세를 유도하기 위하여 장기적인 안목으로 유니폼 착용을 고려해 봄직도 하다.

① **비듬, 먼지, 머리털이 묻어 있지 않은가**: 관광통역안내사의 복장은 그 사람의 품위와 수준을 짐작할 수 있는 좋은 잣대다. 직업에 걸맞은 복장도 중요하지만, 며칠 동안의 관광 일정 내내 복장의 외부 상태를 깨끗하게 유지하고 자가 점검하는 센스가 필요하다. 필요 시에는 여벌을 준비하는 것도 현명하다.

② **단추가 떨어지거나 솔기가 터진 곳은 없는가**: 관광통역안내사의 복장에 이상이 생겼다면 행동은 부자연스러울 것이며 적극적인 안내가 필요한 곳에서도 소극적 안내로 일관할 가능성이 있다. 또한 당사자가 모르는 사이에 관광객이 먼저 눈치를 챈다면 품위와 체면과 자존심에 손상을 입을 것이다.

③ **의복은 잘 다려져 있으며 와이셔츠 깃, 소매 끝은 깨끗한가**: 옷이 잘 다려져서 깃이 살아 있고 소매 끝에 절도가 있는 제복 차림은 관광객에게 호감을 전달할 수 있고, 남성은 젠틀하고 여성은 단아하게 보여 신뢰를 받을 수 있다. 물론 자주 갈아입어 깨끗한 모습을 변함없이 연출할 필요가 있다.

(2) 명찰

명찰을 패용한다는 것은 자기 신분에 책임을 진다는 것이다. 원래 명찰은 식별과 통제를 하기 위해서 사용하며, 의전 상 신분을 표시할 목적으로도 이용한다. 통상 유니폼을 착용하는 일본어 관광통역안내사들은 여행 일정 내내 명찰을 패용하지만, 그 외에는 일반 사복에 명찰을 달지는 않는다. 혹시 공항 미팅이나 첫 대면 시 잠시 패용을 한 후에 떼어 버리는 경우가 많다. 명찰을 패용함으로써 공무 중임을 나타낼 수 있고 자세가 흐트러지지 않는 장점도 있다. 명찰은 항상 올바른 위치에 있는지 삐뚤어지지는 않았는지, 목걸이식 명찰은 뒤집어져 있지 않았는지 확인하는 주의가 요망된다.

(3) 두발

헤어스타일은 사람들의 기본적 개성이기 때문에 의무적으로 규제하는 것은 옳지 않다. 다만 전문 직업에 어울리는 스타일이 무난할 것이며, 항상 깔끔한 상태를 유지하는 것이 중요하다.

예를 들어 관광통역안내사는 외부 활동을 많이 하므로 짧고 단정한 헤어스타일이 좋을 수도 있다.

① **남성**: 단정하고 길이는 적당한지 주의할 필요가 있다. 특히 앞이마를 지나치게 가리는 헤어스타일은 시원하거나 맑은 인상을 주지 못할 수도 있다. 또한 귀를 덮는 장발도 답답함과 덥수룩한 느낌을 주기 쉽다. 외부 활동으로 인해 바람이 심할 경우를 대비하여 헤어젤을 활용하여 머리칼이 어수선해지지 않도록 적당히 발라 고정시킬 필요도 있다.

② **여성**: 의무 사항은 아니지만 활동적인 직업이므로 단정한 단발이 유리하다. 단발의 경우 어깨 아래로 너무 내려오지 않았는지 관리를 하고, 긴 머리의 경우는 얼굴이 가려져 머리카락을 뒤로 넘기기 위해 자주 손으로 올리거나 머리를 흔드는 동작들은 관광객들을 불편하게 하거나 불쾌감을 느끼게 할 수 있다. 또한 헤어스타일이 너무 최신 유행이거나 과도하게 눈에 띄지 않도록 주의할 필요가 있다.

(4) 손

관광통역안내사는 직업상 많은 장소를 방문하고 많은 사람들을 만난다. 그럴 때마다 손을 사용하고, 악수도 자주하며, 물건을 옮겨 건네주거나, 방향을 안내하는 동작 등으로 노출이 많을 수밖에 없다. 따라서 본인의 건강을 위하고 관광객이 불쾌감을 느끼지 않도록 손에 대한 위생과 관리에 많은 신경을 써야 한다.

① **항상 청결하게 유지하는가**: 계속되는 여행 일정 중 방문이 끝날 때마다 손을 씻는 습관이 필요하다. 손을 씻은 후에는 건조기에 잘 말리든지 깨끗한 수건을 이용하여 닦아야 한다. 본인의 옷에 닦아 젖어 보인다든지 관광객이 보는 앞에서 손을 비빈다든지 하는 불쾌한 동작은 기본적인 에티켓이 없는 사람으로 인식할 수 있다.

② **손톱은 짧고 깨끗한가**: 원래 긴 손톱은 비위생적으로 보일 수 있다. 가능한 한 짧게 유지하고 깨끗하게 관리해야 한다. 손과 손톱의 건강을 지키는 방법은 평소에 자주 씻고 핸드크림을 발라 촉촉하게 유지하는 것이다. 특히 위생에 철저한 일본인 관광객들은 긴 손톱에 대해선 혐오감을 느낀다.

③ **여성의 경우 매니큐어 색상이 너무 눈에 띄지 않는가**: 최근에는 네일아트(nail art) 전문가를 통하여 손톱을 장식하거나 관리하는 경우도 많다. 짧고 깨끗한 손톱이 가장 무난하지만 부득이하게 매니큐어나 네일아트를 할 때는 너무 요란해 보이지 않도록 주의할 필요가 있다. 깔끔하고 세련되게 보이기 위해서라면 투명 매니큐어를 바르는 것도 한 방법이다.

(5) 구두

깨끗하게 닦여 있으며 색, 모양 등은 지나치게 화려하지 않은지 주의할 필요가 있다. 또한 관광통역안내사는 직업 상 많은 장소를 방문하고 걸어서 이동하는 시간 많으므로 굽이 높지 않고 쿠션감이 있는 편안한 신발을 착용해야 한다. 불편한 구두로 인하여 발에 이상이 생긴다거나 피로가 쌓인다면 여행을 즐겁게 안내할 수가 없다. 다만, 정장과 캐주얼한 복장에 따라 격에 맞는 편리한 신발을 준비하도록 한다.

(6) 양말 · 스타킹

양말이나 스타킹을 착용하지 않은 경우가 있는데, 관광통역안내사는 특별한 경우, 즉 실내 수영장, 온천, 스파, 에스테 등 물과 관련된 장소에서의 활동을 제외하고는 항상 양말이나 스타킹을 착용해야 한다. 그리고 복장과 구두에 어울리는 양말이나 스타킹을 착용하는 센스가 필요하다.

① **색상은 지나치게 화려하지 않는가:** 구두와 어울리는 양말 색깔은 약간 어두운 계통이며, 특히 운동화와 같은 캐주얼한 신발을 신을 경우는 하얀 양말을 착용하는 것이 에티켓이다. 스타킹은 무늬가 많거나 눈에 띄는 색상은 피하고 살색 계통의 민무늬를 착용하는 것이 무난하다.

② **올이 나갔거나 흘러내리지는 않았는가:** 특히 스타킹 착용 시 올이 나갔는지 흘러내려 부자연스럽지 않은지 주의해야 한다. 품위와 관련된 중요한 에티켓이며 스타킹은 항상 여벌을 준비하여 당황하는 일이 없도록 해야 한다.

(7) 냄새

다양한 국가에서 방문하는 외래 관광객들은 저마다 독특한 전통과 문화를 간직한 사람들이다. 그들은 사람들이 느낄 수 있는 오감 중 특히 냄새에 매우 민감하다. 국가의 특성에 따라 냄새에 대한 기호가 모두 다르기 때문이다. 따라서 외래 관광객을 항상 가까이에서 안내하는 관광통역안내사는 본인 및 우리나라의 독특한 냄새에 주의를 기울여 관광객이 혐오감을 느끼거나 눈살을 찌푸리는 일이 없어야 할 것이다.

① **입 냄새, 땀 냄새 등 좋지 못한 냄새가 나지 않는가:** 원래 자신의 냄새는 거의 맡을 수가 없다. 그리고 냄새에 대한 주의는 아무에게나 줄 수 없다. 그것은 체면과 자존심의 손상을 지각하는 순간이기 때문일 것이다. 따라서 관광통역안내사는 여행 일정 단계별로 항상 자신의 몸 상태를 자주 점검하는 습관이 필요하다.

② **향수를 지나치게 사용하지 않았는가:** 지구상의 모든 사람들이 보편적으로 좋아하는 냄새는 상쾌한 냄새라고 한다. 상쾌한 냄새를 정확하게 정의하기는 어렵지만 대략 풀 향기 냄새와 비슷한 것으로 보면 된다. 많은 종류의 명품 브랜드 향수들이 있고 물론 각기 취향이 다를 수 있지만, 지나치게 진하게 느껴지는 향기보다는 약간의 향기가 사람의 기분을 더 좋게 하지 않을까 생각한다.

(8) 얼굴 화장

사람은 자기 자신의 얼굴에 책임을 져야 한다. 마음에서 우러나오는 표정도 중요하지만 건강한 얼굴은 더 없이 중요하다. 건강한 얼굴을 유지하기 위해서는 규칙적인 생활과 식습관이 필요하다. 수면 부족, 과음, 과식을 한 다음날의 신체 리듬은 깨질 수밖에 없다. 외래 관광객에게 안내 서비스를 제공하는 관광통역안내사는 근무 기간 동안 절제하고 절도 있는 생활을 하여 흐트러짐 없는 건강한 얼굴 모습을 유지해야 한다. 여성의 경우 화장기 없는 얼굴은 활력이 없어 보이므로 립스틱을 바르는 등의 약간의 화장은 꼭 필요하다.

① **화장이 지나치게 느껴지지 않는가:** 얼굴의 아름다운 부분은 돋보이도록 하고, 결점이나 부족한 부분을 보완해 주는 수단이 화장이다. 화장의 중요한 역할은 외부 활동에 있어서 자신감과 활력을 불어넣어 주는 것이다. 화장은 자연미를 살릴 수 있을 정도로 보조적인 역할을 해야지 지나치게 치장을 하여 부자연스럽게 보인다면 오히려 역효과를 낼 것이다.

② **수염은 매일 깎는가:** 남자의 경우 화장이 필요 없지만 수염을 깎은 후 애프터쉐이브로션이나 스킨로션 정도는 바르는 편이 좋다. 물론 개성을 살리기 위해 특정한 부위에 수염을 기를 수는 있지만 관광통역안내사라는 직분은 깔끔한 외모가 기본이므로 매일 수염을 깎아야 한다.

4) 올바른 자세와 동작

(1) 올바른 자세

① **동작은 부드럽고 유연하게 한다:** 여행 일정 중 관광객의 시선은 관광통역안내사와 관광자원에 집중된다. 관광통역안내사는 많은 장소에서 보행 및 기립 자세, 방향 안내, 고객 부축, 바디랭귀지 등 다양한 동작을 취하게 되는데, 동작은 부드럽고 유연하게 하며 불필요한 동작으로 상대방이 불쾌감을 느끼지 않도록 해야 한다.

② **대화나 설명 중에는 반드시 시선을 마주본다:** 관광객과 개인적으로 대화나 설명을 할 때에는 시선을 마주보면서 의사소통을 해야 하며, 단체를 대상으로 대화나 설명을 할 때에는 관광객 한 분 한 분에게 골고루 시선을 줄 필요가 있다. 관광 단체 안내 중 가장 피해야 할 점은 일부에게 편애하고 집중해서 안내하는 것이며 시선도 마찬가지이다.

③ **설명이나 안내를 할 때에는 손바닥을 바르게 위치한다:** 관광통역안내사는 관광지나 관광자원을 안내하거나 해설할 때 대부분 손을 이용하여 방향 지시 및 안내를 한다. 이때 손바닥은 45도 각도로 위로 가게 하여 손가락을 모아 손바닥 전체로 방향을 제시한다. 가장 적절한 샘플은 TV에서 기상 안내를 하는 기상 캐스터의 손동작과 자세를 모범으로 삼으면 좋다.

(2) 올바른 동작

① **건물, 방향을 가리킬 때:** 관광지나 관광자원을 설명할 때의 관광통역안내사의 시선의 순서는 먼저, 상대방의 눈→가리키는 방향→상대방의 눈 순으로 자연스럽게 반복적인 동작을 취한다. 시선과 함께 가리키는 거리감은 팔꿈치의 각도를 이용하여 나타내며, 손등이 보이거나 손목이 굽지 않도록 한다.

② **물건을 건네주고 받을 때:** 관광통역안내사는 관광지 관계자나 관광객과의 서류, 물건 등을 건네주거나 받는 동작을 자주 하게 된다. 물건은 예의 바르게 건네주고 받는다. 물건을 건네는 위치는 상대방의 가슴과 벨트 사이에 두 손으로 건네며, 항상 웃는 얼굴로 상대의 눈을 주시한 후 물건을 보고 다시 상대와 시선을 마주한다.

(3) 올바른 표정

① **하얀 이가 보이게 미소를 짓는다:** 사람들에게 긴장감을 조성하지 않고 편안함을 느끼게 하는 표정은 미소를 짓는 것이다. 관광통역안내사에게 미소는 필수 불가결한 요소이며, 필요할 때 미소를 짓는 것이 아니고 직업 특성상 노력에 의해 미소형 얼굴로 변화해야 하는 것이다. 미소는 연습과 노력에 의해서 습관적인 표정으로 자리 잡을 수 있다. 미소 지을 때는 눈도 같이 환하게 웃어야 한다. 미스코리아가 웃을 때는 8개의 윗니가 보여야 한다는 말이 있고, 중국인들의 지혜에는 "웃지 않는 사람은 장사를 해서는 안 된다"라고 한다. 미소와 웃음은 호의를 전달하는 심부름꾼이며, 또 이들을 바라보는 이들의 인생을 빛나게 해 준다.

② **진심에서 우러나오는 미소를 지어라:** 마음으로부터 상대방에게 호의를 베푼다는 기분

으로 진실한 미소를 짓는다면 긴장감은 사라지고 편안한 느낌이 교감될 것이다. 시중에는 많은 위선적인 미소도 있다. 또는 기분이 편안하지 않을 때 억지웃음도 있다. 일단 웃고 행동으로 옮기다 보면 마음도 즐거워진다. 중요한 것은 진심에서 우러나오는 미소나 웃음을 지어야 한다. 그렇다고 아무 때나 미소 짓고 웃으면 안 된다.

4. 의료관광 안내 지침

여행을 보다 감동적이고 기억에 오랫동안 남게 할 수 있는 관광 안내 기법은 무엇일까? 또한 어떤 식의 관광 안내가 여행을 무미건조하고 현학적이며 재미없게 만드는 것일까? 여행을 재미있고 기억에 남게 해 주는 표준화된 일정한 관광 안내 규칙이 있다면 관광객이 소비하는 시간과 비용과 노력에 대한 의미와 가치가 누구에게나 고르게 적용될 것이다. 하지만 모든 서비스가 그러하듯이 서비스 제공자의 자질과 환경에 따라 서비스의 질은 달라질 수밖에 없다. 따라서 관광통역안내사는 본인의 스타일에 맞는 안내 기법을 스스로 개발하고 터득하여 체화된 자질로 활용함으로써 어떤 특성을 갖는 관광객이라 할지라도 여행이 생동감 있고 흥미롭게 느껴지도록 유도할 수 있을 것이다.

다음에 열거한 사항들은 관광통역안내사가 갖추어야 할 기본적인 관광 안내 지침이지만, 본인들의 노력에 의하여 자기의 기법으로 한층 체화하고 계속 개발해 나갈 필요성이 있을 것이다.

1) 안내 장소와 주제에 대한 열정을 가져라

어떤 관광지나 관광자원에 생명을 불어넣는 가장 중요한 본질적 요소는 관광통역안내사가 그러한 대상과 주제에 대하여 안내하는 기쁨, 새로움, 겸손함을 지속적으로 갖는 열정이 필요한 것이다. 열정은 누구라도 금세 알아볼 수 있으며 주변에 있는 누구에게도 긍정적으로 금방 전염된다. 열정적인 관광통역안내사를 만나면 여행객은 그곳에 대해 더욱 주의를 기울이게 되고 그곳에 대해 더 많이 배우려고 하게 된다.

관광통역안내사는 안내 장소의 모든 부분을 생동감 있게 하려고 억지로 노력할 필요는 없다. 중요한 점은 관광통역안내사가 관광지나 관광자원에 부여된 주제에 관하여 사람들이 사랑하는 것을 공유하면 되는 것이다. 그것은 관광 대상지의 자연스러운 특징들일 수 있으며, 그 특징들을 사람들이 어떻게 자연스럽게 이해하는가가 그곳에 대한 방문을 확대시키는 열쇠일 것이다.

관광통역안내사는 관광지와 대상들에 대한 사랑하는 마음을 간직해야 하며, 그것들을 있는 그대로 보여 주고, 또한 보이지 않는 뒷배경 이야기도 자연스럽게 그려줄 수 있는 열정이 필요한 것이다. 관광통역안내사는 자기가 알고 있고 사랑하는 것을 말해야 한다. 본인의 관심이 자연이나 환경에 있다면 그것을 관광객과 나누면 된다. 당신이 사랑하는 것을 이야기할 때 당신의 열정은 반드시 그들 속에 관심을 불붙게 할 것이다

2) 인간에 대한 열정을 가져라

칼 알브레트(Karl Albrecht)는 서비스업에서 공통적으로 발견되는 종업원의 응대 태도 불량을 서비스의 7거지 악이라 명명하였다. 그것들은 무관심(apathy), 무시(brush-off), 냉담(coldness), 건방떨기(condescension), 로봇화(robotism), 규정 핑계(rule book), 뺑뺑이 돌리기(runaround)이며, 그중에서 사람들에 대한 무관심을 서비스의 일곱 가지 죄악 중 가장 심각한 첫 번째 불량한 태도로 지적하고 있다. 만약 관광통역안내사가 무관심한 태도를 보인다면 관광객은 참을 수 없는 불만과 실망감을 가질 것이며 그것은 관광객이 용서 못할 나쁜 자질일 것이다. 관광객들은 관광통역안내사가 그들에게 세심한 신경을 쓰는지 즉시 느끼며 관광통역안내사가 신경을 쓰지 않는다고 느끼면 그들 역시 관광통역안내사에 대해 같은 감정으로 대하게 되는 것은 당연한 사실이다.

안내 기법을 터득하는 것은 관광지나 주제 등 외부적인 요인과 밀접할 수도 있지만 사람들과 연결시키는 자기의 능력과 관련이 많다고 할 수 있다. 관광객에게 진정으로 관심이 있는 관광통역안내사는 그들을 더 많이 배우려 하고 그들이 여행하는 이유를 알아내며 전에 여행을 즐긴 곳은 어디며 그들의 관심은 무엇인가를 발견해 낸다. 이렇게 함으로써 가이드는 관광객들을 그 장소로 더욱 가깝게 끌어들일 수 있으며 그들로 하여금 환대감을 느끼게 할 수 있다. 여행을 하다 보면 뜻하지 않게 크고 작은 문제들이 발생할 수 있는데 관광객들에게 관심과 배려를 아끼지 않은 관광통역안내사는 그들이 신뢰하고 연민의 정을 느끼게 되어 문제를 같이 해결하려는 공감 의식을 갖게 한다.

3) 관광지와 경험 간의 관계를 증진시켜라

관광통역안내사는 관광객의 관심사와 그들의 개인적 성향 하나하나를 이해하는 것부터 출발

해야 한다. 보여 주거나 이야기되는 것이 관광객의 개성이나 경험 내부에 있는 것과 관련이 없는 안내는 효과가 없다는 의미이며, 이런 노력들은 앞에서 말한 인간에 대한 열정의 부산물이다.

투어리즘과 관광 안내 서비스 연구의 대가인 프리만 틸든(Freeman Tilden)은 관광단의 주요 관심 사항인 자기 개성, 경험, 이상에 관한 것이면 무엇이든지 관광지와 연결하면 긍정적 관계가 증진된다고 한다. 한 장소의 종합적 역사의 대부분은 관광단이 관계를 느끼지 못하면 아무런 의미가 없는 것이다.

4) 정보 제공보다 안내를 실시하라

대부분의 관광통안내사들은 정보 제공을 관광 안내라고 잘못 생각하고 있다. 그래서 '걸어 다니는 백과사전'이라고 불리는 것이 자기들이 받을 수 있는 최고의 보상이라고 믿고 있다. 사실 정보 제공은 안내의 한 구성 요인에 불과한 것이다. Tilden이 제안한 안내의 6원칙 중 두 번째에서는 정보 제공은 안내가 아니며, 안내는 정보에 기초하여 실현된다고 하며 이들은 전적으로 별개의 것이라고 한다. 안내는 하나의 포괄적인 의미를 갖고 있으며 이는 관광객이 필요한 정보를 제공하는 일뿐만 아니라 고객을 모시고 섬기는 서비스 마인드까지 포함되어야 진정한 안내라고 말할 수 있다.

5) 개인적이고 순수하려는 의지를 가져라

관광통역안내사는 주관적인 사고와 자기 언어를 구사할 줄 알아야 한다. 관광객들은 안내사의 진정한 내적 관점을 원한다. 원하든 원치 않든 관광통역안내사는 관광객이 그 지역에서 알게 된 유일한 사람일 경우가 많다. 관광통역안내사의 관점에 따라 여행이 흥미나 의미를 더할 수도 있고 반면에 왜곡된 모습을 보일 수도 있으므로 자신의 주관적인 견해를 갖고 순수하고 사심이 없는 감정으로 균형 감각을 유지할 필요가 있다.

따라서 관광통역안내사의 개인적인 감정과 견해가 여행의 가장 중요한 부분이 될 수 있다. 관광객들은 그들이 관심이 있는 관광 대상에 대하여 관광통역안내사가 개인적으로 과연 무엇을 해 줄 것인지 그리고 관광지나 관련된 역사, 인물에 대해서 개인적인 생각은 무엇인지에 더 많은 관심을 둘 수도 있다. 관광통역안내사가 순수함과 균형감을 갖고 여행을 개인적인 것으로 만들수록 관광객은 점점 흥미를 더 갖게 된다고 한다.

6) 이야기를 지어 말하는 능력이 있어야 한다

이야기를 지어내는 능력은 꾸며내는 왜곡된 이야기가 아니라 상상과 창의가 가미된 긍정적 스토리텔링을 의미한다. 상상과 창의가 만들어 내는 이야기는 관광객이 접하는 장소와 사람을 살아나게 한다. 관광지가 제공해 주는 객관적인 사실을 중심으로 주변에 산재해 있는 소재들을 엮을 줄 아는 능력이 필요하다는 것이다.

방문객이 한곳을 몇 번이고 방문하고 겉모습만 경험한다면 결국 연관 없는 방관자로만 남을 수 있으나, 그가 그곳의 이야기를 알고 있을 때는 더 이상 방문객이 아니다. 그는 참여자가 된다. 관광객이나 방문객이 그곳 이야기를 배우기 시작할 때까지는 그곳이 스쳐 지나가는 그저 알고 있다는 무미건조한 곳으로 기억될 수 있다. 그러나 이야기를 안 이 후에는 그곳의 역사에 참여하게 된다.

이야기라는 단어는 많은 이들에게는 꾸며낸 거짓의 의미를 가지고 있다. 그러나 그 많은 전설과 신화가 모두 거짓말과 같은 부정적인 의미로 다가오는지 생각해 볼 필요가 있다. 이야기는 현실과 상상의 세계에 생명력을 불어넣어 주는 역할을 한다. 관광통역안내사들이 이야기를 한다는 것을 부정적이고 두렵게 생각해서는 안 된다. 분명히 진실됨과 정확성은 모든 관광통역안내사들에게는 필수적인 덕목이다. 그렇지만 관광통역안내사들은 정확을 기한다는 의도에서 감동적이지만 입증할 수 없는 설화나 전설을 이야기하는 것을 포기하는 경우가 많다.

존 가베이(John Garvey) 등은 *Beautiful Crescent: A History of New Orleans*에서 "역사는 역사와 같은 것이다. 그래서 이야기는 이야기꾼과 함께 달라지는 것이다. 이야기하는 사람의 견해는 역사가 관련되는 태도가 된다. 이러한 이유로 해서 다음의 연대기는 역사와 같은 것이지 역사가 아니다. 한정된 역사란 없는 것이다. 다소간에 서류와 함께 이야기된 이야기들이다"라고 했다.

7) 도전적인 질문을 할 능력이 있어야 한다

관광통역안내사는 교과서를 읽듯이 혼자서 일방적으로 말하는 습관을 자제하고 관광객에게 질문을 잘할 수 있는 기술이 필요하다. 질문은 상황에 따라 적절히 활용하면 긴장감과 집중도를 높여 관광 단체의 참여도를 높일 수 있다. 관광객들을 안내에 적극 참여하게 함으로써 그들 스스로를 경험 속에 포함시킨다.

퍼듀대학의 제랄드 크로코버(Gerald H. Krockover)와 인디애나폴리스 어린이박물관의 자네트 호크(Jeanette Hauck) 네 가지 질문 수준과 듣는 이에게 주는 결과를 다음과 같이 분석하였다.

(1) 인지 기억 질문

이것은 회상, 기억 또는 인정에 의존하고 있으며 대답하는 사람의 역할을 가장 낮은 수준의 생각을 이끌어 낸다. 이런 질문의 예를 보면, "이건 어떤 건축 양식입니까?" "이것은 어떤 종류의 나무입니까?" 불행스럽게도 많은 안내자들이 이 같은 종류의 질문에 의존하고 있다.

(2) 집중적 질문

이것은 최고 또는 정확한 답을 얻기 위하여 사실과 개념들을 한데 엮는 것을 요구한다. 예를 들면 "이것은 저것과 어떻게 비슷합니까?" 혹은 "~의 사이에는 어떤 점이 다릅니까?"

(3) 분리하는 질문

많은 올바른 대답을 얻기 위해 예언, 가정, 추리를 포함하거나 허락하는 것이다. 예를 들면 "이 시대를 기술할 단어를 골라야 한다면 무엇입니까?" 혹은 "어떤 종류의 품목을 최초 식민지 사람들은 이 배에다 실었겠습니까?"

(4) 평가적 질문

이것은 높은 수준의 질문으로서 응답자로 하여금 판단을 하게 하고 의견을 가지게 하며 견해를 옹호하도록 요구한다. 예를 들면 "만약 당신이 1776년 식민지 사람이었다면 어떻게 할 것이라고 생각합니까? 왜 그렇습니까?" 혹은 "이들 그림 중 어느 것을 더 좋아합니까? 그 이유는?"

질문의 방법은 의도하는 목적에 따라서, 또 응답자의 심리 상태에 따라 적절하게 실시해야 하는데 일반적으로 다음과 같은 점에 유의하여야 한다. 첫째, 보통 회화에서와 마찬가지로 자연스럽게 말을 하는 것이 좋다. 둘째, 질문의 요점이 명백하고 간결하게 제시되어야 한다. 셋째, 전체 관광객에게 골고루 질문을 던져서 전원의 사고 증진을 유도해야 한다. 넷째, 관광객 구성원의 개인차나 능력을 고려한 질문이어야 한다. 다섯째, 다양한 질문이나 반복적인 질문을 계속하여도 좋으나, 특히 사고를 요하는 질문의 경우에는 사고 활동에 필요한 시간적 여유를 주어야 한다. 여섯째, 질문을 묻는 것이 항상 최고의 방법은 아니다. 어린이나 젊은이들은 질문에 잘 응할 수도 있으나 어른들은 대중 앞에서 이야기를 할 때는 위축되거나 소극적인 경향이 있으므로 주의해야 한다.

8) 부분을 전체와 관련시키는 능력이 있어야 한다

이것은 두 가지 의미가 있는데, 첫째는 일부 관광통역안내사들은 관광 단체 전원에 대한 형평성 있는 안내를 해야 함에도 불구하고 시간이 경과함으로써 개인적인 일 대 일 대화와 안내로 흐르는 경향이 있다. 물론 상황에 따른 개인적인 배려도 필요하지만 만족한 여행 일정을 완성하고 어떤 주제가 있는 여행 패키지의 정해진 목적을 달성하기 위해 관광 단원 전체에 중심을 둘 필요가 있다. 그러면서 전체의 흐름을 방해하지 않는 범위 내에서 개별 단원들에 대한 보살핌과 배려를 할 때 화합하고 일사불란한 여정이 마무리될 것이다.

두 번째의 의미는 관광통역안내사가 관광지에 대한 접근을 시도할 때에도 전체적인 맥락과 스토리를 기반으로 하여 세부적인 안내와 해설을 해야 하나 부분과 요소들을 별개로 다루는 미숙함을 보이기도 한다는 것이다. 건축물을 보고 그 시대의 생활상까지 연결시켜, 해설하는 부분을 전체로 조감할 수 있는 능력도 필요하다. 예를 들어 한국민속촌은 외래 관광객이 한국을 방문할 때 찾는 가장 기본적인 관광 코스인데, 주로 조선 600년의 가옥과 생활양식을 체험할 수 있도록 조성해 놓았다. 하지만 관광통역안내사는 부분적인 가옥과 생활양식을 통하여 조선 시대 전체의 역사, 정치, 사회, 문화, 경제 등 사회 전반에 걸친 흐름 또는 연결성을 갖고 설명하거나 안내해야 할 것이다.

9) 유머를 사용하라

상황에 맞게 적절하게 구사된 유머는 가장 효과적인 커뮤니케이션 수단이 될 수 있다. 유머는 일상생활에서뿐만 아니라 전문 분야의 업무 활동에서도 더욱 중시되고 있다. 그러나 코미디언이 아닌 일반인이 효과적으로 유머를 하기란 말같이 쉽지 않다. 유능한 코미디언은 청중으로 하여금 그칠 새 없이 웃게 하는 직업적인 사람이다. 따라서 일반인이 시도하는 유머, 특히 관광통역안내사가 하는 유머는 이와 같이 배꼽 잡는 식의 유머를 기대하지 않는다. 관광객이 우습다고 느낄 때 기대하는 반응이란 미소 또는 고개를 끄덕이거나 옆 사람을 칠 정도의 수준이다.

코미디언에게는 유머가 이야기의 전부이며, 관광통역안내사에게는 커뮤니케이션의 일부이며 안내 목적을 달성하기 위한 수단에 불과하다. 따라서 관광통역안내사가 사용하는 유머는 허황되고 엉뚱한 이야기가 아닌 관광지나 역사, 사람과 관련된 진실이 담겨 있어야 한다. 즉, 관광 안내 내용을 잘 설명해 줄 수 있는 것, 자신이나 주변 사람들의 생활에서 나온 이야기, 책에서 읽은 이야기 또는 실제로 유명인이 한 이야기 등을 상황에 맞게 구사하는 것이 도움이 된다.

주의할 점은 유머의 사용으로 관광통역안내사의 품위가 떨어지거나 해설 내용의 질을 떨어뜨려서는 안 된다는 것이다. 지나치게 과장하거나 국가별 특성을 배려하지 않는 유머는 대단히 거북하고 기분 나쁠 수도 있다. 유머의 취향은 전 세계가 같은 것이 아니다. 그러므로 다문화 단체와 함께 일할 때는 극도로 절제하는 것이 최선이다. 관광단을 억지로 웃기려고 하는 가이드는 관광단에 참기 어려운 괴로움을 줄 수도 있다.

관광통역안내사가 유머를 사용할 때 참고할 만한 지침은 다음과 같다.

① 자신의 모습을 지켜라. 예를 들어 농담을 하기가 자연스럽지 못하면 피하라. 웃기려다 실패하는 사람보다 더 초라한 것은 없다.
② 인종에 관한 농담을 하지 말며 다른 지역, 언어, 습관, 신념을 경시하지 말라.
③ 얼마나 유머가 있는가에 따라 가이드의 질을 판단하는 사람은 거의 없다는 것을 기억하라.
④ 긴 여행에서는 가이드는 관광단과 함께 그들의 좋아하는 이야기를 서로 나누도록 유도하라.

10) 분명하고 적절한 언어를 구사하라

관광통역안내사가 구사하는 단어는 관광 단체를 눈으로 보이는 관광 대상의 현실 세계에서 상상의 세계로 여행할 수 있는 다리를 연결해 주는 아주 특수한 커뮤니케이션 수단이다. 관광통역안내사는 언어의 사용을 학문적이며 어려운 단어로 해야만 수준이 높은 것으로 믿는 것이 보통이다. 그러나 사실은 어린 아이도 이해하기 쉬운 간단한 단어들을 상황에 맞게 사용하는 것이 최선이다.

일부 관광통역안내사들은 여행안내를 할 때 일상적인 대화에서는 별로 쓰지 않는 단어나 구, 문장 구문, 고어 등을 부자연스럽게 사용하는 경향이 있다. 예를 들어 "오른쪽에 대지 12,500스퀘어미터의 플라자에 555피트 5와 8분지 1의 높이로 우람하게 위용을 자랑하며 서있는 것이 ○○○기념관입니다…." 이런 지나친 극적인 표현은 불필요하며 귀를 멍하게 하는 것이 보통이다.

언어에 있어 강력한 기법은 비유법이다. *Beautiful Crescent: A History of New Orleans*의 저술가이며 가이드인 존 가베이(Joan Garvey)는 New Orleans를 프랑스어, 스페인어, 영어의 다양한 언어로 기술하고 있는데 그가 사용한 비유법은 잊을 수 없다. "사람들이 New Orleans에 관해 쓰고 말할 수 있는 한 그 도시를 여성 속에서 언급해 왔다. 프랑스어였을 때는 여류명인으로 취급되었고, 스페인어였을 때는 주부였으며, 마침내 미국의 일부가 되었을 때 신부로

구애를 받았고 그렇게 취급되었다." 이러한 생생한 비유법은 역사도 숨겨져 있으며 여행자들에게 지울 수 없는 인상을 주고 있다.

11) 침묵해야 할 때를 알아야 한다

가끔 상황에 따라 가장 적절하고 편안하게 해 주는 안내는 침묵이다. 관광통역안내사는 관광객에게 회상과 명상의 정신적 휴식을 취할 시간과 장소를 제공해야 한다. 그들은 방문했던 관광지와 안내받은 정보를 평가할 수도 있고 회고할 수도 있다. 침묵은 또한 여행자들로 하여금 잠시 아무것도 하지 않거나 듣지 않는 편안한 선택을 하도록 한다. 관광통역안내사의 안내로부터 벗어나는 것 역시 방문객들에게 그 장소에서 자기 시간을 갖게 하며 그들 스스로를 발견할 수 있도록 한다. 침묵은 안내가 없음이 아니라 실은 안내의 중요한 부분인 것이다.

국립묘지, 성당, 사원 같은 성지는 사려 깊게 다루어져야 한다. 이런 장소는 흔히 참배를 목적으로 방문하는 사람들과 일반 관광객들이 붐비거나 섞여 있게 마련이지만 그 주 기능은 성스러운 것이며 관광통역안내사는 그것을 존중할 의무를 가지고 있다. 이것은 다른 사람의 참배에 방해가 될 수 있는 안내를 삼간다는 것을 의미하며 필요하다면 관광단에게 적절한 처신을 알려 주어야 함을 의미한다. 마찬가지로 전쟁기념물 같은 감정을 끓어오르게 하는 장소도 비극과 슬픔을 회상하며 평화를 그리는 조용한 장소로 남아 있어야 한다. 이런 장소에서 관광통역안내사가 쉬지 않고 말한다는 것은 짜증을 불러일으키기에 충분하다.

12) 멈출 때를 알아야 한다

관광통역안내사는 여행 일정에 명시된 세부적인 모든 관광자원에 대한 안내를 완벽하게 마무리해야 하고, 또한 직업 상 그들이 알고 있는 모든 지식과 정보를 관광객들에게 완벽하게 주입해야만 된다는 강박관념에 사로잡혀 고통받을 필요가 없다. 위대한 영국의 스타일리스트 데이비드 맥콜레이(David Macaulay)는 어떤 예술에서도 모든 것을 다 포함하는 것이 진정한 결과를 더 많이 얻지 못하고 더 적게 얻는다고 말했다.

마찬가지로 많은 가이드는 그들이 알고 있는 모든 것을 다 안내하려고 해, 듣는 이들로 하여금 정보 과잉이 하게 하려는 잘못을 저지르고 있다. 멈출 때를 배우는 것은 위대한 성취자의 특징이다. 사람들에게 완벽한 시간은 그가 자기의 마지막 기술을 사용한 정점에 서 있을 때다. 주어진 기간과 적정한 시간에 볼 것과 할 것을 충분히 못했다면 관광객으로 하여금 아쉬움과 재방문할 기회를 남겨 놓는 것도 나쁘지는 않다.

13) 배움에 참여하라

관광통역안내사는 관광자원과 매력물들에 대해서는 항상 새롭고 호기심에 가득 찬 경외심을 유지할 필요가 있다. 현명하고 생명력 있는 관광통역안내사가 되려면 실제로 많은 종류의 깊은 지식과 정보, 재료, 기법이 안내에 녹아 있어야 하고, 그것들을 계속 배우며 새롭게 만들어 가야 한다.

오늘날의 관광객들은 방문지에 대한 정보와 지식을 사전에 섭렵하여 현지 일반 국민보다 세부적이고 체계적으로 알고 있는 추세이다. 정보통신의 발달과 인터넷의 활용 그리고 투어 가이드북, 지인들의 노하우 전수 등으로 인하여 웬만한 관광통역안내사 정도의 지식을 갖고 있다고 해도 과언이 아니다. 따라서 일차원적인 소개나 안내, 단순한 정보, 식상한 통계 등을 가지고 관광 단체를 맞이한다면 그들은 상투적이고 무관심한 안내로 평가할 것이며 그들이 선택한 여행에 크게 실망할 것이다.

관광통역안내사는 자기가 안내하는 여행 일정의 주제를 좀 더 깊이 있게 탐색하고 연구하여 한 편의 스토리텔링으로 구현할 필요가 있다. 그러기 위해서는 한 장소에 대해 정말로 열정을 갖고 새로운 정보와 사실을 끊임없이 추구하고 배워야 할 것이며, 그렇게 체화된 그의 안내는 관광객들에게 호기심에 가득 찬 흥미를 불러일으키고 깊은 감동을 느끼게 할 것이다.

5. 의료관광통역안내사 실무

1) 업무에 대한 사전 숙지

관광통역안내사는 본인이 배정받은 관광 단체를 영접하기 전에 기본적으로 갖추어야 할 숙지 사항과 해당 관광 단체의 여행 일정 관련 사전 숙지 및 점검 사항에 대하여 철저하게 준비할 필요가 있다. 관광통역안내사로서 갖추어야 할 자질과 소양에 대해서는 이미 언급하였지만, 관광 실시 전 단계에서 미리 숙지해야 되는 자료, 정보, 지식 등을 재점검하고 정신적인 무장을 철저히 해야만 현장의 실전에서 준비 소홀로 인한 실수를 범하지 않고 능력을 발휘할 수 있다.

관광 단원들의 갑작스런 요구 사항, 시시각각 변하는 관광 정보, 현지의 돌발 상황 등에 유연하게 대처하는 능력이 요구되지만, 이는 사전에 충분한 점검과 예상치 못한 일에 대한 처리 요령 숙지 등이 큰 도움이 될 수 있다. 따라서 다음에서 열거한 기본적인 숙지 사항이나 관광 실시 전에 필요한 숙지 사항은 항상 일상화할 필요가 있으며, 또한 평소에 최신 정보로 업데이트하는 기민한 전문가 정신을 유지하는 자세가 필요하다.

(1) 기본적인 숙지 사항 10선

① **대사관 등 유관 기관의 비상 연락처 확보:** 관광통역안내사는 주한 대사관, 영사관, 한국관광관공사, 지방자치단체 관광 부서 등 관련 유관 기관의 자료나 정보를 체계적으로 정리하여 필요 시 즉각 활용할 수 있도록 유지 및 관리할 필요가 있다. 여행사에서 관광 단체를 배정받게 되면 그 단체의 국적과 여행 주제와 관련된 모든 비상 연락망을 입수하여 유관 기관의 연락처에 오류는 없는지, 가능하다면 담당은 누구인지까지 확인해 놓는다면 비상시에 빠르고 정확한 대처가 가능하다.

② **의료 시설 확인 및 응급조치 요령 습득:** 외국인 환자를 전문적으로 진료하고 치료하는 지정 병원들의 이용 절차를 알고 있어야 하며, 여행하는 동안 현지에서 환자 발생 시에는 일단 가까운 종합병원으로 신속하게 후송 조치를 취해야 한다. 특급 호텔의 경우에는 응급 조치반이 운영되고 있으므로 미리 확인해 두어야 하며, 예기치 않았던 때나 장소에서 일어날 수 있는 외상이나 병에 대해 긴급히 그 장소에서 행하는 간단한 응급처치 방법들도 몇 가지는 익혀둘 필요가 있다.

③ **은행, ATM 위치 및 환전 등에 관한 정보 확보:** 외국인들이 주로 투숙하는 호텔 주변에 가까운 은행이나 ATM기기가 설치되어 있는 장소 및 이용 시간, 유리한 환전 방법, 주요국 환율 동향 등의 새로운 정보를 입수하도록 노력해야 한다. 또한 외국인들이 주로 사용하고 국내에서 승인 가능한 JCB, AMEX 등의 신용 카드 이용 방법, 수수료, 가맹점 규약 등도 알고 있어야 한다.

④ **국제전화, 로밍 서비스 등 정보통신 이용 요령 습득:** 호텔 룸에서 국제전화 연결하는 방법, 국제전화 카드 사용 방법, 로밍 서비스 및 휴대폰 대여, 인터넷 이용 방법, 우편 서비스 이용 등에 관한 정보들을 숙지하고 있어야 한다.

⑤ **공항, 역, 지하철, 버스, 택시 등 대중교통 이용 정보 습득:** 관광통역안내사는 외래 관광객이 주로 왕래하는 장소에 대한 대중교통 정보를 잘 알고 있어야 하며, 관광객이 교통

편을 물을 때는 내국인도 이용하기 힘든 버스 이용과 다른 교통편과의 갈아타기 등 복잡하게 안내하면 안 되고 가장 편하고 쉬운 교통편(best way) 한 가지만을 알려 주는 것이 최상이다. 특히 각종 교통요금이나 탑승권 구입 장소 및 탑승 장소, 예약 방법 등을 숙지하여 갑작스런 일정 변경과 관광객의 문의에 유연하게 대처해야 한다.

⑥ **관광지, 관광식당 등 관광객 이용 시설 정보 습득:** 물론 관광통역안내사의 가장 전문적인 분야가 관광지나 관광 자원에 대한 지식이겠지만, 가끔 간과하고 있는 것은 관광지와 연계된 운영 정보이다. 미리 확인하지 않고 방문하였는데 휴관이나 휴업인 상황이라면 관광단체에게 신뢰를 잃고 여행 일정에 차질을 빚을 수 있는 아찔한 순간을 맞이할 수도 있다. 따라서 방문지와 관련된 운영 정보는 미리 점검하고 만약의 경우를 위한 대안을 마련하는 것도 현명하다.

⑦ **쇼핑 장소, 품목, 면세 관련 정보 확보:** 관광객을 가장 흥미롭게 하고 긴장감을 조성하는 안내 활동이 쇼핑이다. 물론 대부분이 외국인 전용 토산품점이나 면세점으로 쇼핑을 안내하기도 하지만 재래시장이나 이태원, 인사동 등 여행 코스에 포함하여 안내하는 경우도 있다. 관광통역안내사는 모조품이나 불량품을 구입하지 않도록 주의를 요하며, 특히 면세품 구입 시에는 공항 면세 구역에서 전달 받는 절차 등을 정확히 숙지하고 안내할 의무가 있다.

⑧ **야간 행동, 위험, 안전 등에 대한 주의 조치:** 외래 관광객들이 주로 애용하는 시내 중심가나 쇼핑거리 등은 우리나라가 범죄에 대한 가장 안전한 곳으로 소개되고 있다. 하지만 너무 늦은 야간 활동이라든지 인적이 드문 곳을 배회하는 개인행동 등은 자제할 수 있도록 안전에 대한 주의를 설명할 필요가 있다.

⑨ **현지의 문화나 특별한 관습 등 정보 습득:** 요즘은 축제의 시대로 말할 만큼 연중 1,500여 개의 지역 축제가 열리고 있다. 그 지역의 독특한 문화를 알 수 있고 참여할 수 있는 좋은 기회이다. 관광통역안내사는 지역 축제, 음식, 관습 등 지역 문화에 대한 정보를 따라가며 적시에 차별화된 안내를 실시해야 한다.

⑩ **팁에 대한 정보:** 서구에서 대표적으로 팁이 필요한 곳들은 호텔, 식당, 택시기사 등이지만 우리나라는 팁 문화가 발달하지 않고 모든 것이 서비스 비용에 포함되어 있다. 하지만 호텔의 벨보이나 컨시어지, 공항과 역 등의 포터로부터의 개별적인 추가 서비스를 받았을 때는 약간의 사례가 필요함을 알려줘야 한다.

(2) 관광 실시 단계 전 숙지 사항 5선

① **관광 단체의 정보 습득 및 숙지:** 보통 패키지여행 상품이 탄생하여 관광 단체 모집을 거쳐 입국하기까지는 일 년 정도의 리드타임이 발생된다. 여행사에는 그동안 주고받은 각 관광 단체별 많은 요구 사항과 변경 사항들이 최종 정리된 자료나 정보들이 쌓여 있다. 관광통역안내사가 어떤 단체를 배정받으면 구성원들의 인구통계학적 특성, 즉 이름, 연령 구조, 성향, 수준 등이나 여행 일정 관련하여 특별한 요구 사항, 주의 사항 등에 관한 모든 자료를 요구해야 한다. 그 단체와 관광 단원들이 조화를 이뤄 원활하고 체계적인 여행 일정을 마무리하기 위하여 관광 단체의 자료를 분석하고 파악하는 꼼꼼한 사전 준비가 필수이다.

② **본사와 안내사의 역할 분담 명확화:** 일본어 관광통역안내사는 대부분 여행사에 전속 가이드 형태로 소속되어 연중 단체 배정표에 의해 여행안내를 하지만, 그 외 대부분 언어권은 프리랜서 안내사 개념으로 근무를 하게 된다. 소속이 어떻든 관광통역안내사는 전문 직업인으로서 명확한 역할 분담에 따른 철저한 책임감이 필요하다. 그러기 위해서는 배정 받은 단체에 대한 행사 안내 지시서와 여행 일정표, 각종 예약 정보와 안내 자료, 쇼핑과 선택 관광 범위, 티켓과 쿠폰, 지불 방법 및 비용 부담 원칙 등을 완벽하게 이해한 후 관광 단체 파일을 인수인계 받아야 한다.

③ **실제 안내 코스 마음속에 그려 보기:** 여행 일정을 인계인수 받는 즉시 관광통역안내사는 이를 분석 및 파악한 후 실제로 현장에서 어떻게 운영을 할지에 대해서 여행 일정을 따라 마음속으로 구체적인 그림을 그려야 한다. 즉, 관광 코스, 관광식당별 끼니별 메뉴의 조화, 관광, 이동, 휴식 등에 배정된 시간은 현실적인지, 여행안내 지시서와 상이한 점은 없는지 등을 그리며 만약 문제가 있다고 생각한 경우, 방문지 관계자나 운전기사 등에게 직접 확인하여 본사 담담에게 단체 행사 시작 전에 변경할 수 있는 기회를 주어야 한다.

④ **교통 수단과 각종 예약 상황 재확인:** 이동 수단으로 전 일정을 동일한 전세 버스를 이용하여 여행한다면 큰 문제는 없겠지만, 지방 장거리 여행 시에는 항공, 기차, 버스 등을 번갈아 이용하며 여행을 하게 된다. 이런 경우는 짐의 운반 수단을 비롯하여 교통편 예약에 대한 재확인이 우선적이며, 또한 투숙 호텔, 관광식당, 특별 이벤트 등의 예약 상태를 재확인(reconfirm)하여 관광 일정을 시작하기 전에 모든 것이 올바른 상태에 있도록 꼼꼼히 챙겨야 한다.

⑤ **방문지 최신 정보 습득:** 여행사의 담당 직원들은 가장 일상적인 수준에서 여행 일정을

기획하고 준비하는 경향이 있다. 하나의 패키지관광 상품에 대하여 최신의 정보를 기반으로 창의적인 여행 일정을 위한 지속적인 관심을 갖는 것은 현실적으로 어렵다. 따라서 관광 단체를 배정받은 관광통역안내사는 현지에 대한 최신의 지식, 정보, 자료 등을 가장 빠르고 정확하게 확보할 수 있으므로 예기치 못한 현지의 관광 정보 변경에 적절히 대응해야 할 뿐만 아니라 정해진 일정에 추가하여 보다 흥미롭고 알찬 관광 매력물들을 소개할 준비를 갖추어야 한다.

물론 관광통역안내사는 본사에서 사전에 계약하고 결정한 모든 여행 일정 및 조건을 준수하거나 상의하여 변경해야 하지만, 관광 단원들의 건강과 안전을 위협하는 등의 긴급 사건이 발생하면 회사를 대신하여 순발력 있게 최적의 결정을 해야 되는 경우도 있다. 따라서 회사에서는 경험이 많은 관광통역안내사를 선호하기도 한다.

※ 서류 검토 시 유의 사항(윤세환 외, 2007)

① 계약의 내용과 조건
② 수배 확인서나 행사 지시서만으로는 분명치 않은 사항 유무 점검
③ 상대 여행사의 개요(본사와 관계, 특성, 특수 기록, T/C 직위 등)
④ 여행사나 T/C, 혹은 여행객의 특별한 요구 사항
⑤ 경비의 지불 내역(본사 부담, 개인 직불, 후불, 여행사 직불)
⑥ 관광 경비 수수 유무와 미수 시 처리 방법
⑦ 관광객 성향 분석
⑧ 기타 특별한 요구 사항이나 특수 수배 상황
⑨ 단체의 출입국 일시(항공편명 및 선박편명 확인)
⑩ 출입국 일자가 다른 관광객에 대한 배려

2) 공항 미팅

공항 미팅 서비스는 배정받은 관광 단체를 처음으로 만나 여행을 시작하는 첫 출발점으로서 앞으로의 여행 일정을 위한 첫 인상을 심어주는 매우 중요한 진실의 순간인 것이다. 따라서 관광통역안내사는 여행 시작 직전의 시간인 공항 미팅에서의 몸과 마음가짐 그리고 미팅을 위한 완벽한 준비는 아무리 강조해도 지나치지 않다.

항공기가 국제공항에 도착하면 CIQ 입국수속을 거치는 데 약 30~40분 정도가 소요되며, CIQ 지역은 보안 구역으로서 여권, 비자, 항공권 등을 소지한 해외여행객 외에는 출입할 수 없다. 단, 국제 행사 시 영접 요원으로서 출입국관리소에서 발급하는 임시출입증(비표)을 허가

받아 공항 의전실 담당의 인솔 하에 CIQ 구역을 업무상 통과할 수 있다. 따라서 외래 관광 단체는 본국에서부터 동행하는 투어 컨덕터(T/C)의 안내 하에 CIQ 구역 내에서 입국수속 절차를 스스로 마치고 입국 대기실로 나오게 된다.

관광통역안내사는 본인이 배정받은 관광 단체의 CIQ 수속 과정을 알고 있어야 하며, 수속 절차 상 문제가 발생하면 관광통역안내사에게 긴급연락이 오게 되며, 본사의 요청과 지시에 의하여 현장에서 1차적인 조치를 취할 필요성이 있다. 즉, 여권, 비자, 검역, 통관 또는 수화물 분실 등의 문제가 발생할 수 있다. 특히 수화물 분실의 경우는 해당 항공사의 Lost & Found 카운터에 신고하여 결과를 확인해 주어야 한다.

(1) 검역(Quarantine)

먼저 항공기가 착륙하면 투어 컨덕터(T/C)가 관광 단체를 인솔하여 입국 수속장(CIQ)으로 안내를 하게 된다. 우선 검역 과정은 대개 간단한 설문용지로 대체하는 경우가 많은데, 콜레라, 황열, 페스트 오염 지역인 동남아시아, 중동, 아프리카, 남아메리카로부터 입국하는 관광 단체는 검역 질문서를 작성한 후 입국 시 제출하여야 한다. 여행 중에 설사, 복통, 구토, 발열 등의 증세가 있으면 입국 시 즉시 검역관에게 신고하여야 하며, 귀가 후에 설사 등의 증세가 계속될 때에는 검역소나 보건소에 신고해야 한다. 동물·축산물 및 식물을 가지고 입국할 경우에는 국립수의과학검역원 및 식물 검역소에 신고하여 검역을 받아야 하며, 수출국에서 발행한 동물검역증 및 식물검역증을 제출해야 한다. 대부분의 생과실, 과채류, 호두와 흙이 부착된 식물은 반입이 금지되며, 식물류를 미신고할 경우는 최고 500만 원의 과태료가 부과된다.

(2) 입국 심사(Immigration)

다음 입국 심사는 내국인용 사열대와 외국인용 사열대가 구분되어 있는데, 외국인용 입국심사대 앞에 도착한 관광 단체는 대기선에서 기다리다가 자신의 순서가 되면 준비한 서류인 여권, 출입국신고서 등을 입국심사관에게 제출한다. 심사관이 입국신고서를 거두어 가고 여권 상에 날짜가 포함된 입국심사필의 스탬프를 찍어 주는 것으로 입국 심사가 종료된다. 입국신고서가 정확하지 않으면 다시 작성하여 심사를 받아야 하므로 순서를 기다리는 동안 확인해야 되고, 기내에서 입국신고서를 작성하지 못한 관광 단원은 입국심사장에도 입국신고서가 준비되어 있으므로 순서를 기다리는 동안 작성을 해야 한다.

입국 심사가 끝나면, 먼저 문형 금속 탐지기에 의한 검색이 실시된다. 이것은 신변에 금속류의 소지 여부에 대하여 검색을 하게 되는데 필요하면 촉수 검사도 할 수 있다. 아울러 여행자가 소지한 휴대품은 엑스레이투시기의 검사를 받기 위해 컨베이어 상에 따로 올려놓고 여행객 자신만 문형 금속 탐지기를 통과해야 한다. 입국심사대 지역을 통과하면 전면에 설치된 수하물 도착 안내 전광판에서 본인이 탑승한 항공편의 수하물 수취대 번호를 확인한 후 이동한다.

(3) 세관 심사(Customs)

다음은 세관검사대 앞에 위치한 턴테이블에서 관광 단원들은 자신들의 위탁 수하물들을 찾아서 단체로 발송했던 수화물 클레임 태그(tag)와 개수가 일치하는지 투어 컨덕터와 함께 확인한 후 개별로 카트에 실어 세관 검사대로 이동한다. 각 관광 단원들은 자진 신고할 물품이 있으면 자진신고 통로로, 없으면 면세 통로로 간다. 그러고 나서 세관 신고서와 여권을 함께 검사 지정관에게 제출하게 되는데 이때 세관신고서가 수리되고 통관이 허용되면 세관 검사가 모두 종결되는 것이다.

일반적으로 세관검사대를 통과하면 출구(exit)로 나가기 전에 가장 먼저 통과한 투어 컨덕터가 관광 단원들을 집합하게 하여 통관 상 이상 유무와 인원 점검을 실시한다. 투어 컨덕터는 문제가 없음을 확인한 후 항공편별로 자연스럽게 지정되어 연결되어 있는 출구를 통하여 관광 단원들을 인솔하여 단체로 밖으로 나오게 된다. 그와 동시에 관광통역안내사는 관광 단체명의 피켓을 들고 대기하며, 본인이 배정받은 관광 단체가 확인이 되면 드디어 성공적인 공항 미팅이 이루어지는 것이다.

(4) 포인트별 공항 미팅 업무

① **준비물**: 관광통역안내사는 적어도 하루 전에 본사 담당으로부터 행사 안내 지시서, 여행 일정표, 관광 단체 리스트, 각종 예약 쿠폰, 투어 가이드북, 관광지 지도, 룸밍 리스트(rooming list), 비상연락망, 안내 피켓, 신용 카드 및 약간의 현금 등을 인계받는다. 공항 미팅 시에는 관광버스에서 배부할 안내 자료와 본인이 지참할 주요 서류를 미리 구분하여 준비하여 놓는다.

※ 공항 미팅 시 지참 준비물(윤세환 외, 2007)
① 판매부서와 수배부서에서 작성한 단체 확정 통보서와 행사 지시서
② 여행 일정표, 참고 자료, 투어 배지(tour badge), 팸플릿, 지도 등
③ 행사 진행 경비(전도금)
④ 관광버스 부착용과 공항 영접용 스티커 2매
⑤ 회사 깃발 혹은 단체 표식 깃발
⑥ 영문 이름 및 여권번호가 기재된 룸밍 리스트 겸용 단체 명부
⑦ 수하물용 꼬리표(tag) 및 스카치테이프
⑧ 신분증, 안내원 자격증, 명찰, 명함
⑨ 사무용품(계산기, 회사 영수증, 봉투, 메모지, 필기구, 매직잉크)
⑩ 비상약품(관광버스에 탑재 확인)

② **복장:** 관광통역안내사의 복장은 여행사나 국적에 따라 관습적으로 약간의 차이가 있다. 특히, 일본인 관광객을 취급하는 여행사에서는 대부분 전통적으로 회사에서 정한 유니폼, 명찰, 약간의 액세서리를 착용하는 것을 엄격하게 관리하고 있으나, 그 외의 중국인 단체, 동남아시아 단체, 유럽 미주 단체 등을 안내하는 관광통역안내사들은 정복 차림이나 상황에 따라 캐주얼한 복장을 착용하는 경향이다. 하지만 다수 인원인 관광 단원들과의 식별이 쉬워야 하며, 공식적인 느낌을 주는 유니폼이나 회사 배지와 명찰이 부착된 정장을 착용하고 근무한다면 더욱 전문적이고 신뢰감을 주는 효과가 있을 것이다.

③ **30분 전 공항 도착 및 점검 사항:** 관광통역안내사는 예정된 항공편의 도착 시간 30분 전까지는 공항 입국층에 도착하여야 한다. 미팅 장소에 관광통역안내사가 미리 도착한다는 의미는 예상치 못한 상황에 대한 대처가 가능하며, 약간의 휴식 시간을 가짐으로써 여유 있게 관광 단체를 맞이하여 안정된 모습으로 신뢰감을 심어 줄 수가 있기 때문이다.

공항에 도착하게 되면 먼저 본사에 연락하여 공항에 도착하였음을 보고하고 추가 지시 사항이나 변동 사항이 있는지 알아본다. 공항 대합실의 각종 전광판에서 보여 주는 항공편의 정시 도착, 지연 또는 취소 등의 상황을 파악하여 그에 해당하는 빠른 조치를 취해야 하며, 그날의 자세한 일기예보 정보도 재확인해야 한다.

그러고 나서 전세 관광버스가 도착했는지 확인하고, 배차된 운전기사와 인사를 나누고, 차량 환기나 냉난방, 미네랄 음료나 구급품, 단체명 차량 표지판, 배부 자료 등을 점검하고 이동 코스나 소요 시간 등 중요한 숙지 사항이나 협조 사항들을 전달해야 한다. 특히 차량 표지판(스티커)을 기사에게 건네주어 차량 전면과 출입문에 직접 부착하게 해야 한다. 또한 짐차나 공항 포터가 필요한 경우는 미리 연락을 취해 놓아야 하며 관광 단체를 만나는 즉시 전체 짐

개수를 확인한 후에 신속한 이동이 이루어질 수 있도록 준비한다.

모든 점검 사항을 마친 후 항공편 도착 시간 10분 후부터는 관광 단체명이 새겨진 피켓을 들고 입국장 펜스에서 대기하면서 관광 단체를 영접하는 것이 적절하다. 한 순간의 부주의로 공항에서 미싱(missing)이 발생된다면 관광통역안내사에게는 일종의 재앙이나 다름없다.

④ **첫 만남과 소개**: 공항 미팅 서비스는 관광통역안내사가 오랫동안 기다려 왔던 이방인들과 만나는 가슴 설레는 첫 만남이며, 첫 인상을 심어 주는 중요한 순간이다. 먼저 용모는 단정해야 하고, 표정은 반가움과 미소로 가득해야 하며, 친절한 서비스 마인드가 배어 나오는 언행을 보여야 한다. 항상 명랑하고, 열정적이며, 자신감 넘치며, 배려심이 깊고, 균형 감각을 보여 주는 사람에게는 누구에게나 강한 전염성이 있어 의지하고 싶고 호감을 갖게 된다. 관광 단원들은 첫 인상과 초기의 언행에서 나타나는 성격을 가지고 앞으로 펼쳐질 여행의 질이나 관광통역안내사에 대한 평가를 무의식적으로 하는 경향이 있다.

공항 입국장에서 본인의 단체가 확인되면 통상적으로 단장이나 인솔자(T/C)가 가장 앞서서 나오므로 인사를 하고 단체를 로비의 한쪽으로 안내한다. 인솔자를 처음 대면하였을지라도 그 전부터 잘 알고 있는 것처럼 친숙하게 대하고, 인솔자가 한국에 처음 온 것 같은 인상을 주지 않도록 한다. 그런 다음 인솔자가 관광통역안내사를 단체의 관광객들에게 소개를 시켜 주도록 한다. 어떤 회사에서는 여행사 본사의 담당이 공항에 나와 관광통역안내사를 투어 컨덕터와 단원들에게 소개를 하는 경우도 있으나 대부분은 관광통역안내사 혼자 공항에 나와 단체를 미팅하는 것이 일반적인 모습이다. 먼저 자기 자신을 간단히 소개하고 환영 인사를 한 다음 오랜 비행시간 노고를 공감해 주면서 몇 가지 주의 사항을 알려 주고 화장실 등 공항에서 조치할 사항들을 점검한 후에 관광버스로 이동한다.

⑤ **짐 처리**: 일반 관광객들은 평균 1.5개의 여행용 가방을 가지고 다니며, 보통 30명 이상의 단체는 관광버스의 트렁크나 실내 공간이 부족하여 짐차를 별도로 임대하여 간편하게 수화물 처리를 해야 한다. 관광통역안내사와 투어 컨덕터는 한곳에 모아 둔 수화물 개수를 확인하여 짐차 운전기사에게 인계한 후 즉시 관광버스가 대기하고 있는 곳으로 단원들을 인솔한다. 아니면 공항 포터를 이용하여 관광버스의 트렁크에 짐을 실을 수도 있으며, 관광 단원들이 스스로 본인의 짐을 운반하는 경우도 있다. 이런 경우에는 본인 확인 및 이상 유무를 파악하고 짐의 수량을 투어컨덕터와 함께 재확인한다. 이것은 모두 사전에 여행 계약상의 합의 내용이므로 본사의 지시에 따라 적절한 조치만 취하면 된다.

⑥ **버스로 이동 및 탑승**: 공항 대합실에서 관광버스가 대기하고 있는 전용 주차장으로 이동하는 동선이 길어 이탈될 우려가 있으며, 많은 단원들이 이동하는 경우는 혼란스럽고 횡단

보도를 건널 경우 교통사고 위험이 있으므로 가능한 단체 행동을 유도하여 관광통역안내사는 앞에서 인솔하고 투어 컨덕터는 뒤에서 이상 유무를 확인하면서 이동해야 한다.

관광버스에 도착하면 운전기사의 도움으로 트렁크에 넣을 수화물 처리를 하며 관광통역안내사와 투어 컨덕터는 탑승 안내와 더불어 다시 한 번 인원 점검을 실시한다. 인원 점검이 완료되면 변경 사항 등 정확한 상황을 본사에 보고하고 운전기사에게 출발 지시를 한다.

⑦ 이동 중 강한 인상과 좋은 이미지를 심어라: 공항 미팅 이후의 일정은 상황에 따라 관광식당이나 관광지로의 이동이 있을 수 있으나, 대개는 투숙 호텔로 이동한다. 이동이 시작되면 관광통역안내사는 환영의 인사를 한 후, 인솔자와 단장의 인사를 권유한 후 여행 일정 동안 한 팀이 되어 관광 단체의 이동과 안전을 책임지는 운전기사를 정중하게 소개한다. 본사 단체와 직원이 동승한 경우에는 같이 소개한다.

인사를 마치고 준비한 관광 일정표와 배지(badge), 팸플릿을 배부하고 여행 전반에 대한 개략적인 일정을 소개한 후 당일의 여행 일정을 소개한다. 또한 투어컨덕터의 협조 하에 귀국편의 항공권을 회수하여 나중에 본사에 보관하고 재확인할 수 있도록 조치를 한다. 이때 중국, 동남아시아 단체들은 여권까지 회수하는 경우도 있는데 이는 바람직하지 않다.

그러고 나서 관광 단원들이 피로하지는 않는지 시장하지는 않는지 또는 기분이 들떠 있지는 않는지 등의 상황을 파악하여 계속적으로 안내 해설을 해야 할지 아니면 휴식을 취하면서 호텔까지 조용히 이동해야 할지를 파악해야 한다. 조용히 이동할 경우에도 관광통역안내사는 휴식을 취하는 관광 단원들을 계속 보살펴야 하며 그들과 똑같이 휴식을 취한다거나 잠을 자서는 안 된다. 만약 다음 장소까지 이동하는 동안 관광 단원들이 호기심에 가득 차 있거나 들뜬 기분이라면 관광통역안내사는 분위기와 상황에 어울리는 안내와 해설을 해야 하며, 필요할 경우에는 레크리에이션 리더로서의 역할도 서슴지 말아야 한다. 적극적이면서 비권위적으로 관광 단원들의 반응을 유도해야 하고, 화합을 이끌어내는 오케스트라의 지휘자와 같이 단원들을 일사불란하게 이끄는 리더십도 발휘함으로써 관광통역안내사로서 강한 인상과 좋은 이미지를 첫 날에 심어줄 필요가 있겠다.

어쨌든 공항에서 시내로 이동하는 버스 내에서는 한국의 전반적인 사항을 간략하게 설명하고 환율 및 사용법, 본국으로 전화 거는 법, 여행 시 유의 사항, 투숙 호텔의 위치 및 주변의 특성과 외출 시 유의할 점, 간단한 한국말 등은 꼭 설명해 주어야 한다.

3) 호텔 숙박 안내

(1) 호텔 체크인

호텔 체크인(투숙) 이란 '고객이 객실 및 식사 등의 호텔 서비스를 사용하기 위하여 등록 절차를 마치고 호텔 객실 키를 인계 받는 것, 즉 객실 사용을 시작하는 것'을 의미한다. 체크인 시간은 대체적으로 오후 2시 이후로 정해져 있다. 관광 단원들은 투숙 호텔에 도착하면 각자 본인의 여행가방 등을 회수하여 관광통역안내사의 인솔 하에 호텔 프런트 데스크로 이동한다. 대형 관광 단체인 경우는 짐차를 이용하여 보낸 수화물이 먼저 도착된 경우가 많으므로 로비에 보관되어 있는 본인들의 가방을 찾아 호텔 프런트 데스크로 이동하면 된다.

본사로부터 예약 단체의 룸밍 리스트가 미리 통보되어 있으므로 관광 단체가 도착하면 배정된 객실 키가 준비되어 있다. 호텔 프런트 데스크에서 관광통역안내사는 혹시 객실 타입, 룸메이트, 업그레이드 요청 등이 발생하면 투어 컨덕터와 변경 사항과 지불 관계를 확인하여 최종 투숙 리스트에 객실 번호와 함께 반영한다.

일반적으로 투숙하는 날짜에 맞추어 조식 쿠폰이 키홀더 안에 포함되어 있다. 관광통역안내사는 모닝콜 시간, 객실 열쇠 사용법, 아침식사를 할 식당 위치, 시간, 쿠폰 사용 방법 등을 고지한 후 해산한다. 이때 관광통역안내사는 단체의 입실 후 20여 분 후 인솔자(T/C)에게 문제나 하자가 있는지 확인하여 적절한 조치를 취해야 한다. 만약에 호텔 체크인 후 관광이나 식당 등의 방문 일정이 잡혀 있으면 재집합 시간과 장소, 복장 등을 고지한 후 해산한다. 관광 단원들은 벨 서비스를 요청하여 여행용 가방을 객실로 옮길 수 있으나 약간의 팁을 주는 것도 에티켓이다.

관광통역안내사는 호텔 체크인이 완료된 후에 나머지 일정이 없는 경우에는 퇴근해도 좋으나 투어 컨덕터와 다음 일정을 재점검하고 본사에 보고한 후 하루 일정을 마무리하고 다음날의 여행안내를 위한 충분한 휴식을 취할 필요가 있다. 또한 다음날 아침 모닝콜 시간에 관광통역안내사는 호텔에 도착해 있어야 한다. 식사의 준비 상황과 참석 인원을 체크하여 미 참석자의 객실로 전화를 해서 기상 여부를 확인한 후 기사와 차량 배차를 확인하여 다음 일정에 차질이 없도록 항상 긴장하며 일정을 진행해야 한다.

(2) 호텔 스테이

여행 일정에 따라 한 호텔에서 며칠간 머무를 수도 있으며, 여러 지역을 방문하는 경우는 본사에서 미리 예약한 같은 수준의 호텔로 옮겨가며 투숙을 해야 한다. 호텔마다 시설과 이용 방법이 약간의 차이는 있지만 대부분 비슷한 시스템으로 운영하고 있다. 따라서 관광통역안내사는 관광 단체에게 호텔 체류 기간에 지켜야 할 다음과 같은 숙지 사항을 알려 주어야 한다.

① 객실 열쇠나 카드형 키는 외출 시는 반드시 프론트에 맡긴다. 객실 열쇠는 단순한 열쇠 기능뿐만 아니라 전원에 연결되는 등 부가 기능이 있다.

② 욕실 이용 시 신규 호텔의 경우는 대부분 욕실과 샤워실이 있으므로 사용에 별 문제가 없다. 하지만 샤워실이 별도로 없는 경우는 샤워 커튼을 이용, 욕조 안에서 샤워를 해야 한다.

③ 호텔 객실에서 국제전화를 할 경우는 비싼 요금이 청구되므로 벨데스크에서 국제전화 카드를 구입하여 호텔 내 공중전화를 이용하도록 해야 한다. 객실에서의 국제전화(international call)는 직통다이얼 통화, 교환을 통한 국제전화가 있다. 지명통화(person to person call)는 특정 상대를 지명하는 신청 통화이며 지명자 부재 시는 요금을 지불하지 않는다. 콜렉트 콜(collect call)은 수신인 부담 통화이며, 스테이션 콜(station call)은 교환수에게 상대방의 전화번호를 부탁하여 이루어지는 통화이다. 시내전화(domestic call) 및 객실 간 통화(room to room call)는 객실 내 안내서를 참조하여 교환원을 거치지 않고 직접 사용한다.

④ 객실 텔레비전에는 일반 채널과 호텔 자체에서 개설해 놓은 자체 채널 등 두 가지가 있다. 일반 채널은 그 나라의 방송 채널이고 자체 채널은 유료 TV등 다양한 방송을 즐길 수 있다.

⑤ 객실 내에서 인터넷 접속 서비스를 제공하고 있으며 대부분 유료이므로 사용 전에 프런트 데스크에 문의하면 된다.

⑥ 룸서비스의 경우 레스토랑의 가격보다 10~12% 정도 비싸다. 특히 아침 일찍 식사를 하고 싶으면 객실 내에 비치되어 있는 메뉴를 이용할 수 있다.

⑦ 객실의 냉장고와 미니바는 이용 후 비치되어 있는 계산서에 표시를 하고 체크아웃을 할 때 계산하면 된다.

⑧ 냉장고 안의 음료수는 Complementary라고 적혀 있는 것만이 호텔에서 무료로 제공해 주고 있다. 보통 물 1통에서 2통을 제공해 준다. 냉장고나 테이블 위에 있는 커피 또는 티는 지불 표시가 없다면 무료이다.

⑨ 객실 메이크업인 청소 서비스는 하루에 한 번씩 이루어진다. 만일 룸메이드로부터 방해를 받고 싶지 않다면 객실 문밖에 DD(DO NOT DISTURB) 카드를 걸어두면 된다.

⑩ 세탁이 필요한 경우는 객실에 있는 세탁 주문서에 필요 사항을 기입하고 지정된 비닐봉지에 세탁물을 넣어 두면 된다.

⑪ 호텔을 이용할 때에는 기본적으로 정장 차림이 원칙이다. 부득이 정장을 준비하지 못했을 경우에는 단정한 옷차림을 하는 것이 좋으며, 잠옷 차림으로 호텔 복도를 다니지 않도록

한다.

⑫ 벨맨, 룸서비스, 룸메이드 서비스 등을 이용한 경우는 1회당 미화 1달러 정도를 팁으로 건네는 것이 에티켓이다.

(3) 호텔 체크아웃

호텔 체크아웃(퇴숙) 이란 '투숙 고객이 객실 및 식사 등의 호텔을 사용하고 요금 계산을 마치고 키를 반납하는 것, 즉 객실을 비우는 것'을 의미한다. 체크아웃의 목적은 "고객이 숙박하는 동안에 발생된 미불 금액을 회수하거나 기타 다른 지불 방법을 결정하고 정확한 객실 회계 기록을 남겨서 고객으로 하여금 투숙 후 퇴숙을 할 때 마지막 좋은 인상을 창출시키고 고객이 퇴숙 후에 재투숙할 수 있도록 고객에 대한 신상 기록을 남겨놓는 일이다"라고 할 수 있다.

체크아웃 시간은 일반적으로 정오 12시 이전으로 정해져 있으나, 대부분 단체 관광객들은 오전에 일찍 체크아웃을 하는 경향이므로 전날 저녁에 체크아웃을 위한 짐 정리를 해두는 것이 잊고 나오는 일이 없도록 하는 현명한 대처일 것이다. 또한 일부 관광 단원이 체크아웃을 늦게 하여 동료 관광 단원들이 관광버스에서 계속 기다리게 하는 것은 다음 일정을 지체시키는 실례를 범하는 일이므로 관광통역안내사는 신속한 체크아웃이 이루어지도록 미리 주지시키는 것이 중요하다.

여행 단체의 호텔 체크아웃의 경우 객실비 및 조식 비용은 여행사에서 미리 계약하여 발행한 바우처(Voucher)에 사인을 하여 영수증을 주고받으면 되고, 관광 단원들은 개인적으로 이용한 전화료, 미니바 이용 비용, 유료 TV 이용료, 기타 서비스 비용을 호텔 프런트 캐쉬어에서 직접 지불한 후 객실 키를 반납하면 체크아웃이 완료된다.

체크아웃 후 아침식사, 간단한 외출 등을 위하여 개인 여행가방 등을 잠깐 맡기기를 원한다면 벨 데스크에서 짐표를 확인받고 보관(Baggage Keeping)하면 된다.

4) 관광지 안내

(1) 도보 투어 안내

도보 투어는 모든 여행 일정에 포함되어 있는 어쩔 수 없는 과정이며, 버스투어와 병행하여 진행되는 여행 방식으로 볼 수 있다. 걸어서 관광을 한다는 것은 관광자원이나 매력물들을 구석구석 직접 찾아가 아주 가까이서 오감을 즐겁게 할 수 있고, 특히 체험에 의한 실현의 즐거움을 경험할 수 있는 장점이 있다.

① **사전 숙지 사항:** 관광통역안내사는 여행 일정 중 도보 투어가 많이 포함되어 있으면 전날 미리 알려 주고 몸과 마음의 준비를 할 수 있도록 사전 숙지 사항을 전달할 필요가 있다. 관광 단원들이 전날 저녁에 과음이나 수면 부족이 없도록 유도하여 좋은 몸 상태를 유지하도록 해야 하며, 캐주얼한 복장과 굽이 높거나 딱딱하지 않은 편안한 신발을 준비하고, 계절이나 날씨에 따라 외투, 장갑, 모자, 선글라스 등 준비물을 챙길 수 있도록 해야 한다. 관광통역안내사는 전날이나 출발 당일에도 최신 일기예보에 민감하게 반응해야 하며, 변덕스런 날씨에 대비하지 못해 투어를 망치거나 관광 단원들을 실망시켜 낭패를 보는 일이 없도록 해야 한다.

도보 투어를 시작하기 전에 관광통역안내사는 관광 단원들을 한곳에 집합하도록 하여 그들의 몸 상태, 분위기, 준비물 등을 파악할 필요가 있다. 서로 간에 화합은 잘 되어 있는지, 기동성에는 문제가 없는지, 준비물은 잘 갖추고 있는지, 이동 중 마실 물은 지참하고 있는지 등을 점검한 후에 도보로 걷는 코스와 길이, 시간, 도로 상태, 난이도, 종료 지점과 시간을 정확히 주지시켜야 한다. 그리고 관광지의 안내 자료와 지도를 꼭 지참하게 하는 것도 현명하다.

② **이동 중 안내 요령:** 도보 관광이 시작되면 관광통역안내사는 몇 가지 원칙을 가지고 진행해야 하며, 모든 관광 단원들에게 공평한 안내와 해설이 제공될 수 있도록 배려해야 한다. 첫째, 핵심적인 관광자원이나 매력물에 도달했을 때는 전체가 모인 자리에서 관광지에 대한 대표적인 해설을 짧게 하고 보통의 느린 걸음으로 앞장서서 세부적인 장소를 안내한다. 최근에는 휴대용 소형 메가폰을 구입할 수 있어 대형 관광 단체를 야외에서 안내할 경우 이를 효과적으로 활용할 수도 있다. 둘째, 선두에서 너무 빨리 걸어 관광 단원들이 흩어지거나 길게 늘어서지 않도록 해야 한다. 셋째, 일부 관광 단원들과 개별적인 질문과 설명이 너무 길지 않도록 해야 한다. 이런 경우 개별적인 질문이 유익하고 전체가 알아야 할 내용이면 관광 단체를 한곳에 다 모이게 하여 전체를 대상으로 설명하는 것도 유용하다. 넷째, 이동 중에 화장실, 기념품 구입, 사진 촬영, 간이 휴식 등이 필요할 때는 이용 구역과 시간을 정확하게 주지시켜 다른 관광 단원의 시간을 빼앗어서는 안 된다.

③ **걷기가 불편한 경우:** 보통 관광통역안내사는 업무 자체가 걷기나 다름없으므로 관광 단체에서 걷는 데 가장 익숙하고 잘 걷는 사람일 경우가 많을 것이다. 관광 단원 중 몇 명은 빠르게 잘 걸을지 모르겠지만 대부분 사람들은 뒤처지면서 천천히 걸어오는 경향이 많다. 관광통역안내사는 항상 여행 일정 마무리에 대한 강박관념을 가지고 있으며, 때로는 다음 일정 때문에 마음이 조급해져서 자기도 모르게 평균보다 빨리 걸으려는 성향이 있다. 그러므로 관광통역안내사는 주기적으로 정지하여 나머지 사람들이 따라올 수 있도록 걸음 속도를 줄여 배려해 주는 것도 바람직하다.

만약 한두 명이 관광단과 뒤떨어진 경우 그렇게 늦게 걷는 것이 신체적 문제 때문인지 단순히 느리게 걷는 것인지를 확인해 보는 것이 필요하다. 습관적으로 느리게 걷는 경우라면 단체에서 이탈하지 않도록 기분 나쁘지 않게 자주 알려 주든지, 관광통역안내사의 안내와 해설을 듣지 않아도 상관없는지를 확인하여 고객이 편안하게 선택할 수 있도록 해드려야 한다. 연로하거나 건강 상태가 좋지 않은 경우는 활동을 많이 하지 않도록 짧은 코스를 개별로 둘러보고 출발 지점에서 휴식을 취하면서 남아 있도록 선택의 기회를 주어야 할 것이다. 걷는 데에 문제를 가지고 있는 사람들은 단체가 자기를 기다리지 않는 것을 더 좋아하며 개별로 천천히 사색이나 음미를 하면서 부담 없이 뒤따라가고 싶어 하기도 한다. 이때는 반드시 출발 시간과 장소를 알려 주고 늦지 않도록 배려와 주의를 주는 지혜가 필요하다.

④ **자유 시간 제공:** 관광통역안내사는 자유 시간을 잘 활용할 줄 알아야 한다. 너무 빽빽한 여행 일정에 대한 불편함을 줄일 수 있고, 관광통역안내사에게는 연속되는 안내 일정 중에 에너지 재충전을 위한 잠깐의 휴식을 취할 수 있기 때문이다. 관광 단원들에게는 한곳에서 자기만의 시간을 갖는다는 것은 더 많은 관심이나 호기심을 충족할 수 있는 좋은 기회이다.

자유 시간은 아무 때나 허용하는 것이 아니다. 관광 단체를 인솔하면서 설명하기 곤란한 재래시장, 시내 중심 쇼핑가, 축제나 이벤트 등이 진행 중인 혼잡한 곳 그리고 체험할 수 있는 장소에서는 개인적인 자유 시간을 적당히 부여하여 토착적인 경험을 갖도록 한다. 또한 관광지 내에서 관광 단원 각자의 기호에 따라 세부적인 관찰이나 설명이 필요한 곳, 즉 미술관, 기념관, 박물관, 정원, 기념비적인 건축물의 내부 등을 관람할 때는 역사나 배경, 디자인, 의미 등을 조용히 음미하면서 자기성찰을 할 수 있는 기회를 주는 것도 바람직하다. 자유 시간은 여행 일정에 정해져 있거나 그렇지 않은 경우에도 있지만 관광통역안내사가 어느 정도 조정할 재량권이 있으며, 가장 중요한 것은 자유 시간 후에 늦거나 이탈하는 단원이 없도록 관광통역안내사의 시계와 관광객들의 시계를 확인하여 집합 시간과 장소를 명확하게 주지시킬 필요가 있다.

⑤ **악천후 시 주의 사항:** 여행 일정 중 갑자기 비가 온다든지 눈이 내린다면, 피할 수 있는 현장에서의 즉각적인 대처뿐만 아니라 그 시간에 대한 대안이 필요할 것이다. 일기예보에 의해서 우산이나 우비를 준비하는 것은 기본이며, 기상 상태에 따라 관광지의 운영 여부도 확인해야 하며 여행 일정을 즉흥적으로 변경하여 관광 단원들이 실망하지 않도록 최선의 대안을 제시해야 한다. 한 가지 주의할 점은 관광통역안내사들이 일반적으로 생각하는 바와 다르게 외래 관광객들은 악천후라도 어느 정도 견디며 관광을 할 각오를 갖고 있기 때문에 너무 쉽게 관광 일정을 변경하거나 취소해서는 안 된다.

우천 시나 폭설, 폭염 등으로 인하여 여행 일정의 취소나 변경을 할 경우에는 관광 단체에게 충분한 설명과 이해를 구한 뒤에 즉각 본사에 연락해야 하며, 실내에서 즐길 수 있는 근거리에 위치한 미술관, 박물관, 실내 체험관, 쇼핑센터 등의 수배를 요청하거나 투어 컨덕터와 상의하여 현장에서 즉각적인 일정 변경을 시도하여 관광 단원들이 불안하거나 실망하지 않도록 현명한 조치를 취해 주어야 한다.

(2) 버스 투어 안내

우리나라에서는 관광버스만 타고 가면서 여행하는 순수한 버스 투어 상품은 없다. 관광지 간을 연결하는 이동 수단으로서 이동하는 동안 창밖에 보이는 관광자원이나 매력물들을 소개하거나 해설하는 정도를 버스 투어 개념으로 이해해야 한다. 버스가 이동하는 동안 잠깐의 시간 동안 앞과 좌우에서 보이는 광경이나 건물 등을 설명해야 하므로 운전기사는 관광 안내와 일치한 속도 조절, 교통 상황 및 도로에 대한 최신 정보 등을 관광통역안내사에게 제공해야 한다.

먼저 전세 관광버스는 정해진 장소와 시간에 정확하게 대기하여 관광 단체를 승차시켜야 한다. 관광버스가 정시에 나타나지 않으면 관광통역안내사를 가장 힘들게 하고 산뜻한 여행의 첫 출발을 망치는 원인이 될 수 있다. 관광버스가 출발하면 관광통역안내사는 먼저 운전기사 소개부터 실시하며 안전운행을 부탁한다. 운전기사의 종류에는 크게 세 가지가 있는데, 여행사에 소속된 운전기사, 차량을 소유한 지입제 운전기사, 가이드를 고용한 사업주 운전기사로 나누어 볼 수 있다. 내국인 관광을 제외하고 외국인 관광은 대부분 여행사 차량이나 지입제 차량을 이용하여 버스 투어를 실시한다. 따라서 가이드를 고용한 사업주 운전기사는 가이드에게 지시하는 위치에 있을 수 있고, 그 외에는 관광통역안내사가 지시하는 입장이 되는 것이지만 항상 부드럽게 부탁하고 배려하여 운전기사의 기분이 상하지 않도록 주의할 필요가 있다. 버스 투어 중 운전기사와 관광통역안내사는 상호 간 협력하는 동반자 관계이며, 운전기사는 또 하나의 보조자로서의 중요한 역할을 맡고 있는 것이다. 주의할 점은 운전기사와는 운행 중에는 가급적 대화를 하지 않는 것이 좋으며 그가 휴대전화를 사용하는 것은 관광객에게 불안감을 조성하는 행위임을 주지시킨다.

다음은 여행 일정 중 관광버스의 이동 구간 특성에 따른 버스 투어 안내 요령이다.

① 공항에서 투숙 호텔로 이동 시: 우리나라에 막 도착한 관광 단체를 공항에서 투숙 호텔로 이동시키는 동안에는 우리나라와 방문지의 역사, 지리, 문화 관습 등을 전반적으로 설명하는 편이 좋다. 그러면서 지나가는 도중에 중요하거나 돋보이는 장소, 건물, 광경 등이 보이면 여러분의 정면(on your front) 또는 오른쪽(on your right side), 왼쪽(on your left side)을 지시하면서 짧고 간략하게 설명한다. 가능한 빠른 속도로 호텔에 도착해야 하기 때문이다.

② 시내 이동 시: 특히 시내를 운행할 때는 미리 운전기사와 운행 코스를 협의하고 이동 중에 보이는 중요한 장소나 건물 등에 대한 설명 내용을 염두에 둔다. 또한 시내에서는 서행하는 경우가 많고 신호등에 의한 교통 지체 상황이 자주 발생하므로 짜증스럽지 않게 시티 투어를 하는 기분으로 주변의 다양한 볼거리들을 흥미롭게 안내하거나 설명하면서 이동할 수 있도록 한다.

③ 장거리 이동 시: 지방 관광을 위한 2시간 이상 장거리의 경우에는 적절한 휴식과 흥미로운 설명으로 버스 투어를 조화롭게 진행할 필요가 있다. 우선 방문지에 대한 비디오테이프를 준비하여 시각적으로 미리 접할 수 있도록 해 주어야 하며, 방문지에 대한 관심과 호기심을 불러일으킬 수 있는 배경 설명과 가벼운 레크리에이션 등을 실시하여 유쾌한 여행이 되도록 노력해야 한다. 장거리 이동 시 계속하여 안내를 할 수도 없고 주변의 경관에 대한 설명도 할 만한 것이 없을 경우를 대비하여 관광객들이 지루함을 느끼지 않도록 목적지와 관계된 영상물을 보여 준다든지 그와 관련된 화젯거리를 준비할 필요가 있다. 또한, 움직이는 차량 속에서 관광 단체가 관광통역안내사에게 집중할 수 있는 시간은 1회에 약 30~40분 정도이므로 관광 단원들이 집중이 떨어지고 있다고 판단되면 목적지에 도착하기 전까지 휴식을 취할 수 있도록 배려해야 한다.

(3) 야간 투어 안내

관광통역안내사는 본사의 여행안내 지시서와 공식적인 여행 일정표에 따른 안내 활동을 하고 있으나, 그들의 대부분 하루 여행 일정은 관광식당에서 저녁식사를 같이 하고 투숙 호텔에 모셔다 준 후에 일정이 마무리된다. 그러나 공식적인 야간 투어가 있는 경우는 저녁식사 후에 쇼 관람이나 야경 관광이 포함된 일정이므로 근무가 연장된다.

특히, 야간 활동은 안전상의 문제가 발생할 수 있으므로 관광통역안내사는 관광 단체의 안내와 보호를 위하여 동행하며 최선을 다할 수밖에 없다. 하지만, 저녁식사 전이나 후에 투어가 종료되면 곧바로 귀가하여 다음날의 여정을 위해 휴식을 취해야 하며, 투어 컨덕터나 일부 관광 단원들의 요구로 개인적인 사교를 한다면 편애한다는 오해를 살 수 있고, 다음날 몸 상태를 위해서도 주의해야 한다.

(4) 쇼핑 투어 안내

외래 관광객의 여행 일정에 빠질 수 없고 특별한 즐거움을 주는 것이 쇼핑이다. 여행사의 지시에 의하여 지정된 면세점이나 토산품점을 주로 이용하지만, 때로는 재래시장이나 백화점에서 자유롭게 쇼핑을 할 수도 있다. 따라서 기념품, 특산품, 식품 등 선호도가 높은 품목의 판매 장소와 재래시장, 벼룩시장 등 쇼핑 시설의 약도, 영업 시간, 휴일 등의 정보를 파악하고 있어야 한다.

관광통역안내사는 관광 단원들에게 쇼핑을 강요해서 안 되며, 개인적으로 알고 있는 특별한 장소로 안내하여 이미테이션이나 품질이 떨어지는 물건 구입을 알선해서도 안 된다. 또한 외국인 대상 사후 면세 제도의 환급 가능 조건, 환급 절차, 환급 가능 장소를 숙지하고 미리 알려 주어야 한다. 일반적으로 면세점에서 구입한 제품은 구입 장소에서 반출할 수 없어 출국 시 지정된 공항 면세 구역에서 찾아야 하므로 너무 늦지 않게 공항에 도착해야 한다.

참고로 외국인을 위한 면세 제도에는 사전 면세 제도와 사후 면세 제도가 있다. 사전 면세 제도는 물품 구입 시 세금이 이미 면세되어 있는 제도로서 보세 판매장과 관광기념품 판매장이 있으며, 사후 면세 제도는 물품 구입 시 세금이 포함된 가격으로 구입하고 사후에 환급받는 제도로서 사후 면세 판매장이 이에 해당한다.

① 환급 대상 및 조건

i) 부가가치세는 타국으로 수출 시에는 부가되지 않으므로 외국인 관광객 및 해외 교포가 구매품을 소지하고 출국하는 경우

ii) 'Tax Free Shopping'이라는 로고가 표시된 상점에서 3만 원 이상의 상품을 구입하는 경우

② 환급 절차

i) 'Tax Free Shopping'이라는 로고가 붙어 있는 가맹점에서 쇼핑을 한다.

ii) 계산 시에 가맹점으로부터 'Korean Refund Check'(물품 판매 확인서)를 받는다.

iii) 출국 시 세관에 물건과 영수증을 보여 주고 반출 확인 도장을 받는다.

iv) 인천공항의 경우 3층 출국장 내에 있는 글로벌 리펀드 창구에 반출 확인 스탬프를 받은 '물품 판매 확인서'를 제출 후 부가세를 환급받는다.

※ 쇼핑 안내 시 유의 사항(윤세환 외, 2007)

① 쇼핑은 관광객들의 의사를 존중하고, 그들의 요구가 없는 한 물품 구입에 관한 상담에 관여해서는 안 된다.

② 관광객이 사고자 하는 물품에 관하여 문의를 해 왔을 때는 가능하면 긍정적인 대답을 해 주며 상품의 효용성이나 가치도 설명하여 구매 의욕을 돋우어 준다.

③ 상품의 품질과 가격을 신용할 수 있는 공신력 있는 점포에 안내를 하되, 이권이 개입된 인상이나 쇼핑을 부추기는 언행은 삼간다.

④ 입국한 첫날부터 언제쯤에 가격과 품질이 우수한 업소를 방문할 것이라는 언질을 주어 잡상인이나 숙박업소 내의 아케이드 등에서 미리 물건을 사지 않도록 환기시켜 주는 것도 좋은 방법이다.

(5) 선택 관광 안내

선택 관광은 공식 여행 일정이 비어 있는 시간이나 주로 저녁 시간에 이루어진다. 주로 쇼, 공연, 야경, 유람선, 나이트클럽, 카지노 등이 포함되며 가이드의 안내에 의해 진행된다. 여행사뿐만 아니라 관광통역안내사에게도 선택 관광 상품은 많이 판매할수록 추가 수익이 발생하고 관광객의 부족한 욕구를 충족시킬 수 있는 유익한 상품이지만 강매에 의한 불평(complain), 손해배상 요구(claim) 등의 소지가 많으므로 적절한 상황 판단이 요구된다.

※ 선택 관광 유의 사항(윤세환 외, 2007)

① 일정을 자세히 점검하여 시간적으로 가능한 상품을 판매 · 수배 부서와 상의하여 충분히 검토한 후 판매하여야 한다.
② 사전에 인솔자에게 선택 상품을 제시하여 양해를 구하고 협조 하에 판매하도록 한다.
③ 관광객이 모두 함께한 자리에서 상품의 내용과 소요 시간, 판매 가격, 교통편, 위치 등을 설명하고 판매를 하여야 하므로 이동 중인 버스 안이 선택 관광 상품의 판매 장소로는 가장 무난하다.
④ 참가 희망 관광객의 확정된 인원수를 수배 부서에 연락하여 수배한다.
⑤ 시간적으로 촉박하거나 본사와의 연락 체계에 문제가 있어 안내원이 직접 수배를 하였을 경우 이를 즉시 본사에 연락하여야 한다.
⑥ 선택 관광의 그룹이 분리되는 경우에는 본사에 연락하여 안내원이나 다른 필요한 부분들을 지원받도록 한다.
⑦ 관광객들이 요구하여 이루어지는 특별한 상품의 선택 관광은 본사에 연락하여 요금이나 기타 제반 사안들을 검토하여 처리한다.
⑧ 수입 증대도 좋지만 강매하는 인상을 관광객들에게 주지 않도록 세심한 배려가 필요하다.

5) 관광식당 안내

(1) 투숙 호텔 식당 안내

대부분의 특급 호텔이나 관광호텔에서는 양식, 한식, 중식, 일식, 뷔페 등을 제공하고 있으나, 최근에는 안타깝게 한식당이 사라지는 추세이며 국적별 요리의 인기나 수익성에 따라 식당을 제한하여 운영하고 있다. 일반적으로 외래 관광 단체들은 호텔에서 조식을 이용하고 중식이나 석식은 여행 코스 중이나 완료된 후에 외부 관광식당을 이용한 후 호텔로 귀가하는 형식을 취한다. 외부 관광식당을 이용하는 이유는 호텔에서의 식사 요금이 일반적으로 2~3배 비싸기 때문이며 체재 기간 동안 매일 호텔 식당을 이용하기에는 큰 부담이 따른다는 점이다.

어쨌든 투숙 호텔에 도착하면 관광통역안내사는 식당 종류와 이용 가격, 위치, 영업 시간 등 자세한 내용을 고지해 줄 필요가 있으며, 여행 조건에 포함되어 있는 호텔 내 식사 이용 방법을 설명해 주어야 한다. 호텔에서의 조식은 일반적으로 호텔 커피숍이나 뷔페 레스토랑을 이용하게 되어 있으며, 여행사에서 미리 구입하여 나눠준 조식 쿠폰을 제시한 후 좌석을 안내받아 정해진 시간 내에 관광 단원 스스로 식사를 마쳐야 한다. 하지만 석식의 경우는 관광통역안내사가 레스토랑에 단체 좌석 세팅을 지시하고 관광 단원들의 식사를 보조하면서 특히, 주류나 음료에 대한 주문을 여행 조건에 맞게 조정을 해야 한다.

(2) 투숙 호텔 주변 식당 안내

당일의 여행 일정이 마무리되면 관광 단원들은 자유 시간을 갖게 된다. 자유 시간에는 먹을 거리를 위해 시내 중심가나 호텔 주변 번화가의 특색 있는 식당에 들르기를 좋아하므로 관광통역안내사는 주요 지역의 음식점을 한식, 양식, 중식, 일식, 공연 식당 등으로 분류해 파일에 정리할 필요가 있고, 주변 약도나 지도를 확보하여 외국인들이 애용하는 식당을 쉽게 찾아가는 방법을 알려 주어야 한다. 또한 외국인 관광객의 국적별 선호하는 음식을 중심으로 정보를 파악하여 음식점 추천 시 전통, 맛, 서비스, 분위기 등 각 음식점의 특징을 들어 관광객의 선택을 도와주어야 한다.

(3) 한식당 안내

호텔 내 한식당이나 일반 관광식당에서 한식을 이용할 경우 관광통역안내사는 먹는 방법이나 테이블 매너에 대하여 세심하게 안내해 줄 필요가 있다. 한식을 체험하는 것도 일종의 관광이므로 식사 종류에 따라 관광통역안내사의 안내와 설명이 필요한 것이다. 일본과 중국 이외의 관광객들은 비빔밥 먹는 법, 불고기 먹는 법, 김치의 종류와 효능, 쌈하는 방법, 젓가락 사용법, 온돌에 좌정하는 법 등을 모르기 때문에 한식에 대한 독특한 경험을 즐겁고 맛있는 것으로 기억할 수 있도록 세심한 설명과 주의를 기울여야 한다.

관광통역안내사들에게 한식이라고 하면 한정식, 불고기, 비빔밥 등을 떠올리겠지만, 다음과 같은 한식의 기본적인 상차림 및 조리법에 대해서 알고 있을 필요가 있다.

반상은 밥상과 같은 뜻으로 밥과 여기에 알맞은 반찬을 장만하여 상을 차린다는 뜻이다. 술에 안주를 곁들여서 차리면 술상이 되는 것과 같다. 반상의 기본적인 음식은 조리법 중심으로 격식이 정해져 있다. 또 그 찬의 수에 따라서 반상의 첩 수가 정해진다. 수라상은 십이 첩 반상, 사대부집 또는 양반집은 구첩반상을 최고의 상차림으로 했다. 구 첩 이하는 보통 홀수로

하여 칠 첩, 오 첩, 삼 첩 등으로 첩 수를 정하였는데 홀수는 양수(陽數)라 하여 발생(發生), 장성(長成)의 뜻을 가지고 있어 길수(吉數)로 여겼기 때문이다. 첩은 접시 또는 쟁첩이라는 뜻이며, 반찬은 주로 쟁첩에 담고, 쟁첩의 수효에 따라 반상의 이름이 정해진다.

식단 작성은 기본 음식과 찬품으로 나누고 조리법별로 겹치지 않게 한다. 기본 음식은 ① 밥 ② 국 또는 탕 ③ 찌개 또는 조치 ④ 찜 또는 선 ⑤ 전골 ⑥ 김치 ⑦ 장종지(맑은 간장 · 초장 · 초고추장 · 젓국 등 먹는 사람이 간을 맞추는 데 쓸 것들) 등이고, 찬품은 ① 편육 또는 수육[熟肉], ② 전유어 ③ 회 ④ 달걀 ⑤ 조림 또는 볶음 ⑥ 구이 ⑦ 나물(숙채) ⑧ 생채(生菜) 또는 겉절이 ⑨ 장아찌 또는 장과 ⑩ 젓갈 ⑪ 자반[佐飯] 또는 마른 찬류 등이다.

6) 공항 센딩

(1) 항공 예약의 재확인

국제 항공편의 경우 일반적으로 출발 72시간 전에 예약 재확인을 하도록 되어 있다. 따라서 관광통역안내사는 본사에 반드시 예약 재확인을 하도록 한다.

(2) 수화물 정리 및 전달 사항

관광통역안내사는 떠나기 바로 전날 저녁 관광 단원들에게 그들의 수하물을 미리 정리하도록 알려 준다. 당일 날 수하물을 정리하게 되면 생각보다 많은 시간이 걸리게 되어 집합 시간에 늦거나 혹은 급하게 나오면서 수하물 중의 일부를 호텔에 놓고 나오는 경우가 종종 있기 때문이다.

끝으로 관광통역안내사는 출국 날의 일정에 대하여 간략히 설명하고 집결 장소 및 시간 등을 강조하여 알려 주도록 한다. 아울러 간단한 주의 사항과 함께 여유 있는 체크아웃 실시 등의 협조를 부탁한다.

(3) 수화물 집결

대개 호텔 출발 1시간 이전에 여행객들이 객실 문 바깥에 각자의 수하물을 놓게 되면 호텔 측에서 이 수하물을 모아서 운송 차량이 도착할 때까지 로비의 지정된 곳에 보관하게 된다. 이를 수하물 집결이라 한다. 물론 소형 관광 단체인 경우에는 관광 단원들이 직접 여행 가방을 운반하여 프런트 데스크에서 체크아웃을 완료한 후에 직접 전세 관광버스로 가지고 오면 운전기사가 트렁크나 내부에 적재를 한다. 대체적으로 국가별 차이가 있지만 주로 대형 호텔이나 절차가 복잡한 호텔의 경우는 여행객들이 직접 그들의 수하물들을 가지고 내려오는 것이 오히려 더 나은 경우가 많다. 따라서 관광통역안내사는 투숙 호텔의 상황에 따라 가장 합리적인 방식을 취하는 것이 좋다.

(4) 호텔 체크아웃 진행

우선 투숙 호텔의 프런트 데스크에 가서 체크아웃 담당 직원에게 객실 열쇠를 넘겨주면서 체크아웃을 요청한다. 대형 호텔에 있어서는 체크아웃 담당 직원이 따로 있으나, 소형 호텔에 있어서는 주로 프런트 캐쉬어가 이를 대행하고 있다.

체크아웃은 앞에서 언급했듯이 호텔 객실을 사용하고 떠날 때 하는 수속으로서 객실 열쇠의 반납과 함께 제반 사용 경비를 지불함으로써 이에 대한 수속은 대개 마무리 짓는다. 패키지투어를 이용한 단체 관광객들의 경우에는 일반적으로 객실료 및 식사료는 현지 여행사에서 지불하도록 되어 있어 개인들 각자의 이용 경비만 지불하면 되는 것이다. 그리고 체크아웃 시 주의할 사항으로 경비 청구서 상의 청구 금액이 틀린 경우가 종종 있으므로 반드시 자신의 사용 금액과 맞는지 확인한 후에 지불하는 것이 바람직하다. 아울러 금속성 키는 분실할 경우 호텔 측에 변상해야 한다는 것도 알아두어야 할 것이다. 마지막으로 호텔을 나오기 전에 각자의 여권이나 소지품을 다시 한 번 점검하여 호텔에 두고 가는 사태가 발생하지 않도록 주의를 준다.

(5) 호텔 체크아웃 후의 점검 사항

호텔 체크아웃이 끝나고 집결 시간이 되면 관광통역안내사와 투어 컨덕터는 인원 파악과 함께 반드시 수하물의 개수를 확인해야 한다. 이때 투어 컨덕터가 갖고 있는 여분의 수하물 꼬리표를 가지고 미부착 수하물에 붙이도록 한다. 그리고 여행객들로 하여금 각자의 수하물들을 버스에 싣기 전에 반드시 스스로 확인하도록 주지시킨다.

마지막으로 버스가 출발하기 전에 인솔 여행객들이 호텔 내에 귀중품을 놓고 나왔는지 다시 한 번 생각할 기회를 준다. 특히 호텔 내의 귀중품 보관함이나 서랍 안에 두고 나오는 경우가 많으므로 이를 강조하여 언급하도록 한다.

(6) 공항으로 이동 중 업무

버스에 탑승한 후 우선 관광 단원들이 호텔 내에 잊어버린 물건들이 없는지 다시 한 번 상기시키고 아울러 객실 열쇠도 반납했는지를 확인한다. 그리고 버스가 공항에 도착하는 시간과 수속 시간, 출발 항공편명, 출발 시간 등을 간략하게 알려 주면서 시내 면세점에서 구입한 화장품, 전자제품, 술, 담배 등과 같은 면세용품을 출국 수속 후 공항 내의 해당 면세점에서 잊지 말고 찾을 수 있도록 상기시켜 준다.

관광통역안내사는 관광 단원들에게 다시 한 번 그동안의 협조와 이해에 대하여 감사의 말을 전하면서 아울러 여행 기간 동안 수고해 준 운전기사에게 고마움을 표시하고 여행객들로 하여금 박수를 유도한다. 끝으로 공항에 도착하면 버스 하차 시 반드시 인원 파악과 함께 여행객 자신들의 수하물을 반드시 재확인하도록 한다.

(7) 공항 출국 수속 업무

출국 시 공항에는 항공기 출발 시간 2시간 전에는 도착해야 한다. 공항에 도착하게 되면 관광통역안내사는 투어 컨덕터와 함께 여행객들로부터 여권을 회수하고 투어 컨덕터가 소지한 관광 단체의 항공권을 인계받아 해당 항공사의 수속 창구로 가서 항공 수속을 행하도록 한다. 이때 관광 단원들은 본인들의 수화물을 항공사의 지정 카운터 앞에 정렬시켜 놓은 후 수속 카운터 부근의 의자에 대기하도록 하는 것이 수화물 내용물의 이상 유무 확인 등을 위해 바람직하다.

(8) 여권 및 탑승권의 배포

항공 수속이 끝나면 관광 단원들을 집결시켜 놓고 그들의 여권 및 탑승권 등을 나누어 준다. 참고로 방문국의 출국신고서는 대개 입국시 입국신고서만 뜯어내고 여권에 다시 끼워 주는 경우가 많으므로, 이것이 여권에서 빠지지 않도록 주의시킨다. 다음은 출국 수속의 과정 및 항공기 탑승에 따른 주의 사항을 간략히 알려 준다. 아울러 탑승할 게이트 넘버 및 탑승 시간을 확실히 기억하도록 반복하여 말해 준다. 아울러 관광통역안내사는 관광 단원들에게 방문국에서 쓰다 남은 현지 화폐를 공항 내 환전소에서 교환할 수 있도록 시간을 주는 것도 바람직하다.

(9) 작별 인사

관광통역안내사의 여행안내 일정 종료는 출국장 입구에서 그동안 정들고 아쉬움도 많았던 관광 단원들과의 환송 시간이다. 헤어짐을 아쉬워하고 재방문을 약속하며 깔끔하게 작별 인사를 나누는 것이다.

※ 항공기 연착 및 지연 시의 조치(윤세환 외, 2007)

① 인솔자에게 사실을 알리고 상황에 대처할 다른 수배를 관광객에게 전달할 방법을 협의한다.

② 단체가 귀국하는 것이 아니라 제3국으로 여행을 계속하는 경우에는 다음 목적지의 호텔이나 여행사에 항공기의 지연(delay)에 관한 연락 여부와 수배 사항의 변경을 요하는 것이 있는가를 알아본다.

③ 연발하는 시간을 이용해서 다른 관광을 하고자 할 때, 또한 연발하는 동안의 숙박이나 식사 등에 관해서 항공사가 비용을 어디까지 부담하는가를 확인한다.

④ 출발이 곧 가능하다면 확정된 출발 시간을 정확히 확인한다.

⑤ 관광객이 가족이나 호텔에 연발에 관한 메시지를 전달해 주기를 희망할 경우 정확히 전해 주어야 한다. 항공사는 이와 같은 전보나 연락을 즉시 서비스해 준다.

⑥ 일이 완전히 해결될 때까지 안내원은 인솔자와 함께 있도록 한다.

7) 행사 보고 및 정산

(1) 안내 보고서 작성

인바운드 여행사는 안내 보고서 양식을 지정하여 보관, 관리하고 있으며, 관광통역안내사가 단체를 배정받아 업무를 시작할 때 사용할 수 있도록 배부한다. 안내 보고서는 여행사의 해당 패키지 상품의 내용을 유지 및 개선하는 데 도움을 주며, 관광통역안내사가 행사 안내 지시서대로 업무를 수행했는지를 통제하는 기능도 갖고 있다. 따라서 관광통역안내사는 여행 일정이 시작되면 매일매일 안내 보고서를 일지 형식으로 작성하여 기록을 유지하는 습관을 가져야 한다. 여행이 종료되고 한꺼번에 작성하려고 하면 세부적인 기억을 떠올리는 데 어려움이 따르므로 생생한 기록을 남기기가 쉽지 않다.

대체적으로 안내 일지에 포함되어야 할 내용들은 당일 진행된 여행 코스, 관광 단체의 특이성, 여행 조건 외의 요구 사항, 호텔, 식당, 쇼핑센터, 관광버스 상태, 운전기사 서비스 마인드, 새로운 관광지 정보, 변경 사항들, 이동 거리 및 교통 상황 등이며, 이런 현장 정보들은 다음 행사에 피드백하거나 패키지 상품 개발에 참고하여 더 나은 관광 안내 서비스를 제공하는 데 많은 기여를 할 것이다.

※ 안내 보고서 작성 시 유의 사항(윤세환 외, 2007)

① 안내 보고서는 재판매나 확대 판매를 위한 중요한 참고 자료가 되므로 핵심적인 요소를 중심으로 기록한다.

② 안내 보고서의 내용과 정산서의 내용은 항상 일치하여야 한다.

③ 행사의 진행이 잘된 부분보다 잘못된 부분에 대하여 더욱 상세히 기술하고, 필요한 경우에는 요인을 분석하여 시정 방안까지 건의한다.

④ 인솔자의 특성이나 관광객 가운데 앞으로의 판매에 유익한 사람이 있을 때에는 특별히 기록한다.

⑤ 판매 부서에서 해외여행 업자에게 통보하는 단체 취급 결과 통보의 기초 자료이기 때문에 내용이 과장되거나 누락되어서는 안 된다.

⑥ 한 단체에 두 사람 이상의 안내원이 있을 때에는 수석 안내원이 작성하여 제출한다.

(2) 영수증 및 각종 확인서 정리

관광통역안내사의 업무 중 가장 민감하고 철저하게 관리해야 하는 것이 현금과 각종 영수증들이다. 여행 일정을 진행하다 보면 크고 작은 많은 비용이 발생하는데 때로는 여행사에서 미리 계약한 쿠폰이나 바우처를 사용하기도 하고, 현금 또는 신용 카드를 이용하여 비용을 지불한다. 비용 지불을 완료하면 모든 종류의 영수증, 확인서, 명세서 등은 꼬박꼬박 챙기고 기록하여 행사 후 정산하는 데 혼란이 없도록 체계적인 관리가 필요하다. 또한 신용 카드나 보유 현금은 잘 보관하여 분실에 따른 피해가 없도록 각별히 신경 써야 한다. 따라서 관광통역안내사는 간편하면서 이용하기 쉽도록 현금이나 영수증 및 간단한 서류를 보관할 수 있는 여행용 파우치 벨트를 준비하여 착용할 필요가 있다.

(3) 정산서 작성

관광통역안내사의 마지막 업무는 여행 일정을 완료한 관광 단체에 대한 정산서를 작성하여 여행안내 결과 보고 및 수익과 비용에 대한 결산을 마무리 짓는 것이다. 관광통역안내사가 알선한 선택 관광이나 쇼핑 등에서 발생한 수익과 모든 비용은 행사 완료 즉시 확인하여 정산서에 반영해야 한다. 정산서는 앞에서 언급한 여행 일자별 안내 일지와 체계적으로 보관한 영수증 및 각종 서류의 원본들을 참고하여 여행사 양식에 맞게 작성한 후 그것들을 증빙 자료로 첨부하여 제출한다. 여행사의 담당은 정산서를 검토하여 여행 일정과 조건에 맞게 진행을 했는지, 비용은 제대로 처리했는지를 심사하여 이상이 없으면 결재하여 완료한다.

※ 정산서 작성 시 유의 사항(윤세환 외, 2007)
① 전도금에 대한 사용 명세를 정확하게 기입하고 일자별로 영수증을 정리하여 첨부한다.
② 일정 금액 이상의 영수증은 신용 카드나 금전등록기 발행의 영수증 등 신빙성이 있는 것이어야 하며, 영수증을 수취할 수 없는 품목에 대해서는 회사 소정의 지불증 용지를 사용한다.
③ 지상 요금 또는 선택 관광비로 징수한 외화는 즉시 입금 조치하고 만약에 원화로 입금할 때에는 외환 증명이나 그에 상당하는 사유서를 첨부한다.
④ 후불 확인서를 단체의 인솔자로부터 수취하였을 경우 청구서 발행에 지장이 없도록 즉각 관리 부서에 인계한다.
⑤ 행사 진행 중 안내원이 서명/날인한 거래 업소의 후불 금액은 날짜별, 해당 업소별로 정확하게 표기한다.
⑥ 전도금의 과부족으로 인한 입금이나 영수 시, 또는 지상비 등의 입금 시는 반드시 관계 취급 직원의 확인을 받아두어야 한다.

6. 의료관광객 특성별 안내 방법

1) 고령자 및 거동 불편자

관광 단원들이 고령자들로 구성되었거나 몇 사람이 고령자일 경우 관광통역안내사는 나이와 건강 상태를 세심하게 배려하여 안내나 설명을 해야 한다. 또한 모든 고령의 관광객들이 똑같이 특별한 조치를 원하는 것은 아니라는 사실도 명심하면서 다음 사항들을 유의하여 오해가 없도록 대할 필요가 있다.

(1) 항상 예의 바르게 대한다

고령자라는 이유로 다른 관광 단원들과 차별을 두어 특별하게 우대할 필요는 없으나, 항상 예의 바르게 대하는 것은 동서고금을 막론하고 어른에 대한 기본적인 태도일 것이다.

(2) 잘 듣지 못하는 점을 고려한다

6.25 참전용사들(Veterans)의 방한 관광 단체와 같이 나이가 많은 관광객들의 경우 특별한 보살핌이 필요하다. 그들은 잘 듣지 못한다는 가정 하에 버스투어 시에는 마이크를 사용하여 또렷하고 분명한 목소리로 천천히 설명하는 것이 효과적이다. 그리고 도보 투어 시에는 반드시 휴대용 메가폰을 사용하여 안내하면 알아듣고 이해하는 데 많은 도움이 된다.

(3) 특별한 도움이 필요한지를 물어본다

해외여행을 할 수 있는 고령자들은 독립심과 의지력이 강한 성향이 있으므로 무조건 노약자 취급하다간 불미스런 감정을 일으켜 곤란한 상황을 맞이할 수도 있다. 문제가 있어 보일 때 특별한 도움이 필요한지 물어본 후에 도와주어도 늦지 않다.

(4) 대화가 천천히 진행되는 것에 대해 인내심을 가져라

대부분 고령자들은 묻거나 대답할 때 느리거나 불규칙한 속도로 말을 하는 경향이 있다. 끝까지 들어주고 정확한 답변을 해 줄 필요가 있다.

(5) 뚜렷한 입 모양으로 상대를 정면으로 응시하며 말한다

고령자들은 경륜이 있으므로 혹시 잘 듣지 못할지라도 상대방의 말하는 입 모양을 보면서 보다 잘 이해하는 경향이 있다. 부드러운 표정으로 상대를 정면으로 응시하면서 뚜렷한 입 모양으로 대화하면 효과적이다.

(6) 필요하다면 질문과 답변을 반복하거나 쉽게 풀어서 말한다

조금은 답답할지라도 상대방이 완전히 이해를 못한다고 느낄 때는 질문과 답변을 2회 정도씩 반복하여 쉬운 단어를 사용하여 풀어서 말하면 좋다.

(7) 간단하고 분명하게 설명한다

고령자들은 복잡한 기능을 싫어한다. 마찬가지로 안내와 설명에 있어서도 간단하고 분명한 어법을 사용하도록 노력해야 한다. 또한 사고, 선천적 마비, 질병 등으로 거동이 불편한 관광객들을 안내하는 경우도 고령자와 마찬가지로 대처할 필요가 있으나 다음 항의 몇 가지만 추가적으로 참고하면 좋다.

(8) 기타 유의 사항

① 신체에 장애가 있는 것으로 보이면 먼저 도움을 제의한다.

② 관광객의 허락 없이 신체에 손을 대거나 도움을 주려고 해서는 안 된다.

③ 신체장애우를 정신장애우로 봐서는 안 된다.

④ 혹시 장시간 휠체어 장애우와 이야기할 때는 앉아서 같은 눈높이로 대화하도록 한다.

2) 시각 장애우

시각 장애우는 선천적인 원인도 있지만 성장하면서 삶의 과정 중에 시력이 저하되거나 결국 상실하는 경우도 많다. 후자의 경우는 약간의 시력이 남아 있을 수도 있어 높은 도수의 안경이나 콘택트 렌즈를 착용한다. 시각 장애우는 완전히 시력을 상실한 전맹과 일부 시력을 가지고 있는 약시로 나누어지는데, 도움이 필요한지 정확히 아는 것이 필요하며, 특히 약시자는 그의 시력이나 보이는 정도를 정확히 알아 그에 따라 적절한 도움을 주어야 한다. 시각 장애우들은 시력의 교정을 위해서 안경을 착용하기도 하며, 빛에 대한 감각을 느끼기 위해서 색깔 있는 렌즈(안경)를 착용하기도 한다.

대부분의 사람들은 어떤 일이 일어났을 때 다른 사람을 도와주기를 좋아한다. 그러나 이와 같이 다른 사람을 잘 도와주던 사람도 시각 장애우를 도와주는 것에 대해서는 망설이기도 한다. 시각 장애인을 돕는 가장 좋은 방법은 현재 처해 있는 상황과 관련된 정보를 제공해 주는 것이다. 주저하지 말고 간단한 정보를 알려 준다. 언제 어느 상황이든지 이 방법이 가장 좋다. 그러나 도움을 줄 때는 항상 도움이 필요한지를 먼저 물어본다. 만일 도움을 주어야 한다면, 어떤 행동을 하기 전에 무엇을 해야 하는지를 확실하게 이해해야 한다.

따라서 시각 장애우들은 특수 기계나 지팡이, 안내견, 보호자 등의 도움을 받아 생활하며 여행도 마찬가지로 여러 형태의 도움이 필요하다. 시각 장애우가 있는 관광 단체는 거의 없는 편이지만 혹시 있더라도 시각 장애우를 보조하는 보호자가 동반되므로 큰 문제는 없으나 다음과 같은 사항들만 유의하면 무난히 대처할 수 있을 것이다.

(1) 구체적, 시각적으로 설명하라

관광통역안내사는 관광자원이나 위치를 설명할 때 좀 더 구체적으로 말하되 평상시 어조로 말하고, '보다'라는 단어를 사용할 때 너무 조심할 필요는 없다. 시각 장애우들은 주변을 시각적으로 색채를 더하여 설명하거나 오감을 활용하여 설명하면 보다 생생하게 느끼며 경험할 수 있다고 한다. 그리고 설명할 때는 음성을 높일 필요가 없으며 다른 관광객들에게 말하는 정도로 대하는 것이 좋다.

(2) 항상 짐작하고 느낄 수 있도록 해 주어라

잠시라도 시각 장애우 곁을 떠날 때는 꼭 말을 해 주거나 언제쯤 돌아오겠다는 말을 해 주어야 한다.

(3) 인솔의 도움을 요구하면 팔을 붙잡게 하라

관광통역안내사에게 인솔을 요구한 경우에는 관광통역안내사의 팔을 붙잡게 하고 약간 뒤에서 걸을 수 있게 해야 한다. 이때 중요한 것은 시각 장애우가 예측할 수 있도록 지면 상태, 요철 지대, 기타 장애물 등 전방에 대한 도로 사정을 정확하게 알려 주면 안정된 보행을 할 수 있다.

(4) 가능한 만져볼 수 있는 기회를 주어라

시각 장애우들은 청각과 촉각이 매우 발달되어 있으므로 관광지에서 어떤 매력물이나 물품을 만져 볼 수 있는지 없는지를 사전에 잘 파악하여 가능한 그들로 하여금 만져 보면서 마음속으로 그리며, 느끼며 경험할 수 있도록 배려하는 자세가 필요하다.

(5) 모든 관광 단원을 평등하게 대하라

특히 정상적인 다른 관광 단원들과 함께 있다면 그들과 동일하게 친절하고 열린 마음으로 대해야 한다.

3) 청각 장애우

오늘날 청각 장애를 갖고 있는 사람들이 점차 증가하고 있다. 청각 장애는 듣는 정도에 따른 분류, 발생 시기에 따른 분류, 장애 부위에 따른 분류 등 여러 가지 방법으로 분류할 수 있으나, WHO(세계보건기구)의 국제 장애 기준에 의한 듣는 정도인 청력(dB, 데시벨)에 따르면 0～25(정상), 26～40(경도 난청), 41～55(중등도 난청), 56～70(중등고도 난청), 71～90(고도 난청), 91 이상(농)으로 구분한다. 따라서 관광 단원들의 청각에 대한 경증, 중증 등의 사전에 정보가 없다면 그들의 듣는 상태를 구분하기는 매우 곤란하다. 따라서 관광통역안내사는 뚜렷한 청각 장애인을 제외하고는 여러 가지 징후를 참고하여 관광객 중 청각에 문제가 있는 사람들을 잘 파악하여 대처할 필요가 있다. 다행히 청각 장애우는 관광을 하는 데 있어서 큰 불편한 점은 없다. 관광할 때 그들 스스로 청각에 대한 장애를 극복하는 간단한 방법들을 숙지하고 감안하기 때문이다. 관광지에 대한 가이드북이나 기타 자료들에 대한 지식과 정보를 사전에 숙지할 수 있고, 보청기 등의 기기에 의존하여 관광통역안내사의 안내나 설명, 또는 말하는 사람의 표정이나 입 모양을 참고하여 어느 정도 이해할 수 있으므로 관광통역안내사는 다음과 같은 내용을 참고할 필요가 있을 것이다.

(1) 청각 장애우와 얼굴을 맞대고 가능하면 눈을 바라보면서 이야기한다

청각 장애우들은 가능한 말하는 사람의 표정과 입 모양을 보고 설명하는 것을 이해하거나 느끼므로 관광통역안내사는 가능하면 그들과 얼굴을 가까이하여 눈을 직시하면서 이야기하는 것이 좋다.

(2) 걷는 동안이나 등이 돌려진 상태에서는 가능한 말하지 않는다

걸으면서 말을 하게 되면 음량도 불규칙하고 입이 보이지 않기 때문에 안내하거나 지시를 할 경우에는 가능한 정지하여 설명한다.

(3) 분명하게 말하되 빨리 말하지 말고, 항상 반복 설명할 준비를 하라

청각 장애를 판단하는 기준은 어떤 관광 단원이 여러 번 질문하거나 말 귀를 못 알아듣는다고 생각했을 때이다. 이런 경우는 분명하고 또렷하게 말하되 반복해서 말할 준비를 하고 있어야 한다.

(4) 너무 큰소리로 말하지 않으며 정상적인 어조로 말한다

평소와 다르지 않은 정상적인 어조로 센스 있게 대하는 자세는 다른 관광 단원들이 함께하고 있으므로 단원들에 대한 배려일 수도 있고 청각 장애우에 대한 인격적 존중의 의미가 있다.

(5) 항상 밝은 곳에서 입 모양을 분명하게 말해야 입술로 이해할 수 있다

쉽지 않겠지만 청각 장애가 있다고 생각한 단원들과의 대화는 입 모양을 분명하게 하여 입술의 움직임이 중요한 커뮤니케이션 역할을 하고 있다는 의식을 하면서 설명하는 습관이 필요하다.

(6) 필요하면 글을 써서 알려 준다

도저히 이해를 할 수 없고 아주 중요한 사실을 설명할 경우는 간략하게 글을 써서 알려 주는 배려가 필요하다.

(7) 속어나 전문 용어는 피한다

이해하기 어려운 속어나 전문 용어는 피한다.

(8) 표현을 명확하게 하기 위해 제스처를 적절히 사용한다

입 모양뿐만 아니라 얼굴 표정과 제스처를 적절히 사용하면 이해도를 한층 더 높일 수 있다.

(9) 그림이나 지도, 기타 간행물이 도움이 되면 사용한다

기본적으로 관광지, 관광자원, 매력물, 지도, 쇼핑 아이템 등에 대한 자세한 그림이나 설명이 나와 있는 안내 자료나 간행물들을 챙겨 이해를 도와주는 것이 필요하다.

4) 대화 독점형 관광객

관광 단체를 리드하며 그들을 만족시키고 감동시키기는 쉽지 않다. 관광통역안내사의 능력뿐만 아니라 주어진 환경과 관광 단원들의 각기 다른 성향으로 인하여 객관적이든 주관적이든 판단에 영향을 주는 요인들이 다양하기 때문이다. 따라서 관광통역안내사는 모든 관광 단원들을 최대한 만족시키는 것이 목표이므로 일부 특성 있는 관광 단원들로 인하여 전체를 리드하는 데 있어서 방해를 받거나, 편중하거나, 편애하는 일이 없어야 할 것이다. 특히, 경험이 많지 않은 신참 관광통역안내사들이 범하기 쉬운 안내 형태인데, 즉 일부 대하기 편하며, 질문이 많거나 독점형 성향의 관광 단원에게 몰입하고 집중하여 타 관광 단원들로부터 오해를 일으키거나 불만을 야기하는 경우가 있다. 이런 상황에 빠진다면 다음과 같은 대처가 도움이 될 것이다.

(1) 끊임없는 질문에 대해 먼저 인내심을 가져야 한다

우선 관광 단원의 질문을 무시하거나 잘라서는 안 되며, 가능한 다 들어주면서 꼭 기록하는 습관을 갖는다. 다 들어준 후에는 즉답을 할 수 있는 경우는 간결하게 말해 주며, 대답하기 곤란한 경우는 전체 안내 시간 후에 알려 주겠다고 양해를 구할 필요가 있다.

(2) 심각한 어조로 직설적으로 대답해 줘야 한다

너무 집요하게 질문하고 계속 전체를 위한 안내 시간을 뺏는다고 생각하면 진지하고 강한 어조로 가볍게 주의를 주는 의미에서 직설적으로 간단하게 답한다.

(3) 여러 관광 단원과 대화할 경우 잠시 양해를 구한다

전체 관광 단원들은 각자의 욕구와 기대치가 있다. 전체를 대하며 설명을 할 경우는 공공적이고 공식적인 입장이므로 관광 단원들에게 순차적이나 지명을 하여 질문할 기회를 주는 것이 좋으며, 상황을 고려하지 않고 나서는 대화 독점형 관광 단원은 형평성 있게 차례를 기다리도록 양해를 구한다.

(4) 관광 단원에게 무례하게 굴거나 서두르는 모습을 보이지 않아야 한다

차분하고 여유 있게 그리고 예의 바른 자세로 거절을 하거나 양해를 구한다면 대화 독점형인 관광객도 기분 나쁘지 않게 물러설 것이다. 관광통역안내사의 균형 감각이 필요하며 능숙한 보습을 보인 필요가 있다.

(5) 항상 전체를 대상으로 설명하되 개인과의 조화가 필요하다

능숙하고 경험이 많은 관광통역안내사는 전체 관광 단원들을 대상으로 형평성 있게 일사불란하게 안내하는 경향이 있으나, 가끔은 일 대 일 대화에 치우치는 성향을 보이는 관광통역안내사들이 있다. 전체적인 분위기와 반응들을 민감하게 예의주시하면서 전체와 개인을 잘 조화시켜 안내하는 능력을 개발하여 습관화할 필요가 있다.

7. 주요 의료관광객 국적별 응대 요령

1) 서양인 의료관광객

서양인 관광객을 포함하고 있는 우리나라 인바운드 구미 시장은 일본 시장이나 아시아 시장과는 달리 소위 서양 문화권에 속해 있는 시장으로서 한국 인바운드 시장 전체의 약 25%가량을 차지하고 있다. 서양인이라고 하면 일반적으로 유럽과 미주 지역의 관광객들을 통합하여 일컫고 있다.

이들의 정서는 대체적으로 합리적인 개인주의자들로 이치에 맞는 선택을 좋아한다. 프라이버시를 존중하며 사적인 질문은 삼가고, 예를 들어 여성에게 나이나 결혼 여부를 묻지 않으며, 약속을 존중하고 시간관념이 강하다. 또한 신체에 대해 일정한 거리와 공간을 유지하기를 원하고, 개인적 공간을 중시하며 친밀한 거리인 45cm 이내에 들어올 수 있는 사람을 가족 등으로 제한하므로 어린 아이라도 머리를 만진다든지 하는 신체 접촉을 하지 않는다.

업무적으로는 명료하고 정확한 일 처리를 기대하며, 신속한 의사 결정을 한다. 직접적인 의사 표현을 꺼리지 않으며 중요한 내용은 구체적으로 표시된 문서나 언어적 메시지에 의존한다. 이들은 전통적으로 13이라는 숫자를 꺼리므로 이러한 관광객들을 위해 호텔 등에서 층이나 객실 번호에 아예 숫자를 없애거나 배정하지 않을 정도이다. 특히 서양인들은 동양의 자연경관, 문화유적, 문화 체험, 한국의 분단 현장인 판문점 관광 등 다방면에 관심이 많으며 여행을 계획할 경우에는 많은 자료를 수집하여 학습을 한 후 여행을 하는 경향이 있다.

관광지나 음식점 안내 시 관광통역안내사가 직접 가본 곳 중에 좋았던 곳을 추천해 달라고 하는 경향이 있으며, 비싼 호텔보다는 민박, 유스호스텔 등 저렴한 숙박 시설을 원하며 가끔은 택시보다는 렌터카와 대중교통 수단을 선호한다. 안내 책자 등은 필요한 정도의 휴대하기 간편한 책자를 선호하며, 자신이 휴대한 지도나 관광책자 등 자료를 허락 없이 펴 보면 불쾌해 한다. 이런 경우는 꼭 "Excuse me"라고 말한 뒤 양해를 구해야 한다.

이들은 관광통역안내사와의 개인적 대화가 길어지면 중간에 다른 사람들이 안내받을 수 있도록 양보하는 합리적인 태도를 보인다. 특히 젊은이들은 한국 젊은이들이 많이 가는 곳, 밤에 갈 만한 곳에 대해서 많이 물어본다.

2) 일본인 관광객

한국을 찾는 외래 관광객 시장은 일본 시장, 아시아 시장, 구미 시장으로 크게 나눌 수 있다. 일본은 한국 인바운드 시장에서 38%가량 가장 큰 비중을 차지한다. 한국은 일본 관광객에게 지리적 접근성과 상대적인 저렴한 물가, 역사적 문화자원 등의 이점으로 인하여 자국을 여행하듯 방문할 수 있는 나라이다. 따라서 일본은 한국 관광의 가장 큰 시장이므로 이를 잘 관리하고 재방문이 증가하도록 꾸준한 유치 증진 노력을 기울일 필요가 있는 것이다.

일본인 관광객들은 감정을 잘 드러내지 않는 것을 미덕으로 여기므로 가능한 세부 질문을 하여 의견을 이끌어 낸다. 겉과 속이 다르다는 냉소적인 지적도 있지만, 이것은 오랜 역사와 전통으로부터 형성된 국가적인 고유한 정서이므로 장단점을 논할 필요는 없다. 그들은 항상 정중하며 상대를 배려하며 자기의 주장을 먼저 표시하지 않는다. 여행 일정 중에 뜻하지 않은 문제가 발생해도 불만을 표출하지 않고 고국으로 돌아간 후에 정식으로 문제를 제기한다. 그들은 안내를 받을 때 같이 온 관광 단원 중 대표 격인 한 사람이 질문하고 그것을 동료에게 알려 주는 경향이 있다.

최근에는 한류 열풍으로 한국의 드라마나 연예인에 대한 관심이 높으므로 이러한 주제를 이용하면 자연스럽게 대화를 이끌어 낼 수 있다. 한국말을 할 줄 아는 사람들이 많아져서 일부러 한국말을 사용하려고 하는 편이다. 이때 한국말로 응대를 해 주면 무척 좋아한다.

그들은 흑백논리를 싫어하므로 직접적인 표현은 자제한다. 간접적인 의사 표현을 좋아하며, 중요한 내용은 대개 명료한 구두 표현보다는 상황적 요소, 즉 장소, 시간, 상황, 사람들 간의 관계를 통해 암시한다. 작게 이야기하는 것을 교양으로 여기므로 큰소리로 말하지 않도록 한다.

일본인들은 예의를 중시하여 절의 각도는 관계를 나타내므로 일본인 관광객이 했던 각도만큼 맞절을 해야 한다. 이름 뒤에는 '씨'에 해당하는 '상'을 붙이나 직책 뒤에는 붙이지 않도록 한다. 또한 위생관념이 철저하고 상거래가 확실하다. 소식하는 성격으로 음식을 남기는 것을 꺼리고 비빔밥, 불고기, 갈비, 부침개 등을 좋아하므로 음식점 안내 시 참고한다. 최근에는 한류의 영향으로 닭갈비, 찜닭, 불닭과 같이 매운 음식도 일부러 찾는 경우도 있다.

일본인들이 싫어하는 것들은 많으나 특히, 4자를 싫어하므로 선물, 물건 구입 등에 4개를 권하지 않도록 한다. 그리고 태평양 전쟁에 대한 화제는 싫어한다. 최근 20, 30대 여성의 방한이 늘고 있으며, 그들은 쇼핑, 식도락, 미용 관광에 대한 선호가 높다. 여행 시 꼭 그 지역의 작은 기념품을 사고 싶어 하므로 부담스럽지 않은 토산품 종류와 구입처를 알아두어 소개한다.

그들은 또한 기록을 중시하고 구전 효과가 높으며, 민감한 편이기 때문에 각각의 관광 단원들에 대한 섬세한 배려가 필요하다.

3) 중국인 관광객

일본을 제외한 아시아 시장은 주로 중국, 대만, 홍콩 등 주로 화교권이며, 한국과 같은 동양문화권에 속해 있으면서 한국 인바운드 시장 중 약 27%의 비중을 차지한다. 특히 한국을 찾는 중국인들은 경제적으로 여유가 있는 계층이며, 주로 명동, 남대문, 유명 백화점 등에서 홍삼, 인삼, 고가의 전자제품을 구입하기를 좋아한다.

중국인 관광객들은 시간을 어기면 모욕적으로 생각한다. 지위에 민감하므로 가능한 직책으로 부르도록 한다. 직함이 없는 경우에는 성에 선생을 붙이거나 이름에 영어 호칭을 붙인다. 악수는 중국인이 먼저 손을 내밀 때까지 기다리는 것이 좋다.

화교권은 관계 문화라는 말도 있듯이 의리와 개인적 우정을 매우 중요하게 생각한다. 작은 일에도 박수를 잘 치며, 술자리에서나 식당에서 대화할 때는 언어 습성 상 조금 시끄럽게 들리는 것은 사실이다. 말투 자체가 고저가 심하므로 매우 시끄럽게 대화하는 것처럼 보이므로 문화적 차이점으로 이해해야 한다.

중화권 관광객은 스키, 눈, 온천 등 겨울을 즐기는 관광객이 많고 쇼핑, 미용 관광이나 테마파크, 카지노, 수족관 등 현대적 위락 시설에 관심이 많다. 기름진 음식을 즐기고 우리나라 음식 중 불고기, 삼계탕, 비빔밥, 김치, 해물탕을 좋아하므로 음식점 안내 시 참고한다.

단체 관광으로 오는 경우가 많으며 안내 책자는 가지고 다닐 수 있을 만큼 많이 가지고 다닌다. 대륙적 자존심이 강하며 외국 여행을 자주하는 관광객도 많으므로 국제적 기준에 비해 소홀하다고 느끼는 대접에는 강하게 불만을 나타낸다.

8. 불규칙 상황 처리 요령

관광단을 안내하는 즐거움이나 두려움은 돌발 사태를 예측하기가 어렵다는 데에 있다. 개인 두 사람, 두 관광 단체, 두 가지 관광이라고 해도 동일한 것은 있을 수 없으며 상황도 유머가 넘치는 것에서부터 어려운 과제에 이르기까지 매우 유동적일 수밖에 없다.

이 중 가장 심각한 것은 의료 응급 사태나 관광버스 사고와 같은 여행객들의 안전에 관한 문제일 것이다. 그러나 대부분의 문제는 사람들에 관한 것이다. 관광통역안내사가 봉착하는 가장 흔한 상황들은 관광에 관한 불평들이다. 말하자면 호텔방이 너무 작다, 제빙기나 엘리베이터에 너무 가까이 있다, 음식이 부적절하다, 또는 스케줄이 너무 빡빡하다는 것들이다.

사실 이러한 여행객들의 불평을 처리하는 일은 인내력과 외교술이 필요하다. 왜냐하면 여행객들은 자기들이 구매한 관광 서비스 상품을 개인적인 주관에 의하여 평가하기 때문에 관광객의 특성에 따라 각기 다른 반응을 보일 수 있기 때문이다. 관광통역안내사들은 여행사에 고용되어 있기 때문에 회사를 대표해서 대응을 잘 해야 한다. 즉, 회사를 표시나지 않게 옹호하면서 고객에 대한 연민과 진심 어린 관심을 보여야 하는 이중적인 외교술이 필요한 것이다.

비록 모든 문제는 여행사가 결국 해결해 주겠지만 최선의 응급조치는 현장에 있는 관광통역사의 몫이며, 관광객들로부터 불평이 있는 경우 관광통역안내사는 스스로 이런 물음들을 자문해 보아야 할 것이며, 불규칙한 상황들이 발생하면 대응할 수 있는 주요 요령 몇 가지는 다음과 같다.

첫째, 정확히 불편 사항이 무엇인가?

둘째, 고객의 불평은 타당한 것인가?

셋째, 상황이 쉽게 해결될 수 있는 것인가?

넷째, 모든 불평 사항은 기록하여 본사에 보고해야 한다.

1) 불만 사항 처리

관광객이 불쾌한 감정이 확대되지 않도록 참을성 있게 들으며 경청하는 인상을 주어야 한다. 불평 사항, 지적 사항을 메모하는 자세를 보여 준다. 경청하는 동안 원인을 파악하고 분석한다. 불평 내용이 관광객의 착각에서 오는 부당한 것일지라도 말 중간에 변명하거나 관광객의 잘못을 지적해서는 안 된다. 절대로 관광객의 불평을 회피해서는 안 된다. 또한 성급하게 해결하려는 인상을 주어서는 안 되며, 관광객의 불평을 과소평가해서도 안 된다. 다른 관광 단원도 옆에 있기 때문에 불평 관광객의 언성이 높아지지 않도록 최대한 노력하며 해결한다. 본인이 해결하기 힘든 경우, 신속히 선배 관광통역안내사에게 문의하거나 또는 본사에 보고하여 조치하도록 한다. 또한 여행사 차원의 불편 사항이 아니어서 자체 처리가 불가할 경우에는 담당 관할 기관에 이첩하여 처리하도록 한다. 불편을 접수한 관광통역안내사는 잠시 다른 장소로 안내하거나 조용한 곳으로 유도하여 주의를 환기시키고 관광객의 감정을 진정시킨다.

2) 긴급 사항 처리

분실, 도난, 범죄, 질병, 기타 긴급 사항 발생 시 경찰서(파출소), 119 구급대, 병원 응급실 등 문제를 해결할 수 있는 관련 기관에 대응을 의뢰하는 것이 가장 적절한 방법이다. 중요한 것은 지체 없이 즉각 알리고 필요하다면 사진 촬영 등으로 현장을 보존하는 것도 현명하다. 따라서 평소에 사안별 처리 기관 현황 및 연락처 등을 파악하고 있어야 한다. 분실 신고 접수 시에는 분실물의 성격, 분실 장소에 따라 지하철, 경찰청 등 해당 기관 분실물 센터에 신고하도록 하고 필요 시 의사소통을 위하여 관광통역안내사가 대신하여 신고해 주고 접수 처리 결과 등을 추적하여 본인에게 알려 준다. 응급 상황인 경우 관광객은 당황하므로 차분하게 대화를 이끌어 주면서 관광객의 입장에서 안타까운 심정으로 요구를 들어 준다. 공감을 표시하며 안심시킨다. 성의를 가지고 적극적으로 대응한다.

3) 무리한 요구 처리

관광객이 때로는 우리의 미풍양속에 반하는 질문을 할 경우, 즉 매춘이나 음란영업 등에 관해 묻거나 알선을 요구할 때는 질문에 응하지 말아야 한다. 미풍양속이나 특정 사회 현상에 대해 물의를 일으킬 수 있는 질문에 대한 대답은 피한다. 즉, 정치, 종교, 현지 스캔들, 성 문제, 미제로 남아 있는 범죄 사건들은 민감하거나 개인적인 사상에 주장이 다르므로 문제가 될 수 있다. 관광통역안내사와 관련된 급여나 결혼 여부 등 개인적인 프라이버시를 침해한다고 생각하는 질문에 대해서는 일반적인 답변을 해 주거나 미소를 지으면서 피해 버리는 것이 좋다. 그리고 관광통역안내사나 방문 지역에 대한 비우호적인 질문에 대해서는 모든 관광 단원에게 관심 있는 질문이 아니므로 구체적으로 답변하지 말고 적당히 넘어가는 것도 현명하다. 또한 무리한 요구를 할 경우 수용 가능한 선을 정한 후 과잉 서비스를 제공하지 않도록 한다. 수용이 불가한 경우는 "○○○님, 죄송합니다만 질문하신 내용은 안타깝게도 처리가 어렵습니다. 대신 ○○○을 이용하시면 어떻겠습니까?" 하고 대안을 제시하며 관광 단원의 동의를 구한다. 관광통역안내사가 답변할 수 없는 특수하거나 전문적인 질문의 경우에는 "정확히 모르겠습니다"라고 대답하면 사람들로부터 반대로 신뢰를 받을 수도 있으며, 그런 다음 확인해 준다는 양해를 구하고 전문가나 본사에 의뢰하여 정보를 구한 뒤 알려 주는 정성을 보일 필요가 있다.

9. 의료관광통역안내사의 직업윤리

사람은 홀로 살지 못한다. 그래서 인간을 더불어 사는 사회적 동물이라 말하고, 한자로 사람 '인' 자를 '人'으로 쓴다. 사람이 살아가면서 지켜야 할 일을 윤리(倫理)라 한다. 동양에서 최고의 윤리로 삼는 것은 '인(仁)' 사상이다. '仁'은 사람(人)이 둘(二)이라고 쓰고, "어질다"라고 해석한다. '사람이 둘일 수 있는 것'으로 인간 공존의 슬기, 더불어 사는 지혜를 말하고 있다. '윤(倫)' 자는 '무리, 또래, 혹은 질서' 등을 뜻하고, '리(理)'는 "옥을 다듬다"에서 유래되어 이치, 이법, 도리를 의미한다.

윤리는 사람으로서 마땅히 행하거나 지켜야 할 도리이며 바람직한 행동 기준이다. 인간의 모든 윤리는 개인 윤리와 사회 윤리로 구분지어진다. 개인 윤리는 도덕적 원리가 사회 제도가 아니라 개인 생활에 적용되었을 때의 윤리를 말하며, 사회 윤리는 인간의 사회생활을 규제하는 도덕적 규범을 통틀어 이르는 말로서 도덕 원칙을 개인 생활이 아니라 사회 제도에 적용하였을 때의 윤리를 말한다. 흔히 인간은 개별적인 존재라고 하는데, 우리는 이 말이 인간이 고립된 존재라는 식으로 이해해서는 안 된다. 인간은 다른 인간에게 의존하면서 살아가기 마련이다. 따라서 윤리 행위의 주체로서 인간을 관계적 존재로 규정할 수 있으며, 인간의 기본 관계는 나로서 자기 자신, 다른 사람들 그리고 자연환경과의 관계로 구성된다(진교훈, 1997).

이 가운데 다른 사람들과의 관계 중에서 직업에 종사하는 사람들이 지켜야 할 윤리를 직업윤리라고 한다. 즉, 직업윤리란 특정 직업에 종사하는 구성원들이 그 조직의 목표와 과업을 성취하기 위하여 직업인으로서 갖추어야 할 태도와 규범을 말한다. 따라서 직업윤리란 직장에서 맡은 일을 하면서 갖게 되는 인간관계의 이법(理法)을 말한다. 직업윤리는 개인의 일에 대한 자각, 사회가 일에 대해 부여하는 가치, 고용자와 피고용자 간의 관계 여하에 따라 형성된다. 그러나 내가 하는 일은 사회에서 필요로 하는 재화나 서비스를 생산하여 제공하는 우리 모두에게 소중하고 가치 있는 것이라는 의식과 또 직장은 함께 사는 생활의 터전으로서 조직의 목표 달성을 위해 다 함께 노력할 때 자신과 조직이 함께 발전할 수 있다는 의식이 필요하다. 이런 발전된 의식을 바탕으로 대할 때 비로소 일과 직업은 사회적으로 가치 있는 것으로 인식되고, 사회와 개인과 조직 사이에 공감대가 생겨 직업윤리가 자연스럽게 형성되는 것이다(손준영, 1998).

현대 사회에서의 직업관은 운명론적인 천직이라기보다 주체적으로 직업을 선택하고 자신의 꿈과 이상을 실현시키는 도구로 인식되고 있다. 이는 개인의 생활양식이나 수준 그리고 가치관뿐만 아니라 자아실현을 통하여 사회 발전에 기여하는 기초적인 수단과 목표를 의미한다. 이러한 직업의식에 기초한 직업윤리는 자기가 선택한 직업 영역에서 성실히 실천해야 할 도덕적, 사회적 책임을 나타낸다고 할 수 있다. 여기서 윤리란 사회 구성원 모두에게 적용되는 보편적인 윤리이며, 특정한 집단이나 조직 내에서만 적용되는 특수 윤리가 있는데 현대와 같이 직업의 종류가 다양해지고 수많은 조직과 집단이 존재하는 분업화된 사회에서 각 집단이나 조직, 직업마다 특수 윤리가 존재한다.

직업윤리는 일반적으로 공직자의 직업윤리, 기술자의 직업윤리, 교육자의 직업윤리, 의료인의 직업윤리, 언론인의 직업윤리, 기업인의 직업윤리 등 6가지로 나눠 볼 수 있다. 이 중에서 관광통역안내사는 기술자에 해당하는 전문직으로 볼 수 있으며, 이들은 많고 다양한 사람들과 교류해야 하기 때문에 사회적인 관계에서 책임을 지거나 에티켓을 지켜야 하는 상황이 상당히 많이 발생한다. 따라서 관광 통역 안내에 종사하는 사람들에게 요구되는 직업윤리와 에티켓을 동료 안내사들과의 관계, 관광버스 운전기사와의 관계, 관광산업 종사원들과의 관계, 회사와의 관계, 관광 단원들과의 관계, 지역 사회와의 관계로 구분하여 살펴볼 필요가 있겠다.

1) 동료 의료관광통역안내사들과의 관계

사회생활에서도 가정과 같은 위계가 있다. 첫째는 나이가 많은 웃어른과 나이가 적은 아랫사람이고, 둘째는 지위가 높은 상급자와 지위가 낮은 하급자 그리고 나이가 같은 친구와 지위가 같은 동료가 있다. 동양의 고전 논어(論語)에 나이로 위계를 정하는 기준을 다음과 같이 말하고 있다.

자기보다 16년 이상 나이가 많으면 아버지를 섬기듯이 모시고, 자기보다 11년 이상 나이가 많으면 형님으로 섬기듯이 모시고, 자기보다 6년 이상 나이가 많으면 선후배 사이로 지낸다. 따라서 6년 이상 10년까지는 나이가 많은 쪽이 친구로 지내자고 허락할 때만 친구 사이로 지낼 수 있고, 5년 이내에 드는 사이는 서로 친구처럼 지낼 수 있다는 말이다.

앞에서 언급한 대로 나이에 따른 사회적인 관계나 처신은 기본적인 규범과 예절에 따르면 되지만, 직업과 직장에서의 선후배 관계, 상하 관계 또는 동료 관계는 나이와 상관없을 때가 많다. 특히 관광통역안내사들에게는 동료 관계가 매우 중요할 수 있다. 물론 한 분야의 위계질서에 의한 선후배 관계는 있을지라도 전문 직업인으로서의 평등한 동료 의식, 즉 다른 동료들과의 연대 의식으로 맺어진 좋은 관계가 필요한 것이다.

물론 현실에 있어서 대부분의 사람들은 고용주를 대접하고 그에게 잘하려고 하지만 동료 관계에서는 서로 이익이 되는 사람은 흔하지 않다. 관광통역안내사들은 대부분이 프리랜서로 활동하기 때문에 개인주의적인 성향이 많고 서로 간섭하거나 관여하지 않는다. 또한 다른 관광통역안내사들과는 경쟁자 관계이기 때문에 상대에게 도움을 줄 수 있는 정보를 공유하려 하지 않는다. 그러나 팀플레이가 필요한 대형 단체나 시리즈성 단체를 책임지는 관광통역안내사들은 본인들이 획득한 새로운 정보와 일관성 있는 정보를 동료들에게 전달하고 공유하는 것은 의무적이다.

어쨌든 팀플레이에서뿐만 아니라 평소에도 동료 간에 유용한 정보를 서로 나누고 인간적인 모습과 배려를 유지하는 관광통역안내사들은 그 분야에서 긍정적인 명성이 유지되고 전파되어, 결국 중요하고 양질의 관광 단체를 배정받는 경향이 많다. 관광통역안내사들이 공생적인 동료 관계를 유지하고 발전시키기 위한 방안들은 다음과 같다.

(1) 배려받고 싶은 만큼 동료에게 배려하라

배려는 도와주거나 보살펴 주려고 마음을 쓰는 것을 말한다. 우리는 흔히 남을 배려한다는 말을 남에게 해를 끼치지 않는다는 것과 같은 뜻으로 생각한다. 즉, 내가 이득을 얻기 위해서

남에게 괴로움을 안겨 주지 않는 것이 남을 배려하는 것이라고 생각한다. 그러나 보다 적극적인 의미에서, 배려란 상대방의 입장이 되어 진심 어린 마음으로 도움을 주는 행동을 말한다. 배정받은 단체가 시간 지연으로 겹쳐 도와줄 때, 혼잡한 관광지에서 지원해 줄 때, 성수기에 체험장에서 다른 동료의 관광 단체를 위하여 시간을 줄여 줄 때 등 관광통역안내사 간에도 자신이 손해를 보면서까지 동료들을 도와주고 배려해 준 이야기를 많이 들을 수 있다. 직업의 특성상 불규칙하고 변화무쌍한 사건들이 많이 발생하므로 어려움에 처한 동료들을 돕는 것은 매우 아름다운 일이다. 혼자 감당하기 힘들 때 진심으로 도움을 요청할 수 있고, 기꺼이 응해 줄 수 있다면 정말 아름답고 품격 있는 전문 직업 분위기가 될 것이다. 다음은 배려에 관해 참고할 만한 의미 있는 이야기이다.

오늘 내일 하는 노인이 저승사자에게 잡혀 갔습니다. 처음 간 곳이 지옥문이었는데 그곳에 들어가자 마침 식사 시간이었습니다. 커다란 원탁 테이블 가운데에 맛있는 음식이 있고, 귀신들이 식탁 주변에서 1m가 넘는 젓가락을 들고 음식을 집어 먹는데 젓가락이 너무 길어 음식물이 입에 들어가지 못해 힘들어 했습니다. 그렇게 일정 시간이 지나고 식사 시간이 끝나자 아무도 먹은 것이 하나도 없었습니다.

그 방을 나와 다음 간 곳이 천당이었습니다. 그곳은 지옥보다 깨끗하고 오가는 귀신들의 모습이 편해 보였습니다. 조금 있다 저녁 시간이 되어 밥 먹는 모습을 보았습니다. 지옥과 마찬가지로 커다란 원탁 위에 맛있는 음식이 많이 있었습니다. 테이블 위에는 역시 1m가 넘는 젓가락이 놓여 있어 이곳을 방문한 노인은 속으로 여기도 음식을 못 먹겠구나 생각했습니다.

그러나 이곳 귀신들은 여유 있게 음식을 먹고 있었습니다. 이상해서 어떻게 먹나 자세히 보니 맞은쪽에 앉아 있는 귀신에게 음식을 집어 먹여 주는 것이 아니겠습니까?

지옥과 천당이 똑 같은 곳인데 지옥에서는 각자 자기가 먹으려고 하니 먹을 수 없고, 천당은 건너편에 있는 상대방에게 먹여 주기 때문에 여유 있게 먹을 수 있었던 것입니다. 따라서 상대방을 위한 배려가 있는 곳은 천당이고 배려가 없는 곳은 지옥과 같다는 것입니다.

(2) 동료와의 정보 공유를 습관화하라

정보 공유의 좋은 점이란 자신이 알고 있는 정보나 지식 등을 다른 사람에게 알려 주고 반대로 다른 사람의 정보도 자신이 알게 되어 둘 다 알 수 있게 된다는 것이다. 결과적으로 자신의 지식이나 정보 수준을 한층 늘릴 수 있게 해 준다.

관광통역안내사들은 여행지 현장의 새로운 변화나 변경에 관한 정보를 본사의 담당보다 즉각적으로 정확하게 접할 수 있다. 새롭고 가치 있는 정보를 획득하게 되면 본사의 여행 기획과 다른 동료들을 위하여 항상 정보를 공유하려고 하는 습관을 가질 필요가 있다. 나아가서는 협회의 뉴스레터에 기고를 함으로써 새로운 정책이나 흥미 있는 정보를 알려 주거나 자신이 잘 알고 있는 주제를 협회에 자발적으로 말하거나, 아니면 동료 관광통역안내사들에게 새로운 소식들을 직접 전하도록 노력해야 한다는 것이다. 어느 경우이든지 이런 노력은 정말 고마운 일이며, 그런 사람은 이후에 더 유용하고 많은 정보를 받을 수 있다.

(3) 통역안내사협회 활동에 적극적으로 임하라

관광통역안내사라는 전문 직업은 개인 사업으로 볼 수 있다. 자기 사업을 활성화하고 유지하려면 가장 중요한 것이 인맥 네트워크와 동료들과의 원활한 관계이다. 따라서 관광통역안내사들의 이해관계를 위하여 조직되어 있는 협회에 가입하고 활발한 활동을 하는 것이 업계와 동료들에 대한 많은 정보를 접하고 적절히 대응할 수 있는 기회를 갖게 된다. 때로는 업계를 위한 자원봉사도 할 수 있으며, 곤란을 겪고 있는 동료들을 지원하는 보람을 느낄 수도 있다. 이런 활동은 대단히 중요한데, 결국은 많은 업계 및 동료들과 접촉을 갖게 하고 눈에 드러나게 하며 개인 사업을 증가시키며 내적 보상을 증대시켜 줄 것이다.

2) 의료관광버스 운전기사와의 관계

여행업에서 관광통역안내사와 관광버스 운전기사는 바늘과 실의 관계라고 할 수 있을 만큼 떼려 해도 뗄 수 없는 가장 기본적이고 본질적인 팀 동료이다. 따라서 둘 간의 원활한 관계는 여행사의 현장 업무를 성공적으로 마무리할 수 있게 하고 관광통역안내사의 성장과 발전에도 매우 중요하다. 또한 관광통역안내사와 운전기사와의 원활한 관계는 관광 단원들에 대한 품격 있는 서비스로 이어져 여행 일정에 대한 만족을 제공하는 원인이 된다.

대부분의 경우 관광통역안내사가 여행 일정을 책임지므로 지시하는 입장이며, 운전기사는 안전한 운전 외에 여행안내 보조자로서 민첩한 역할을 해야 한다. 하지만 두 사람은 주어진 여행 일정의 세부 운행 루트나 관광지에 대한 부족한 정보에 대해서 서로 상의하고 협의해 나가는 과정이 중요하다. 즉, 일방적인 지시보다는 관광버스 운전기사에 대한 배려가 필요하다.

운전기사들은 대체로 직업의 속성 상 독특한 기질이 있다. 특히 배려하지 않고 무시하거나 비인간적인 느낌을 받을 때는 과격한 운전 행위 및 무뚝뚝한 서비스 마인드를 유지한다. 이것은 본사나 관광 단원이나 관광통역안내사 누구에게도 도움이 되지 않는 관광통역안내사의 동료 의식 부족으로 인한 문제가 될 수 있다. 운전기사를 존중해 주고 상호 관계를 돈독히 하는 관광통역안내사는 다른 운전기사들의 세계에서도 좋은 입 소문이 나게 되며 관광 단원들에게도 좋은 평가를 받을 수 있다는 것이다.

다음은 관광통역안내사가 운전기사를 대하는 기본적인 요령으로 참고해 볼 만하다.

(1) 관광 출발 전에 운전기사와 운행 코스에 대한 충분한 검토를 하라

현지의 도로 정보를 가장 잘 알고 있는 사람은 운전기사라고 할 수 있다. 특히 관광버스 운전기사들은 전국 방방곡곡을 부정기 노선으로 운행하므로 도로 사정에 대한 정보를 많이 확보하고 있을 수 있다. 따라서 관광통역안내사는 본사에서 정해 준 기본적인 운행 코스를 참고하여 상황에 따라 최적의 최단거리 운행 코스를 운전기사와 상의하여 선택할 필요가 있다.

(2) 관광 출발 시 운전기사를 소개하고 그의 역할의 중요성을 언급하라

관광통역안내사는 관광버스가 막 출발할 때 운전기사를 존중하는 내용으로 기분 좋은 멘트를 준비하여 관광 단원들에게 소개해 주면서 안전운행에 대한 당부를 해야 한다. 사람들은 공공적인 상황에서 약속을 하거나 공표를 할 때 역할에 대한 책임감과 의무감을 더욱 긍정적이고 진지하게 받아들인다.

(3) 운전기사는 자기 자문과 제안을 인정받으면 흐뭇해한다

운전기사들은 나름대로 주관이 뚜렷하거나 이런저런 많은 정보를 가지고 있는 사람들일 수 있다. 그들은 여러 장소를 방문하고 대중매체에 익숙하여 잡다한 정보를 획득하고 있으며, 또한 동료 기사들과의 많은 대화 시간으로 인하여 세상사에 대한 정보통이라고 할 수 있다. 그들은 여행에 관한 한 실질적인 정보가 많으며 어떤 상황에서든지 서슴지 않고 조언과 자문을 하려고 하며 인정을 받기를 좋아한다. 따라서 그들의 조언에 신중할 필요는 있지만 애써 제공하는 조언에 대해서는 고마운 마음을 전달하고 계속적인 협조 관계를 유지해 나가는 센스가 필요한 것이다.

(4) 운전기사와 너무 격 없이 지내지 말고 절도 있는 관계를 유지하라

관광통역안내사는 본사를 대표하여 관광 단체의 여행 일정을 운영하는 현장 책임자라고 할 수 있다. 따라서 운전기사와의 긴밀한 협조는 필요하지만 관광버스 운전기사에게 휘둘려 우유부단한 여행 일정을 운영하는 우를 범할 수 있다. 특히 초보의 경우에는 운전기사에게 배려할 때와 단호한 지시를 내릴 때를 잘 구별하여 절도 있는 자세를 유지할 필요가 있다.

(5) 운전기사가 문제가 있으면 본사나 버스 회사에 알리기 전에 그와 함께 협의하여 해결하라

운전기사의 실력과 태도에 상관없이 한 번 배차된 관광버스와 운전기사는 전 여행 일정을 같이해야 하는 운명 공동체이다. 그를 얼마나 협조적인 팀의 일원이 되게 하느냐는 관광통역안내사의 처신에 달려 있다. 항상 일정에 대해서 미리 알려 주고 문제가 있는지에 대한 그의 의견도 경청해야 하며, 혹시 운전기사들의 기본적인 문제인 비협조적이거나 불친절한 태도 등이 발생하였을지라도 본사나 버스회사에 보고하지 말고 원인을 잘 파악하여 해결함으로써 더욱 협조적이고 편안한 운행을 보장받을 수 있다.

(6) 운전기사들에게는 식사나 행사 참여, 팁 등을 제때 챙겨주어야 한다

관광통역안내사들 중에는 가끔 여행 일정의 빠듯함으로 인하여 목적지에 도착하면 관광객들과 하차한 후 운전기사에게 어떤 지시도 없이 떠나버리는 경우가 있다. 여행 일정 중 운전기사들이 가장 싫어하는 것은 배려하거나 챙겨주지 않는 무시하는 듯한 언행이라고 한다. 혹시 행사나 식사 장소에 참여하는 경우에 가능하거나 괜찮다면 운전기사를 나중에 동석하도록 하거나 그렇지 않다면 운전기사가 대기하거나 식사할 수 있는 장소를 따로 마련해 주는 배려가 필수적이다. 그리고 행사가 끝나면 고마움의 표시로 관광 단원들에게 부담 없는 정도의 팁에 대한 언급을 해 주는 것도 필요하다.

3) 의료관광산업 종사원들과의 관계

관광통역안내사들이 안내 업무를 천직으로 생각한다면 가장 기본이 되는 자질은 사람들을 대하는 기술일 것이다. 업무의 시작과 끝이 새로운 사람들을 만나고 사람들을 다루고 헤어지는 일의 연속이라고 할 수 있다. 현장에서 사람들과 가장 밀접한 위치에서 접하는 관광통역안내사들은 관광산업에 속하는 많은 종류의 업장 종업원들과 동료 의식을 갖고 협조하는 일이 대단히 중요하다. 그들이 접하는 동료들은 호텔의 각 업장 종업원, 관광식당 종업원, 방문지 근무자, 교통기관 종사자 등이 포함된다. 그들과의 조화로운 협력 관계 유지는 서로 배려하는 인간적인 면에서 이루어지기 쉽다. 이런 협력 관계는 관광 단원들에 대한 적시의 적절한 서비스가 제공되어 결국 고객 만족으로 이어져 관광통역사도 일에 대한 보람을 느낄 뿐만 아니라 본사 차원에서도 재구매 및 재방문의 효과로 이어져 여행 사업의 선순환 구조를 가져오는 데 일조할 것이다.

관련 산업계의 종사원들과 보다 우호적인 협력 관계를 유지하기 위한 지침들은 다음과 같다.

(1) 거래 관계에 있는 종사원들과 평소에 인간적인 친분을 쌓는다

여행업에 관련되어 있는 각 업장의 종사원들을 거래에 의한 고객 관계를 넘어 동료라는 입장에서 인간적인 친분을 쌓을 필요가 있다. 여행업의 거래 관계는 지정된 업체와의 반복적인 거래가 더 많다. 따라서 각 관광지나 업장의 종사원들을 체계적으로 관리할 수 있는 개인적인 시스템을 마련하여 평소에 적절히 대응함으로써 긴급을 요할 때나 문제가 발생했을 때 특별한 도움이나 우선적인 협조를 받을 수 있다.

(2) 관광산업에 포함되는 각종 사업들을 이해한다

관광산업에 포함되는 각종 사업에 대해서 깊은 관심을 갖고 배우려고 노력해야 한다. 예를 들어 관광통역안내사가 호텔 프론트 데스크나 항공사 발권에 대한 업무를 이해함으로써 그들과 함께 더욱 효과적이고 협조적으로 일을 처리할 수 있게 되어 그들로부터 실력 있는 사람으로서 인정받고 기억에 남게 된다.

(3) 업장에서 문제 발생 시에는 관광객이 모르게 협조하여 해결하라

관광통역안내사는 방문지나 업장에서 문제가 발생했을 경우 관광 단원들이 들리지 않게 그곳의 종사원들과 사적으로 협의하여 처리하여야 한다. 관광 단원들 앞에서 문제에 대한 다툼은 관광 단원들을 불안하게 만드는 것이며 관광통역안내사에 대한 존중과 신뢰를 저하시키는 원인이 되기도 한다. 관광통역안내사와 업장의 종사원 간의 대화는 동료라는 입장에서 대결보다는 협동하는 자세를 견지하는 것이 서로에게 도움을 줄 수 있다.

(4) 종사원들과 뒷거래를 하지 않는다

업장의 중간 관리자나 종사원들과 사업 관계는 본사의 지시대로 수행해야 하며, 현장에서 즉각적인 판단과 결정이 필요한 경우에는 회사의 입장에서 정당하고 사업장과는 공정한 거래를 성사시키는 자세가 필요하다. 이때 사적이고 부적절한 거래의 유혹에서 벗어나는 것이 관광통역안내사의 개인적 평판과 평생직업의 유지를 위한 절대적인 직업윤리임을 명심해야 한다.

(5) 특정 사업장이나 특정인에 대한 험담을 하지 않는다

관광산업 내에서 동종 업체 간 또는 특정 종사원들 간의 경쟁 관계가 매우 심각하다. 동급의 호텔들, 관광식당 그리고 특히 쇼핑센터의 경우는 경쟁이 치열하다. 따라서 좋지 못한 루머나 악평들이 떠돌 수 있는 상황이 발생된다. 이런 현상에 적절히 대응하기 위하여 여행사와 사업장들은 지정 업체 계약 관계를 맺어 관광객을 유인 및 알선하여 어느 정도 질서를 유지하게 된다. 따라서 관광통역안내사들은 이런 모든 상황에 가장 가까이 접하는 상황에 처해 있으므로 특정 사업장이나 관계자들에 대한 혼란스럽거나 정확하지 않은 정보에 대해서는 함구하거나 험담을 피해야 할 필요가 있다.

(6) 거래를 마친 후에는 격려와 감사의 인사를 나누라

관광통역안내사는 가끔 연출가와 같은 역할을 수행할 수도 있어야 한다. 훌륭한 서비스를 제공받은 후에는 사업장의 종사원들에 대한 존중과 격려 차원에서 서비스 종사원들이 보는 앞에서 관광 단원들이 고마움을 표시할 수 있도록 유도할 줄 알아야 한다. 이러한 관광통역안내사의 배려 있는 행동은 서비스 종사원들에게는 인정받는 동기 부여로 작용되며, 결국 직업에 대한 자긍심으로 이어져 향후 서비스 수준이 더욱 높게 유지될 것이다.

4) 의료관광 에이전시와의 관계

관광통역안내사들은 회사에 소속이 되어 있는 전속 가이드와 프리랜서 가이드로 나누어 볼 수 있다. 전속 가이드는 프리랜서 가이드보다 회사에 대한 소속감과 함께 책임감이 더 강하다고 생각할 수도 있겠지만, 개인적인 신념과 이해 관계에 따라서는 달라질 수도 있다. 어쨌든 이들은 회사와의 계약 관계에 있으므로 업무를 맡게 되면 회사를 대표해야 한다는 의무감이 따르게 된다. 이것은 회사의 정책, 기준, 지시 등을 이해하고 따른다는 것을 의미하며, 또한 직업윤리를 준수한다는 것을 의미한다.

관광통역안내사는 현장에서 서비스를 제공하므로 회사 관리자들보다 관광 단체는 물론 관련 업종 종사원들과 보내는 시간이 더 많다. 이것은 현장에서의 회사 관리자 역할을 하는 것이므로 회사의 정책에 대해 답변을 하거나 회사 조치를 옹호해야 하는 입장에 서야 한다는 것 것이다. 특히 다른 경쟁 회사를 위하여 일할 수도 있는 프리랜서 관광통역안내사들은 현재 맡고 있는 회사의 고객 접객과 마케팅 기법 그리고 비밀이라고 여길 수도 있는 특별 서비스와 같은 정보들을 다른 회사의 통역 안내사나 관계자들과 결코 공유해서는 안 된다.

관광통역안내사가 회사와의 관계를 유지하고 발전시킬 수 있는 지침들을 정리하면 다음과 같다.

(1) 본사를 대표하는 자세를 견지하도록 노력한다

회사에 대한 주인 의식과 대표하는 자세로 일한다는 것은 올바른 처신과 솔선수범의 자세로 업무에 임한다는 것이며 업무의 난이도와 처우에 따라 쉽지 않은 일일 수도 있다. 그렇지만 이런 자세는 본사의 관리자나 여행 업계의 관련 사업장 종사자들로부터 인정을 받을 수 있는 기회일 뿐만 아니라 관광 단원부터 신뢰를 받을 수 있는 좋은 기회가 되는 것이다.

(2) 개인의 이익을 위한 행위를 삼가한다

개인의 이익을 최대한 챙긴다거나, 미래의 개인 고객으로 유도한다거나, 심지어는 다른 경쟁 회사로 고객을 빼돌리는 행위는 범죄와도 같다. 관광 단원 중의 책임자나 투어 컨덕터는 관광통역안내사와 밀접한 관계가 되면 미래에 직접 연락하기를 희망할 수도 있다. 이런 경우는 당연히 본사의 비즈니스 카드를 제시하고 본사 관계자의 연락처를 전해 주고 회사를 통해서만 자기에게 연락이 가능하다고 말할 수 있어야 한다.

(3) 본사 담당과 특별한 부정한 관계를 맺지 않는다

대부분 인바운드 여행사에서는 관광 단체를 관광통역안내사들에게 배정할 때 여러 가지 합리적인 기준에 의하여 배정 작업을 한다. 즉, 고참과 신참, 근무 일수, 중복 배제, 지정 가이드, 고객 선호 가이드 등의 나름대로의 원칙을 적용한다. 그렇지만 관광통역안내사들은 시쳇말로 "영양가 있는" 관광 단체를 선호하기 마련이다. 좋은 단체를 배정받기 위해서나 좋은 관계를 유지하기 위하여 본사 담당을 접대하거나 로비하는 일은 결코 오래갈 수 없는 근시안적 행위임을 명심해야 한다.

(4) 예민한 회사 정보를 유출하지 않는다

여행사 경영에 관한 정보나 여행 패키지 상품 구성은 그 회사의 업무 비밀에 속한다. 여행사의 경쟁력은 협상 능력, 수배 능력, 견적 능력, 마케팅 능력 등 다양하지만, 커미션, 수수료, 리베이트 등으로 표현되는 회사의 이익에 큰 영향을 미치는 수입원 관리도 중요한 요인이다. 수입원 관리에 있어 가끔은 적절치 못한 경우도 있다. 회사의 업무 비밀이나 내부 문제를 관광 단원이나 동료 가이드나 다른 회사의 종업원에게 유출해서는 안 된다.

(5) 회사의 이미지를 손상하지 않도록 처신한다

관광통역안내사는 회사를 대표한다고 여러 번 언급했다. 복장과 용모는 가능하면 공식적인 유니폼이나 정장을 착용하고 청결하게 보일 필요가 있다. 그리고 업무적이고 사교적인 태도를 유지하고 표준어를 사용하며 담배 피우는 것과 음주를 삼가해야 한다.

(6) 회사의 자금을 유용해서는 안 된다

관광통역안내사는 여행 일정과 정산이 마무리될 때까지 회사의 자금을 어느 정도 보유하는 기간을 갖는다. 절대 개인적인 용도로 회사 자금을 사용해서는 안 되며, 여행 일정 중이라도 자금 사용 용도와 증빙 서류를 매일 명확히 정리하는 습관이 필요하다. 여행 일정 종료 후에 정리하는 별도의 작업은 조작과 부정을 유혹하는 나쁜 습관을 갖게 한다.

(7) 회사에 대한 월권 행위를 해서는 안 된다

관광통역안내사는 회사에서 작성한 여행안내 지시서에 의한 여행 일정을 준수해야 하며 해외여행사와 계약한 세부 내용들을 완벽하게 수행해야 한다. 악천후, 여행객 만원, 오랜 대기, 돌발 사태, 부정확한 여행 계획 등으로 인하여 문제가 발생할 경우에는 본사에 즉각 보고하여 해결책을 찾아야 하며, 본인의 판단으로 여행 계획을 변경하여 추가 비용을 발생시키거나 여행 일정을 제외시켜서는 안 된다. 부득이한 경우 관광 단원들의 안전을 보장하고 불편을 최소화하는 범위 내에서 재량권을 활용해야 한다.

5) 의료관광 단체와의 관계

관광통역안내사는 회사와 관광 단체 사이에서 이율배반적인 상황에 빠지기 쉬우며 균형 감각을 유지하는 것이 쉽지 않다. 회사를 위하며 동시에 관광 단체를 만족시키는 것이 어렵다는 것이다. 회사 정책에 따라 가끔은 무리한 요구가 있을 수 있고 관광통역안내사들은 관광 단체가 눈치 채지 못하게 회사의 지시를 이행해야 한다. 예를 들어 회사의 지시에 따라 옵션 판매나 쇼핑 안내, 또는 식당의 메뉴 변경이나 갑작스런 일부 방문 코스의 누락 등이 발생할 수 있는데, 관광통역안내사는 관광 단원들을 잘 설득하여 자연스럽게 협조를 끌어내는 노력과 중간자적인 역할을 원활하게 수행해야 한다. 또한 관광통역안내사는 관광 단원들과의 절도 있는 사적인 관계 범위를 설정하고 정확하게 준수할 필요가 있으며 다음과 같은 지침들을 유의해야 한다.

(1) 옵션 관광 판매 시 건전하고 유익한 프로그램을 제시하라

회사의 지시에 의한 옵션 관광을 판매하는 경우 대부분 야간에 이루어지거나 체험하는 프로그램이 많으므로 관광 단원들의 안전을 보장하고 기억에 남을 만한 건전하고 유익한 프로그램을 제시해야 한다. 무리한 알선은 자제해야 하며 옵션 관광에 참여하지 않은 단원들에 대한 배려도 생각해야 한다.

(2) 쇼핑 안내 시 불법적인 장소와 강매를 요구하는 장소를 피하라

쇼핑도 일종의 관광 매력 중의 하나이다. 관광 일정과 적절히 조화를 이루는 쇼핑은 관광의 격을 한층 높여 주는 역할을 한다. 관광객의 구입 의사에 관계없이 그 나라와 특정 지역의 특산물을 설명하고 구입할 기회를 주는 것은 관광통역안내사의 의무감이다. 따라서 그들의 필요에 의한 건전한 쇼핑은 유도하되 모조품, 불량품, 불법 거래 등의 가능성이 있는 특정 가게의 특정 물품에 대한 강매를 유도해서는 안 된다.

(3) 특정 관광 단원에게 편애하지 마라

관광통역안내사가 지켜야 할 첫 번째 금기 사항은 특정 고객과 가까이 지내는 것이다. 관광통역안내사는 모든 관광 단원을 동등한 시간 분배, 동등한 배려, 동등한 위엄으로 대해야 한다. 심지어 근무 시간이 끝난 후에도 특정 단원과 어울리는 모습은 득이 되지 않는다. 특히 우리나라 일본어 통역 안내사들은 대부분이 여성들이 활동하고 있는데, 특정 관광 단원을 편애하거나 밀접하게 대하지 말라는 충고는 아무리 강조해도 지나치지 않을 것이다.

(4) 관광 단체에게 팁을 요구하지 마라

관광통역안내사는 팁을 요구해서는 안 된다. 팁을 요구하는 것은 여행사, 관광단, 안내사 모두에게 품위를 잃게 하고 불쾌감을 조성하는 행위인 것이다. 팁은 호텔이나 시설 종업원, 운전기사 등의 부가적인 서비스나 수고에 대한 동기 부여 차원의 자연스런 답례이며, 관광통역안내사가 기대하거나 요구해서는 절대 안 된다.

(5) 문제 발생 시 감추지 말고 알리고 협조를 구하라

여행 일정을 진행하다 보면 악천후, 시설 고장, 교통 체증 등 여러 가지 이유로 갑작스럽게 일정을 변경하거나 취소해야 하는 상황이 발생한다. 이런 경우에는 물론 본사에 즉시 보고하여 대안을 찾아야 하며, 관광 단원들에게 솔직하게 설명함으로써 그들로 하여금 협조를 구할 수 있고 대안을 같이 찾을 수도 있다. 문제를 숨기거나 오래 끌면 더 큰 화를 불러일으킨다.

(6) 무시하거나 지시하듯이 함부로 대하지 마라

관광 단체의 국적과 수준에 따라 관광 단원들을 무시하거나 함부로 대하는 행태이다. 싸구려 패키지여행으로 저급 호텔에 투숙하는 관광 단체들에게 발생할 수 있는 상황이다. 이들의 여행 일정은 정해져 있는 것이 거의 없으며 매우 빡빡한 일정으로 그때그때 일정을 조정하여 진행한다. 옵션 투어와 쇼핑을 강요하는 저급한 관광 상품에서 나타나는 경향이 있다.

(7) 관광 단원들과 너무 격의 없이 어울리지 말라

관광통역안내사에게 여행 일정은 근무 중이다. 미풍양속을 해치는 언행, 정치적이거나 종교적인 견해표시, 품위를 잃는 농담이나 유머, 단원들과 격의 없는 어울림 등은 피해야 할 것이며, 여행단을 이끌거나 섬기는 자세로 항상 절제하며 안내해야 한다.

(8) 객관적이고 외교적으로 안내하라

성문제, 정치, 종교와 같은 민감한 관심사에 대한 논의는 가급적 피하는 것이 좋다. 모든 관광 단원들의 견해 및 신념은 일치하지 않으므로 오해를 불러일으키기 쉽다. 관광통역안내사는 그들을 객관적으로 안내하고 외교적으로 대하는 것이 현명하다. 또한 관광통역안내사는 자기 신념을 타협할 필요도 없으며 관광단의 견해를 수용할 필요도 없다. 물의를 일으킬 수 있거나 곤란한 문제에 대한 최선의 해결 방안은 피하는 것이 상책이다.

(9) 새로운 정보와 지식을 배우고 안내 기법을 꾸준히 향상시켜라

관광통역안내사는 정확하고 재미있는 안내를 해야 하며 스스로 더 많이 배우려고 해야 한다. 변화하는 관광 환경에 대한 새로운 지식과 정보를 습득해야 하며, 자신이 배정받은 관광 단체에 대한 배경도 가능한 한 많이 배우는 것이 그들을 안내하는 데 큰 도움이 된다. 또한 상투적인 안내 기법을 과감히 변화시키고 향상시키려는 마인드가 필요하며, 이것은 꾸준한 연구와 연습을 요구하며 철저한 전문가적인 직업 정신에 기인한다.

4) 지역 사회와의 관계

과거의 지역 사회는 외지인 또는 외국인에 대한 배타적인 의식이 지배적이었지만 최근의 지방자치제 간에는 국내외 관광객이나 외국 자본을 유치하기 위하여 치열한 경쟁을 벌이고 있는 것이 사실이다. 주요 목적은 지역 경제 활성화와 지역 이미지 상승효과를 얻는 데 있다. 그러나 몇몇 전통적인 도시들을 제외하고 많은 지방에서는 국제적인 관광 행사를 수용할 만한 인프라를 갖추지 못하고 있는 것도 사실이다. 주요 문화재나 매력물을 소장하고 있거나 축제를 개최하지만 체류하는 관광객들은 드물고 인근의 인프라가 갖추어진 전통적인 도시로의 누수 현상이 발생한다는 것이다. 즉, 관광호텔, 관광식당, 쇼핑 시설 및 언어적 인프라 등이 부족하여 나타나는 안타까운 문제들이라고 할 수 있다.

하지만 관광통역안내사들은 이러한 지역 사회의 어려움과 불편함을 이해하고 지역 사회에 기여하려는 적극적인 마인드와 역할이 필요하다. 조금 더 관심을 가지고 세밀하게 연구하고 정보를 찾아보면 그 지역 사회에서 찾아볼 수 있고 수용할 수 있는 해결책이 분명히 존재하기 때문이다. 따라서 관광통역안내사들은 관광을 통한 지역 사회 활성화라는 중요한 사회적 목적을 달성하는 데 있어서 핵심적인 첨병 역할을 담당하고 있다는 자부심을 가져야 한다.

또한 최근에는 그린투어나 윤리 관광이라는 사회적 이슈들이 나타나고 있다. 이것은 관광의 문화적, 경제적 효익에도 불구하고 지나친 관광 개발이나 외래 관광객들의 비윤리적 행동들이 지역 사회 환경과 정서에 해악을 끼치고 있다는 것이다. 그린투어나 윤리 관광은 그러한 부정적인 현상들을 개선하거나 차단해 보자는 의식적인 움직임으로 볼 수 있는데 많은 관광통역안내사들도 이런 운동에 찬성하고 동참하고 있는 것으로 보인다.

특히 전 세계적인 시각으로 되돌아본다면 해외 선진국 관광객들이 개발도상국 현지 주민에게 보인 무시나 무례, 주민들의 생활 침범과 자연 자원에 대한 착취 등 매우 심각한 문제들이 발생하고 있다. 이런 국제적 문제에 대응하기 위하여 다행히 비윤리적 관광 사례들을 입증하고 감시하는 World Tourism Organization(WTO), The Ecumenical Coalition on the Third World Tourism(ECTWT), The Center for Responsible Tourism 등의 국제적 관광 기구들이 조직되고 활동하고 있어 고무적인 일이라고 할 수 있다.

관광통역안내사들이 보다 거시적이고 책임감 있는 마인드로 지역 사회에 대한 윤리적인 태도를 견지하기 위한 지침들은 다음과 같다.

(1) 지역적 특색을 발견하고 연구하라

관광통역안내사는 대표적인 관광 매력물 중심으로 암기한 상투적인 지식이나 정보를 가지고 앵무새처럼 지저귀는 안내와 설명은 지양해야 한다. 평소에 새로움에 대한 탐색적이고 호기심 있는 생활 자세를 습관화해야 흥미롭고 이로운 자신만의 얘깃거리를 풍부하게 축적할 수 있다. 특히, 다양한 지역에 묻혀 있는 고유하고 특색 있는 사물이나 현상을 발견하려는 노력이 필요하다.

(2) 지역적 편견을 갖지 말라

관광통역안내사가 자신의 편의에 따라 지역에 대한 선호나 비선호와 같은 뚜렷한 편견을 갖고 있다면 자질이 의심스러운 것이다. 우리나라 구석구석의 고유한 사물과 정서를 사랑할 줄 알아야 한다. 그런 진정성 있는 신념과 열정 위에서 안내하고 해설한다면 외래 관광객들에게 그 지역의 모습 그대로를 생생하게 전달할 수 있을 것이다.

(3) 지역 사회 구성원과 관광객들 간 접촉이 이루어지도록 하라

관광통역안내사는 지역 주민들의 세계화와 관광 단원들의 현지 체험을 위하여 직접적인 접촉의 기회를 마련해 주어야 한다. 정해진 관광지와 호텔의 울타리를 벗어나 안전하게 현지 사람들을 만나 대화하면서 생활하는 모습을 체험하도록 유도할 필요가 있다. 가능하다면 여행 일정에 민박, 실생활 체험 또는 자원봉사 같은 프로그램을 계획하여 실행하는 것도 적극적인 실천 방법이 될 것이다. 이런 노력 역시 지역 사회와 관광객 간의 소통과 이해를 위한 중요한 기여임을 명심해야 한다.

(4) 특산물 등의 판매로 지역 경제에 이롭게 하라

모든 지역은 그 지역 고유한 특산물을 생산하고 있으며 외래 관광객들이 저렴하게 구매할 수 있는 기회를 제공하고 있다. 이러한 직접적인 꾸준한 거래는 지역 경제 활성화에 큰 도움을 주고 있다. 지역 특산품은 생산이 되는 곳에서 직접 구매해야 현지 주민들에게 더 큰 기여를 하게 되는 것이며, 다른 지역종합판매장에서 구입하는 것은 도움이 되지 않는다.

(5) 관광지를 보존하는 자세를 견지하라

자연 환경과 역사적 유적지의 개방과 개발은 곧 훼손으로 이어지는 사례가 세계 곳곳에서 벌어지고 있는 것이 현실이다. 관광통역안내사들의 생활 터전은 각 지역에서 제공하는 관광지와 관광 매력물들이다. 따라서 누구보다 더 깨어난 의식을 갖고 관광지를 안전하고 깨끗하게 보존하여 지역 사회의 중심이 되고 후세에 온전하게 전달될 수 있도록 적극적인 보존 의식을 가져야 한다.

(6) 현지 관습이나 지역민을 존중하는 자세를 갖추어라

과거의 대부분 지방들은 현지의 고유한 정서나 전통들이 침해받는 것을 염려하여 매우 배타적인 성향을 보였다. 접근성과 정보통신의 발달로 인해 세계화 및 지방화의 바람이 불고 있는 현재에도 현지의 관습은 여전히 보존되고 존중되고 있다. 관광통역안내사는 지역적으로 보전되거나 차이가 있는 금기 사항이나 금지 사항 등의 민감한 관습에 대해서 잘 알고 있어야 하며, 관광 단원들에게 잘 설명해 주어 마찰이나 불미스러운 문제가 발생하지 않도록 용의주도하게 안내를 해야 한다. 특히 성스러운 지역, 국립묘지, 민속마을, 빈민가 등을 통과하거나 접할 때에는 때로는 엄숙하고 조용해야 하며 현지 사람들에게 주의와 존경을 표해야 한다.

Ⅷ. 의료관광 용어

1. 주요 의료 용어

의학 용어는 그리스어와 라틴어에 기원을 두고 있는데 그중 대부분의 의학용어가 그리스어보다 라틴어에 기원을 두고 있다. 많은 의학 용어가 복합어로 이루어져 있으며 라틴어는 라틴어와 그리스어는 그리스어와 결합하여 복합어를 이르게 된다.

1) 의료 용어의 구성(Basic word structure)

의학 용어의 기본적인 요소는 어근, 접미사, 접두사, 복합모음, 복합형으로 이루어져 있으며 본 책에서는 접두사와 접미사를 간단하게 소개하고자 한다.

(1) 접두사(prefix)

① 부정 및 긍정 혹은 동일 및 반대를 의미하는 접두사

순서	prefixes	example
1	a, an(~없이, 무, 결핍)	anemia, apnea, amastia
2	ab, dis, il, im, in, ir, ig, non, un, ein(부정)	abnormal, insomnia, irregular
3	co, syn, sym, com, con(함께)	conductor, compression, symphysis
4	counter, contraanti(역, 반대, 길항, 억제)	contraindication, antibiotics
5	hetero, alb(잡종, 이종)	heterogeneous, allergy
6	homo, iso, equi(동종, 유사)	homograft, isocoria, equilateral

② 방향과 장소와 시간을 나타내는 접두사

순서	prefixes	example
1	ad, en, em(~에서 안으로)	adduction
2	anter(o), anterior(앞, 전)	anteroposterior
3	cephal/o, cephal/ic(두측, 머리의)	cephalgia
4	circom, peri(~주위의)	circumcision, pericaditis
5	dextro, dexter(우측)	dextrocardia, dexter oculus
6	endo, intra, intro(내부, 내)	endocardium, intravenous
7	epi(위, 위쪽)	epidermis
8	ex, ec, ef(~에서 밖으로)	excretion
9	exter, extra, ex(밖 쪽, 외측)	extracellular
10	infer/o, inferior(아래, 하)	inferiorvenacava
11	latero(옆쪽)	lateralposition
12	medi, mid(중앙, 중간쪽)	midfrontal
13	poster, posterior(뒤, 후)	posteroanterior
14	sinistro, sinister(좌측)	sinister oculus
15	super/o, superior(위, 상)	superior vena cava
16	trans(~를 지나서)	transverse colon
17	unitas, ambi(양쪽)	unitas oculus, ambivalence

③ 장기를 의미하는 접두사

순서	prefixes	example
1	abdomin(복부)	abdominal pain
2	angi(혈관)	angiography
3	appendix(충수)	appendicitis
4	arthr(관절)	arthritis
5	brachi(팔)	brachialgia
6	cardi(심장)	cardiology
7	cec(맹장)	cevotomy
8	cerebcr(대뇌, 뇌)	cerebrospinal
9	chil, labi(입술)	cheilitis

10	col, colon(결장)	coloncancer
11	crani(두개)	craniotomy
12	cyst(낭)	cystectomy
13	derm(피부)	dermatitis
14	duoden(십이지장)	duodenitis
15	esophagi(식도)	esophagitis
16	faci(얼굴)	facioplasty
17	gingiva(잇몸)	gingivitis
18	hepat(간)	hepatoma
19	hyster(자궁)	hysterectomy
20	laryng(후두)	laryngitis
21	mamm, mast(유방)	mammoplasty
22	mandible(하악)	submandibular gland
23	nas, rhin(코)	rhinorrhea
24	septum(중격)	septumdefect
25	spincter(괄약근)	rectalsphincter
26	teno(건)	tenorrhaphy
27	thorac(흉부, 가슴)	thoracostomy
28	tonsill(편도)	tonsillectomy
29	trache(기관)	tracheostomy
30	vigin(질)	viginitis

④ 체액, 물질을 나타내는 접두사

순서	prefixes	example
1	amyl(전분)	amylase
2	chol, chole(담즙,담관)	cholecystitis, cholagitis
3	glyc(당)	hypoglycemia
4	hydr(물)	hydration
5	lip(지방)	hyperlipidemia
6	muc(점액)	mucous
7	synovi(활액)	synovitis
8	thromb(응괴, 혈전)	thrombosis
9	ur, urin(소변)	proteinuria

⑤ 색을 나타내는 접두사

순서	prefixes	example
1	chrom(색)	chromosome
2	cyano(푸른색의)	cyanosis
3	erythro(빨간색의)	erythrocyte
4	glauco(청록색의)	glaucoma
5	leuko, alba, albi(흰색의)	leukocyte
6	melano(흑색의)	melamona

⑥ 시간과 수량을 나타내는 접두사

순서	prefixes	example
1	acutus(급성의)	acutegastriculcer
2	bi, di(2)	bilateral, diplopia
3	brady(느린)	bradycardia
4	chron(만성의)	chronic
5	hyper, super(정상 이상, 초과)	hypertrophy
6	hypo, sub(정상 이하)	hypoglycemia, hypotension
7	macro, mega(거대)	macrocyte
8	micro(작은, 미세한)	microsurgery
9	oligo(적은)	oliguria
10	pan(전체, 범)	panperitonitis
11	poly, multi(많은)	polyuria, multipara
12	quadric, tetra	tetraplesia
13	semi, hemi(1/2)	semiplacenta, hemiplesia
14	tachy(빠른)	tachycardia
15	tri(3)	tricepsmuscle

⑦ 기타 사용되는 접두사

순서	prefixes	example
1	auto, idio(자가, 자기)	autoimmunity
2	bacteri(세균)	bactericide
3	cac(나쁜)	cachexia
4	carcin(암)	carcinectomy
5	crypto(숨은)	cryptorochism
6	dys(어려운, 나쁜)	dyspnea
7	febr(열)	febrileseizure
8	mal(비정상)	malnutrition
9	necr(죽음)	necrosis
10	olfact(후각)	olfactorynerve
11	pneuma(호흡, 공기)	pneumonia
12	psych(정신, 마음)	psychopath
13	steno(좁은)	stenosis

(2) 접미사(suffix)

① 병리적 상태를 나타내는 접미사

순서	prefixes	example
1	-sis(병적 상태)	neurosis
2	-oma(종양, 신생물)	hepatoma
3	-us(상태)	hydrocephalus

② 증상 및 징후를 나타내는 접미사

순서	prefixes	example
1	-algia(통증)	myalgia, otalgia
2	-cele(종양, 탈출)	rectocele
3	-cyte(세포)	leukocyte, erythrocyte
4	-dipsia(갈증)	polydipsia
5	-ectasia(확장증)	bronchiectasis
6	-emia(혈액의 상태)	anemia
7	-esthesia(감각)	anesthesia
8	-lithiasis(결석, 돌)	nephrolithiasis
9	-logy(학문)	pathology
10	-malacia(연화)	osteomalacia
11	-megaly(거대증)	cardiomegaly
12	-mnesia(기억)	amnesia
13	-osis(비정상적인 증가)	leukocytosis
14	-pathy(병변)	nephropathy
15	-penia(감소)	pancytopenia
16	-pepsia(소화)	dyspepsia
17	-phobia(공포)	hydrophobia
18	-plasm(발생, 형성물)	neoplasm
19	-plegia(마비)	tetraplegia
20	-pnea(호흡)	hyperpnea
21	-poiesis(생성)	hematopoiesis
22	-ptosis(하수)	gastroptosis
23	-rrhage(출혈, 누출)	hemorrhage
24	-rrhea(유출, 누출)	rhinirrhea, diarrhea
25	-sclerosis(경화증)	arthrosclerosis
26	-somnia(수면)	insomnia
27	-stasis(정지)	hemostasis
28	-staxia(출혈)	epistaxis
29	-titis(염증)	gastritis, pancreatitis
30	-trophy(영양, 발달)	hypertrophy
31	-uria(소변, 소변 상태)	polyuria

③ 도구와 검사 방법을 나타내는 접미사

순서	prefixes	example
1	-gram(그림,도표)	ECG(Electrocardiogram)
2	-opsy(조직 검사법)	biopsy
3	-scope(보는기구)	endoscope

④ 치료와 수술을 나타내는 접미사

순서	prefixes	example
1	-centesis(천자, 흡인)	thoracentesis

2	-ectomy, tomy, stomy(절제)	gastrectomy
3	-lysis(분해, 박리)	hemolysis
4	-plasty(성형술, 재건술)	rhinoplasty
5	-rrhaphy(봉합술)	rectorrhapy
6	-therapy(치료, 요법)	radiotherapy

2) 신체의 구조(Structural organization of The Body)

순서	ENGLISH	KOREAN
1	abdomen	복부, 배
2	ankle	발꿈치
3	anterior	앞쪽의
4	arm	팔
5	armpit	겨드랑이
6	back	등
7	back of the hand	손등
8	bilateral	양측의
9	calf	하퇴, 종아리
10	cell membrane	세포막
11	cephalic	머리쪽의(두측의)
12	chest	가슴
13	chin	턱
14	connectivetissue	결합조직
15	coronal	관상의,(두정의)
16	cranial	머리쪽의
17	cranial cavity	머리뼈 안(두개강)
18	cytoplasm	세포질
19	decubitus	누움
20	dextro-	오른쪽(우측)
21	diaphragm	가로막(횡격막)
22	distal	먼쪽의(원위의)
23	dorsal	등쪽의
24	elbow	팔꿈치
25	epithelial tissue	상피조직
26	eversion	가쪽번짐(발이 몸 바깥쪽으로 틀어진 것)
27	extension	폄(신전)
28	external	가쪽의(외축의)
29	eye	눈
30	eyebrow	눈썹
31	finger	손가락
32	flexion	굽힘(굴곡)
33	foot	발
34	forearm	전완(팔뚝)
35	forehead	이마
36	hand	손

37	head	머리
38	homeostasis	항상성
39	inferior	아래쪽(하부)
40	internal	안쪽의(내측의)
41	knee	무릎
42	lateral	측면의(외측의)
43	medial	안쪽(내측의)
44	mediastinum	가슴세로칸(종격동)
45	metabolism	물질대사
46	midsagittal	정중시상의
47	mouth	입
48	muscle tissue	근육조직
49	nape of the neck	목덜미
50	neck	목
51	nervetissue	신경조직
52	nucleus	핵
53	oblique	빗틈새(대각선의)
54	palm	손바닥
55	peripheral	말초의
56	peritoneal cavity	배안(복막강)
57	pit of the stomach	명치
58	pleural cavity	가슴막 안(흉막강)
59	posterior	뒤쪽의
60	pronation	엎침(손등이 위로 오는 자세)
61	prone	엎드림(복와위)
62	proximal	몸쪽의, 중앙의
63	rotation	돌림, 회전
64	rump	둔부(엉덩이)
65	shoulder	어깨(등의 위쪽 부분 포함)
66	side	옆구리
67	sinistro-	왼쪽(좌측)
68	spinal cavity	척추안(척추강)
69	superior	위쪽(상부)
70	supination	뒤침(손바닥이 위로 오는 자세)
71	supine	바로 누운(앙와위)
72	throat	목안쪽
73	thumb	엄지손가락
74	toe	발가락
75	tongue	혀
76	tooth	이빨
77	transverse	가로의(횡단의, 수평의)
78	upper arm	상완, 상박
79	upper thigh	대퇴, 허벅지
80	upright	세움(기립)
81	ventral	배축의, 복측의
82	waist	허리
83	wrist	손목

3) 근골격계(Musculoskeletal system)

순서	ENGLISH	KOREAN
1	acetabulum	볼기뼈절구, 관골구
2	acromegaly	말단비대증
3	amputation	절단
4	amyotrophia	근육위축증
5	aponeurosis	널힘줄, 건막
6	arthritis	관절염
7	arthrocentesis	관절뚫기(=관절천자)
8	arthrography	관절 조영술
9	arthroscopy	관절경검사(법)
10	bone grafting	골이식
11	bursa	윤활낭, 점액낭
12	bursectomy	윤활낭 절제술
13	bursitis	윤활낭염
14	carpal tunnel syndrome(CPI)	손목굴 증후군
15	cartilage	연골
16	casting	석고붕대고정
17	claudication	절뚝거림, 파행증
18	clavicle	빗장뼈(=쇄골)
19	collagen disease	교원질성 질환
20	contracture	구축
21	diskography	추간판 조영술
22	dysmyotonia	근육긴장이상
23	electrical stimulation	전기자극
24	electromyography	근전도검사
25	fascia	근막
26	fasciitis	근막염
27	femur	넙다리뼈(=대퇴골)
28	fibroma	섬유종
29	fibula	종아리뼈(=비골)
30	foramen	구멍
31	fracture	골절
32	ganglion cyst	신경성 낭종
33	genu valgus	외반슬(x자 다리)
34	genu varus	내반슬(o자 다리)
35	gout	통풍
36	herniated nucleus pulposus(HNP)	추핵탈출증(=디스크)
37	humerus	위팔뼈(=상완골)
38	hypermyotrophy	근육비대증
39	hypomyotonia	근육이완증
40	kyphosis	척추후만증
41	laminectomy	척추궁절제술
42	ligament	인대
43	lordosis	척추전만증
44	lumbosacral spinal radiography(LS spine)	요척추촬영술
45	lupus erythematosus(LE)	홍반성 낭창

46	macrodactyly	큰손발가락증
47	malleolus	복사뼈
48	malunion	부정유합
49	meniscus	반월판
50	muscle tone	근육긴장
51	muscular dystrophy	근위축증
52	myasthenia gravis	근무력증
53	myelography, myelogram	척수 조영술
54	myogelosis	근경화증
55	myogram	근육운동도
56	myoma	근종
57	myomalacia	근육연화증
58	myorrhexis	근육파열
59	myositis	근육염
60	myospasm	근경련
61	olecranon	팔꿈치
62	osteomyelitis	골수염
63	osteoporosis	골다공증
64	paralysis	마비
65	phocomelia	단지증
66	polydactyly	다지증
67	prominence	융기
68	prosthesis	인공 삽입물
69	radius	요골
70	rheumatism	류마티즘
71	rickets	구루병
72	sarcoma	육종
73	scapula	견갑골
74	scoliosis	척주측만증
75	sequestrectomy	부골절제술
76	skull fracture	두개골절
77	splinting	부목고정
78	spondylities	척추염
79	spondylosyndesis	척추고정술
80	sprain	염좌
81	sternum	복장뼈(=흉골)
82	sutures	봉합
83	synovectomy	윤활막절제술
84	synovial fluid	윤활액
85	systemic lupus erythematosus(SLE)	전신성홍반성낭창
86	tendinitis	건염
87	tendon	힘줄(=건)
88	tenosynovitis	건막염
89	theca	포막
90	tibia	정강이뼈(=경골)
91	traction	당김, 견인
92	ulna	자뼈(=척골)
93	vertebral column	척추

4) 소화기계(Gastrointestinal system)

순서	ENGLISH	KOREAN
1	abdominal pain	복통
2	absorption	흡수
3	amylase	아밀라제
4	anorexia	식욕감퇴(신경성으로 인한)
5	anus	항문
6	anusfistula	치루
7	appendicitis	맹장염
8	appendix	맹장
9	ascending colon	상행결장
10	asphyxia(=suffocation)	질식
11	bacteria	박테리아
12	belch	트림
13	bile juice	담즙
14	bloodystool	혈변
15	bowel	창자
16	carbohydrate	탄수화물
17	cecum	맹장
18	cholangioma	담관암
19	cholangitis	담관염
20	cholecyst(=gallbladder)	담낭
21	cholecystolithiasis(=gallbladderstone)	담낭결석증
22	cholecystostomy	담석제거를 위한 담낭조루술
23	cirrhosis	간경변
24	colitis	대장염
25	common bile duct	총담관
26	constipation	변비
27	defecation	배변
28	descending colon	하행결장
29	diabetes	당뇨병
30	diarrhea(=waterydiarrhea)	설사(=물 같은 설사)
31	digestion	소화
32	digestive enzyme	소화효소
33	diphtheria	디프테리아
34	duodenalulcer	십이지장궤양
35	duodenitis	십이지장염
36	duodenum	십이지장
37	dysentery	이질
38	enteritis	장염
39	epiglottis	후두개
40	esophagealachalasia	식도이완불능증
41	esophageal cancer	식도암
42	esophageal varix bleeding	식도정맥류출혈
43	esophagus(=gullet, throat)	식도
44	ethmoidsinus	사골동
45	exogenictoxicosis(=foodpoisoning)	식중독
46	fattyliver	지방간
47	flatus	방구

48	frontal sinus	전두동
49	gall	담즙
50	gallbladder	담낭, 쓸개
51	gallstone	담석
52	gaster(=stomach)	위
53	gastric cancer(=stomach cancer)	위암
54	gastric juice(=pepsin)	위액
55	gastric ulcer	위궤양
56	gastritis	위염
57	gastroesophageal reflux disease(GERD)	위-식도 역류 질환
58	gastroptosis	위하수
59	gastroscope	위내시경
60	gaterectomy	위절제술
61	gullet(=esophagus, throat)	식도
62	hard palate	경구개
63	Helicobacter pylori	헬리코박터파이로리균
64	hematemesis	토혈
65	hemorrhoid(=internal, external)	치질(=내치질, 외치질)
66	Hepaticcoma	간성혼수
67	Hepatitis	간염
68	hepatoma	간종양
69	herpes simplex(type1)	단순포진
70	herpes zoster	대상포진
71	hyperacidity	위산과다
72	ileum	회장
73	indigestion(=dyspepsia)	소화불량
74	ingestion	섭취
75	intestinalcatarsis	내장점막염증
76	intestinalobstruction	장폐쇄
77	intestinaltuberculosis	장결핵
78	intestinalworm	회충
79	intestine	창자
80	intussusception	장중첩증
81	Irritable Bowel Syndrome(IBS)	과민성대장증후군
82	jaundice	황달
83	jejunum	공장
84	largeintestine	대장
85	laryngitis	후두염
86	larynx	후두
87	lingual tonsil	설편도
88	lip	입술
89	lipase	리파아제
90	lipid	지방
91	liver	간
92	liver cancer	간암
93	liver cirrhosis(LC)	간경화, 간경변
94	liverrupture	간파열
95	maxillary sinus	상악동
96	melena	흑변
97	mesentery	장간막
98	mucosa	점막

99	mucous	점액
100	nasal cavity	비강
101	nasal septum	비중격
102	nausea	오심, 메스꺼움
103	oral cavity	구강
104	palatinetonsil	구개편도
105	pancreas	이자(=췌장)
106	pancreatic cancer	췌장암
107	pancreatitis	췌장염
108	parotid salivary gland	이하샘
109	peptidase	펩티다아제
110	peristalsis	연동운동
111	peritoneum	복막
112	peritonitis	복막염
113	pharyngealtonsil	인두편도
114	pharynx	인두
115	piles(=hemorrhoids)	치질
116	polyp	폴립, 용종
117	protein	단백질
118	pyloricsphincter	유문 괄약근
119	pylorus	유문
120	rectalprolapse	직장탈
121	rectum	직장
122	refluxesophagitis	역류성식도염
123	rumbling sound	장에서 꾸르륵 거리는 소리
124	scarletfever	성홍열
125	sigmoid colon	S-상결장
126	sinus	부비동
127	sinusitis	부비동염(=축농증)
128	small intestine	소장
129	sphenoid sinus	접형골동
130	stool	대변
131	sublingual salivary gland	설하샘
132	submandiblular salivary gland	악하샘
133	tetanus	파상풍
134	tongue	혀
135	tonsil	편도
136	trachea	기도
137	transverse colon	횡행결장
138	typhoid fever	장티푸스
139	ulcer	궤양
140	upper lip	상순
141	urine	소변
142	villus	융모
143	virus	바이러스
144	vomiting	구토
145	vomitus	토사물

5) 호흡기계(Respiratory system)

순서	ENGLISH	KOREAN
1	adult respiratory distress syndrome(ARDS)	급성호흡곤란증후군
2	alveoli	폐포
3	aphasia	실어증
4	apnea	무호흡
5	arelectasis	무기폐
6	arterial blood gas analysis(ABGA)	동맥가스 분석 검사
7	asphyxia(=suffocation)	질식
8	asthma	천식
9	barrelchest	술통형가슴
10	bicarbonate	이산화탄소
11	bronchi(=bronchus)	기관지
12	bronchial asthma	기관지천식
13	bronchiectasis	기관지확장증
14	bronchiole	모세기관지
15	bronchitis	기관지염
16	bronchoscopy	기관지경검사
17	capillary	모세혈관
18	cell	세포
19	chest CT	흉부 CT
20	chest pain	가슴이 아픈 흉통
21	chest x-ray	흉부x-선 검사
22	cheyne-stokes respiration	체인스톡 호흡
23	chronic obstructive pulmonary disease(COPD)	만성폐쇄성폐질환
24	common cold	감기
25	cough	기침
26	crackle	악설음
27	diaphram	횡경막
28	diffusion	확산
29	dyspnoea	호흡곤란
30	emphysema	폐기종
31	epiglottis	후두개
32	epiglottitis	후두개염
33	epistaxis	코피
34	esophagus	식도
35	flail chest	연가양가슴
36	gas exchange	기체교환
37	hemoptysis	객혈
38	hemothorax	혈흉
39	hyperventilation	과환기
40	laryngitis	후두염
41	larynx	후두
42	lobe	엽
43	lung	폐
44	membrain	막
45	nasal cavity	비강
46	nasal polyp	비용종
47	nasal septum	비중격

48	nasal(nose) hair	비모
49	nutriant	영양소
50	O2 saturation	산소포화도
51	orthopnea	기좌호흡
52	oxygen	산소
53	pharyngitis	인두염
54	pharynx	인두
55	pleura	흉막
56	pleural effusion	늑막삼출액
57	pleurisy	늑막염
58	pneumonia	폐렴
59	pneumothorax	기흉
60	pulmonary abscess	폐농양
61	pulmonary cancer(=lung cancer)	폐암
62	pulmonary edema	폐부종
63	pulmonary embolism	폐색전
64	pulmonary functiontest(PFT)	폐기능 검사
65	pulmonary Tb(=tuberculosis)	폐결핵
66	rales	수포음
67	rhinitis	비염
68	rhinorrhea	콧물
69	sinus	부비동
70	sisusitis	부비동염
71	sputum	담, 가래
72	thoracentesis	흉부천자
73	thorax	흉곽
74	trachea	기관
75	tracheal intubation	기도삽관
76	tracheostomy	기관절개술
77	tuberculosis	결핵
78	vocal cord	성대
79	wheezing	천명음
80	windpipe	기관, 숨통

6) 순환기계(Cardiovascular system)

순서	ENGLISH	KOREAN
1	anemia	빈혈증
2	aneuysm	동맥류
3	angina pectoris	협심증
4	aorta	대정맥
5	arrhythmia	부정맥
6	arteriole	세동맥
7	arteriosclerosis	동맥경화증
8	artery	동맥
9	artifitial pacemaker	심방페이스메이커
10	atrial fibrillation	심방세동
11	atrial septal defect(ASD)	심방중격결손
12	atrium	심장의심방

13	blood bank	혈액은행
14	blood count	적혈구나 백혈구의 숫자
15	blood pressure(BP)	혈압
16	blood type	혈액형
17	blood vessel	혈관
18	bone marrow	골수
19	bradycardia	서맥
20	capillary	모세혈관
21	cardiac arrest	심정지
22	cardiac asthma	심장천식
23	cardiac massage	심장 마사지(흉부 압박)
24	cardiac murmur	심잡음
25	cardiocentesis	심장천자
26	carditis	심장염
27	cholesterol	콜레스테롤
28	congestive heart failure(CHF)	울혈성심부전
29	coronary artery	관상동맥
30	cyanosis	청색증
31	dextrocardia	우심증
32	diastolic blood pressure	심장확장시혈압
33	echocardiography	심장초음파
34	electrocardiogram(ECG)	심전도
35	embolism	색전증
36	endocarditis	심내막염
37	erythoropenia	적혈구감소(증)
38	erythrocytosis	적혈구증가(증)
39	essential hypertension	본태성 고혈압
40	heart	심장
41	heart attack	심장마비
42	hemoglobin	헤모글로빈
43	hemophilia	혈우병
44	hypertension	고혈압
45	hypotension	저혈압
46	infarction	경색증
47	inferior vena cava	하대정맥
48	ischemia	허열
49	leukemia	백혈병
50	leukocyte	백혈구
51	leukocytopenia	백혈구감소(증)
52	leukocytosis	백혈구증가(증)
53	lymph	림프
54	myocardial infarction	심장경색증
55	myocardial infarction(MI)	심근경색
56	myocarditis	심근염
57	palpitation	가슴이 두근거리는 증세
58	pancytopenia	범혈구감소(증)
59	patent ductus arteriosus	동맥관개존증
60	pericardiocentesis	심외막천자
61	pericarditis	심외막염
62	phlebitis	정맥염
63	plasma	혈장

64	pulmonary vein	폐정맥
65	pumlonary artery	폐동맥
66	purpura	자반병, 반점이 나는 병
67	rheumatic heart disease(RHD)	류마티스심장질환
68	secondary hypertension	이차성 고혈압
69	septicemia	패혈증
70	serum enzyme test	혈청효소 검사
71	superior vena cava	상대정맥
72	systolic blood pressure	심장수축시 혈압
73	tachycardia	빈맥
74	thrombocytopenia	혈소판감소(증)
75	thrombosis	혈전증
76	transfusion	수혈
77	valvualr	심장판막
78	valvulitis	심장판막염
79	valvulotomy	승모판절개술
80	varicose vein	정맥류
81	vasoconstriction	혈관수축
82	vasodilatation	혈관확장
83	vein	정맥
84	ventricle	심장의심실
85	ventricle fibrillation	심실세동
86	ventricular septal defect(VSD)	심실중격결손
87	venule	세정맥

7) 신경계(Nervous System)

순서	ENGLISH	KOREAN
1	Alzheimer's disease	알츠하이머병
2	ambivalence	양가감정
3	amnesia	건망증
4	anencephaly	무뇌증
5	anxiety	불안
6	aphasia	실어증
7	arachnoid membrain	거미막, 지주막
8	ataxia	운동실조
9	autistic thinking	자폐적사고
10	Bell's palsy	안면마비
11	brain	뇌
12	brain stem	뇌간
13	cerebellum	소뇌
14	cerebral anemia	뇌빈혈증
15	cerebral apoplexy	뇌출혈, 뇌일혈
16	cerebral concussion	뇌진탕
17	cerebral contusion	뇌좌상
18	cerebral palcy(CP)	뇌성마비
19	cerebral thrombosis	뇌혈전증
20	cerebro spinal fluid(CSF)	뇌척수액
21	cerebrovascul araccident(CVA)	뇌졸중

22	cerebrovascul arembolism	뇌혈관성색전증
23	cerebrovascul arthrombosis	뇌혈관성혈전증
24	cerebrum	대뇌
25	compulsions	강박행동
26	convulsion	경련, 경기
27	craniectomy	두개골절제술
28	craniotomy	개두술
29	dazed	몽롱한
30	delirium	섬망증
31	delirium	섬망
32	delusion	망상
33	dementia	치매
34	depression	우울, 우울증
35	diencephalon interbrain	간뇌
36	diplegia	양측마비
37	distracted	정신착란
38	dizziness	현기증, 어지럼증
39	drowsy	졸리는
40	duramater	경막
41	encephalitis	뇌염
42	epidural hematoma(EDH)	경막상혈종
43	epilepsy	간질
44	excited	흥분된
45	faint	기절
46	grand mal epilepsy	대발작간질
47	hallucination	환각
48	heat apoplexy	열사병
49	hemiplegia	편마비
50	hydrocephalus	수두증
51	hyperamnesia	기억과다증
52	hypochondria	건강염려증
53	hypothalamus	시상하부
54	hysteria	히스테리, 병적인 흥분
55	illusion	환상, 환각
56	impulsive	충동적 행동
57	magical thinking	마술적 사고
58	manic deressive illness	조울병
59	medulla oblongata	연수
60	meninges	수막,뇌막
61	meningioma	수막종
62	meningitis	수막염
63	meningocele	수막류
64	microcephaly	소두증
65	midbrain	중뇌
66	multiple sclerosis	다발성경화증
67	muscular dystrophy	근이영양증
68	myasthenia gravis	중증근무력증
69	myelitis	척수염
70	negativism	거부증
71	neologism	신어조작증
72	nerve	신경

73	neuritis	신경염
74	neuron	뉴런, 신경세포
75	obsession	강박사고
76	Parkinson's disease	파킨슨병
77	petit mal epilepsy	소발작간질
78	phobia	공포
79	pia mater	연막
80	pons	뇌교
81	schizophrenia	정신분열병
82	spina bifida	이분척추
83	spinal cord	척추
84	spinal stenosis	척주협착증
85	subarachnoid hematoma(SAH)	지주막하혈종
86	subdural hematoma(SDH)	경막하혈종
87	suicide	자살
88	synapse	시냅스, 접합부
89	syncope	실신
90	tetraplegia	사지마비
91	thalamus	시상
92	tremor	진전
93	ventricle	뇌실

8) 비뇨생식기계(Genitourinary System)

순서	ENGLISH	KOREAN
1	abdominal pregnancy	복강임신
2	abortion	유산
3	acute renal falure(ARF)	급성신부전증
4	adrenal gland	부신
5	albuminuria	단백질뇨증
6	amenorrhea	무월경
7	amnion	양막
8	amniotic fluid	양수
9	aurea	무뇨증
10	Basedows disease	바세도우씨병, 갑상선질환
11	bladder	방광
12	blood urea nitrogen(BUN)	요소질소
13	bowman's capsule	보우만낭
14	calculus(=stone)	결석
15	catheterize	도뇨관을 장치하는 것
16	cervical cancer	자궁경부암
17	cervicitis	자궁경부염
18	cervix	자궁경부
19	cesarean section(C-sec)	제왕절개
20	chorion	융모막
21	chronic renal failure(CRF)	만성신부전증
22	circumcision	윤절술, 포경수술
23	clitoris	음핵, 클리토리스
24	creatinine	크레아티닌

25	cryptorchism	잠복고환
26	cystitis	방광염
27	diabetes	당뇨병
28	dialysis	투석
29	Dilatation & Curettage(D&C)	자궁경관확장 소파술
30	diuresis	이뇨
31	dysmenorrhea	월경곤란증
32	dysuria	배뇨곤란
33	ectopicpregnancy	자궁외 임신
34	endometritis	자궁내막증
35	epididimis	부고환
36	episiotomy	회음절개술
37	episisimitis	부고환염
38	estrogen	에스트로젠
39	fallopian tube	나팔관, 난관
40	fetus	태아
41	glomerulitis	사구체염
42	glomerulonephritis	사구체신염
43	glomerulus	신사구체
44	glycosuria	당뇨증
45	goiter(=goitre)	갑상선종양
46	gonorrhea	임질
47	gravida(=pregnancy)	임신
48	hematuria	혈뇨
49	hemodialysis	혈액투석
50	hydramnios	양수과다증
51	hydrocele	음낭수종
52	hydronephrosis	수신증
53	hymen	처녀막
54	hysterectomy	자궁적출술
55	impotence	임포턴스, 남성의 발기불능
56	incontinence	실금, 대변 혹은 소변이 자제할 수 없이 나오는 증세
57	kidney	신장, 콩팥
58	kidney transplantation	신장이식
59	labia majora	대음순
60	labia minora	소음순
61	labor	분만, 출산, 진통
62	laparoscopy	복강경 검사법
63	leukorrhea	백대하
64	lochia	오로
65	morning sickness	임신오조
66	multipara	경산부
67	nephrectomy	신절제술
68	nephritis	신장염
69	nephrolithiasis	신결석증
70	nephron	네프론, 신단위
71	nephropathy	신장병증
72	nephroptosis	신장하수증
73	nephrosis	신장증
74	neurasthenia	신경쇠약
75	nocturia	야간다뇨증

76	oligomenorrhea	희발월경
77	oliguria	소변양과소
78	ologohydramniosis	양수과소증
79	ova	난세포
80	ovarian cyst	난소낭종
81	ovarian pregnancy	난소임신
82	ovary	난소
83	pelvis	골반
84	pelvis inflammatory disease(PID)	골반염증성 질환
85	penis	음경
86	perinium	회음(부)
87	peritoneal dialysis	복막투석
88	phimosis	포경
89	placenta	태반
90	polymenorrhea	빈발월경
91	polyuria	소변양과다
92	premature ejaculation	조루
93	primipara	초산부
94	progesterone	프로제스테론
95	prostate	전립선
96	prostatitis	전립선염
97	pyelitis	신우염
98	pyuria	농뇨
99	renal(kidney) biopsy	신장생검
100	renal calculus(=kidney stone)	신장결석
101	renal diseases	신장병
102	renal gland	부신
103	renal infarction	신경색
104	renal tuberculosis	신결핵
105	salpingectomy	난관절제술
106	scrotum	음낭
107	semen	정액
108	still birth	사산
109	testicle swelling	고환부증, 고환이 붓는 증세
110	testicles	고환
111	tubal(fallopion) pregnancy	난관임신, 나팔관임신
112	turbid urine	탁한소변
113	uetrus	자궁
114	umbilcalcord	제대, 탯줄
115	uremia	요독증
116	ureter	요관
117	ureteritis	요관염
118	ureterolithiasis	요관결석증
119	ureterolithotomy	요관절석술
120	urethra	요도
121	urethritis	요도염
122	urinary urgency	빈뇨
123	urination pain	소변 볼때의 고통
124	urine	소변
125	vagina	질
126	vaginitis	질염

127	vulva	외음
128	vulvitis	외음부염

9) 내분비계(Endocrine system)

순서	ENGLISH	KOREAN
1	addison's disease	애디슨신드롬
2	adrenal gland	부신
3	antidiuretic hormone(ADH)	항이뇨호르몬
4	cushing's syndrome	쿠싱신드롬
5	diabetes insipidus	요붕증
6	diabetic nephropathy	당뇨병성 신증
7	diabetic neuropathy	당뇨병성 신경병증
8	diabetic retionopathy	당뇨병성 망막병증
9	diabetus mellitus(DM)	당뇨병
10	dipsesis	갈증, 심한 갈증
11	dipsia	구갈
12	dwarfism	왜소증, 소인증, 난장이
13	endocrine gland	내분비선
14	endocrine	내분비
15	exophthalmos	안구돌출증
16	giantism(=gigantism)	거인증
17	glucagon	글루카곤(혈당상승작용)
18	glycosuria	당뇨
19	goiter	갑상선종
20	gonadotropic hormone	성선자극호르몬
21	Graves' disease	그레이브스병
22	growth hormone	성장호르몬
23	gyncomastia	여성형 유방
24	hirsutism	다모증
25	hormone	호르몬
26	hypersecretion	과다분비
27	hyperthyroidism	갑상선기능항진증
28	hypothyroidism	갑상성기능저하증
29	insulin	인슐린(혈당저하작용)
30	moon face	만월안
31	myxedema	점액수종
32	myxoma	점액종
33	parathyroid gland	부갑상선
34	parathyroid hormone(=parathormone)	부갑상선호르몬
35	pituitarygland	뇌하수체
36	pituitary hormone	뇌하수체호르몬
37	progeria	조로증
38	prolactine	프로락틴(유즙분비 촉진호르몬)
39	Sheehan's syndrome	뇌하수체 괴사 증후군
40	Simmond's disease	시몽병
41	somatostatin	소마토스타틴(성장호르몬 억제)
42	thymectomy	흉선절제술
43	thymelcosis	흉선궤양

44	thyroditis	갑상선염
45	thyroid carcinoma	갑상선암
46	thyroid gland	갑상선
47	thyroid stimulating hormone(TSH)	갑성선자극호르몬
48	thyroiditis	갑상선염
49	thyroma	갑상선종
50	thyrotoxicosis	갑상선중독증
51	virilism	남성화

10) 외피계(Integumentary System)

순서	ENGLISH	KOREAN
1	acne	여드름
2	baldness	탈모증
3	birthmark	태어날 때부터 있는 반점
4	bruise	타박상으로 든 멍
5	burn	화상
6	chilblain	약한 동상
7	collagen	아교질(콜라겐)
8	contact dermatitis	접촉성피부염
9	corn	티눈
10	dermatitis	피부염
11	dermis	진피
12	dry skin	건조피부
13	eczema	습진
14	epidermis	표피
15	epithelium	상피
16	eruption	발진, 부스럼
17	favus	황선, 기계충
18	freckle	기미, 주근깨
19	frostbite	심한동상
20	hair	모발
21	infantile eczema	유아습진
22	keloid	켈로이드
23	keratin	케라틴
24	lesion	병변
25	macule	반점
26	melanin	멜라닌
27	melanocyte	멜라닌보유세포
28	nail	손(발)톱
29	nettle rash(=urticaria)	두드러기
30	nevus	모반
31	papule	구진
32	patch	반
33	plaque	판
34	psoriasis	건선
35	rash	발진, 땀띠
36	red rash	붉은반점
37	ringworm	백선, 동전버짐

38	roseola	장미진, 홍진, 풍진
39	scabies	옴
40	sebaceous glands	기름샘
41	sebum	피지
42	skin cancer	피부암
43	subcutaneous layer	피하층
44	sudoriferousg lands	땀샘
45	sunburn	햇볕에 살갗이 탄 증세
46	urticaria	두드러기
47	wart	사마귀, 쥐젖

11) 기타

순서	ENGLISH	KOREAN
1	ablation	절제
2	acute	급성의
3	adhesion	부착, 유착
4	admission	입원
5	allergy	알레르기
6	amputation	절단술
7	analgesics	진통제
8	anastomosis	연결
9	anesthesia	마취
10	anesthetics	마취제
11	antifebrile	해열제
12	artificial respiration	인공호흡
13	aseptic technique	무균술
14	biopsy	생검
15	build	체격
16	capsule	캡슐약
17	cauterize	부식하다, 소작하다, 뜸을 뜨다
18	chronic	만성의
19	clinical history	병력
20	constitution	체질
21	corpuscle	혈구
22	curettage	박리, 소파
23	dehiscence	벌어짐, 결손
24	discharge	퇴원
25	disital radiography	디지털촬영술
26	enema	관장
27	external application	외용(연고, 점안제, 크림, 로션 등)
28	extirpation	적출술
29	fluoroscopy	투시검사
30	frozen section	동결절편
31	general anesthesia	전신마취
32	general check-up	건강진단
33	heredity	유전
34	hospitalization	입원
35	immunization	예방주사

36	incision and drainage(I&D)	절개배농
37	infection	감염
38	inhalation	흡입
39	injection	주사
40	intramuscular(IM) injection	근육주사
41	intravenous(IV) injection	혈관주사
42	irrigation	관주법, 세척
43	laser surgery	레이저수술
44	ligation	묶기, 묶음, 연결
45	local anesthesia	국부마취
46	magnetic resonance angiography	자기공명혈관촬영술
47	magnetic resonance imaging(MRI)	자기공명영상술
48	needle	바늘
49	operation	수술
50	oral medication	경구투여
51	pain killer	진통제
52	parenteral medication	비경구투여
53	physical examination	신체검진
54	pill(=tablet)	알약
55	polyp	폴립(용종)
56	positron emission tomography (PET) scan	양전자단층촬영술
57	powder	가루약
58	prevention	예방
59	pulse	맥박
60	punch	찍어냄, 펀치
61	radical dissection	근치절제술
62	radiopharmaceutial	방사선의약품
63	rectal administration	직장투여
64	resection	절제술
65	respiration	호흡
66	sepsis	패혈증(혈액 안에 균이 있는 것)
67	side effect	부작용
68	sonography	초음파촬영술
69	stereoradiography	입체방사선촬영술
70	subcutaneous(SC) injection	피하투여
71	sublingual administration	설하투여
72	sublingualtablet	혀밑에서 녹여서 먹는 정제
73	suppurative	고름, 화농
74	symptom	증상, 증후
75	thermometer	체온계
76	transplantation	이식술
77	treatment	치료
78	tuberculin reaction	투베르쿨린반응
79	vaccination	백신
80	white blood cell	백혈구
81	X-ray	엑스레이

2. 주요 관광 용어

① **가족 할인 상품**(Family Plan): 가족 여행을 위한 특별 할인 상품으로서 여러 산업에서 각각 다르게 적용되고 있다. 가족 회원에게는 항공 운임, 숙박료 등의 할인이 주어진다.

② **개별 자유 여행객**(FIT: Free Independent Traveler): 개인이 직접 여행 상품/ 서비스를 수배하여 여행하는 여행객이다.

③ **개인 용품**(Personal Effects): 여행에 필요한 개인 용품으로서 의류나 화장품이 여기에 해당하는데 어느 나라나 이들 품목에 대해서는 입국 시 면세 통관 처리해 준다.

④ **검역**(Quarantine): 평상시에는 문제가 되지 않으나 타국에 전염병이 돌았을 때 전염병 유입을 방지하는 것을 목적으로 사람 또는 물건의 공항 출입 시 검사하는 일로 한국에서는 검역관에게 예방접종 증명서를 제출한다.

⑤ **경유**(Transit): 여행 목적지까지 가는 사이에 교통 기관이 도중에 들러 가는 지점을 말한다. 통과 여객(transit passenger)은 단지 통과만을 목적으로 입국하는 여객을 말한다.

⑥ **계절성**(Seasonality): 1년 동안에 방문객 흡인 능력이나 지역 매력물의 특수성에 의해 시장 수요에 있어서 성수기와 비수기의 변동을 뜻한다.

⑦ **고객 알림 사항**(Consumer Disclosure Notice): 여행사가 고객에게 여행사의 역할이 대리인이라는 사실을 알려 주기 위해 자주 이용하는 인쇄된 안내용지로, 여행사가 손님에게 이를 보여 줌으로써 공급 업자의 상품을 이용하는 데 있어서 고객으로부터 암묵적인 동의를 얻게 되어 차후에 책임 문제를 피할 수 있다.

⑧ **관문 도시**(Gateway City): 입지나 교통 형태 때문에 방문객의 첫 번째 목적지로서 기능을 하는 도시이다.

⑨ **공급 업자**(Supplier): 여행 소매업자(대리점)를 통하거나 때로는 일반 사람들에게 상품이나 서비스를 직접 제공하는 사람이나 회사이다.

⑩ **국가관광행정기구**(NTA: National Tourism Administration): 관광을 책임지는 공식적인 정부 조직을 나타내는 용어로서 우리나라의 경우 문화관광체육부가 이에 해당된다.

⑪ **기술 착륙**(Technical Landing): 일반적으로 급유를 받기 위해 항공기가 특정한 공항에 착륙하는 경우를 일컫는다. 시카고조약에 의해 조약 체결국은 물리적이고 군사적인 이유가 없는 한 다른 나라 국적기의 기술 착륙을 인정해야 한다고 규정하고 있다.

⑫ **기행지 임시 여행**(Shore Excursion): 항공기 또는 선박이 항에 도착한 후 그 항을 출발할 때까지의 기간을 이용하여 일시 상륙 허가를 얻어 여객이 그 항 부근의 도시, 명승지 등

을 구경하는 여행을 말한다.

⑬ Net Rate: 소매용 이윤이 포함되어 있지 않은 도매점용 가격(주로 커미션이 없는 가격)이다.

⑭ No Record: 항공권상에는 예약이 된 것으로 표시되어 있으나 탑승 지점에서는 그 여행객의 예약 기록이 없는 상태를 의미한다.

⑮ No Show: 항공권을 구입하고 예약 확인도 한 여행객이 예약된 탑승편에 아무런 사전 통고 없이 탑승하지 않는 것을 의미한다. 이 경우 지불하는 위약금을 No Show Charge라고 한다. 호텔의 경우도 예약을 하고 사전 통고 없이 객실을 이용하지 않는 경우 No Show라고 한다.

⑯ NON REF(Non Refundable): 항공권 발권상의 의미로는 환불을 금지 또는 제한하는 의미의 표시이다. 이는 주로 할부 방식에 의해 항공권을 구매하는 경우나 운임 자체가 어떤 경우로 대폭 할인되어 있어 환불을 금지하는 경우에 사용된다.

⑰ **농촌 관광**(Rural Tourism): 비도시적이고 전원적인 생활 방식을 느끼고 경험할 수 있도록 관광 상품/ 서비스를 제공하는 관광 유형이다.

⑱ **누출, 유출**(Leakages): 실제 벌어들인 관광 수입에서 관광 상품/서비스를 생산 및 유통하기 위해 들어가는 외부로의 지출을 말한다. 이 외부 누출이 많을수록 국가 경제나 지방 경제에 미치는 관광의 경제적 효과는 감소하게 된다.

⑲ **대리인, 대리점**(Agent): 관광 상품/서비스 공급 업자의 상품/서비스를 판매할 수 있는 사람으로 여행 업계에서는 일반적으로 여행 업자(Travel agent)를 말한다.

⑳ **대리점 할인 운임**(Agent Discounted Fare): 여행 대리점의 사원이 연수를 목적으로 항공 여행을 하고자 할 때 각 항공사가 IATA 인가 대리점의 한 점포에 대하여 연간 2회에 걸쳐서 통상 임금의 75%를 할인한 항공권을 발행해 주고 있으며, 유효 기간은 3개월이다.

㉑ **대체 항공권**(Replacement Ticket): 항공권을 분실한 여행객은 신규 항공권을 재구입하는 것이 원칙이나 예외로서 무상으로 항공권을 발행해 주는 경우가 있는데 이때 무상으로 발행하는 항공권을 무상 대체 항공권이라고 한다. 이 경우 여행객은 신청서 및 서약서에 서명하고 만약 분실된 항공권이 부정 사용되었거나 환불된 사실이 판명되면 신청인은 그 책임을 져야 된다.

㉒ **데드헤드**(Deadhead): 기차, 버스, 비행기 등의 운송 용어로 텅 빈 좌석으로 되돌아오는 것을 말한다.

㉓ **도중 체류**(Stopover): 여행객이 항공사의 사전 승인을 얻어 출발지와 도착지 사이의 한 지점에서 다른 승객들을 태우기 위하여 상당 기간(국내선 4시간, 국제선 24시간 이상) 동안 의

도적으로 여행을 중지하는 여행의 계획적 중단을 뜻한다.

㉔ **레크리에이션용 차량**(RV: Recreational Vehicle): 여행용으로 이용되는 밴, 트럭 또는 숙박 시설이 완비된 캠핑용 트레일러를 말한다.

㉕ **리베이트**(Rebate): 항공사가 현재 유효한 요금 명세표 상의 항공 운송 요금보다 작게 청구하거나 덜 요구하거나 수금하는 관행을 말한다.

㉖ **MICE 산업**: Meeting, Incentive, Conference and Exhibition의 약어로 주로 회의나 전시, 보상 여행을 다루는 산업을 통틀어 말한다.

㉗ Mileage System: 비행거리에 의한 운임 계산 방법으로 두 지점 간을 여행하는 경우에 그 사이에 중간 지점을 경유할 경우에 그 거리가 직행의 경우에 비해 115% 이내인 경우 직행 운임이 적용된다. 이를 초과하는 경우 할증 운임이 가산된다.

㉘ **면세점**(Duty-Free Shops): 정부가 지정하여 전부 또는 일부의 세금이 면제되는 상품을 판매하는 소매점을 말한다.

㉙ **미드센트릭**(Midcetrics): 앨로센트릭(allocentrics: 새로운 목적지나 문화를 경험하려는 경향이 강한 외향적 여행객)과 사이코센트릭(psychocentrics: 친숙하고 믿을 수 있는 곳만 방문하려는 경향이 강한 내향적인 여행객)의 중간에 속하는 여행객을 말한다. 이 집단은 너무 모험적이지는 않지만 너무 도전적이지 않는 한 새로운 경험을 시도하는 것에 두려움이 없다.

㉚ **바우처**(Voucher): 재화나 서비스로 교환되는 서류이며 지불이 이미 완료되었음을 입증하는 것이다.

㉛ **바퀴축-바퀴살 개념**(Hub-Spoke Concept): 장거리 항공편 운항의 축이 되는 중심지로서 다른 중소 도시로 항공편을 연계하는 지점의 역할을 하는 특정 도시의 개념. 중심 연결 도시를 통한 운항노선은 더 많은 승객을 실어 나를 수 있다.

㉜ VALS(Values, Attitudes, Lifestyle, Segmentation): 미국의 소비자를 대상으로 가치와 태도, 생활양식 등 다양한 심리적 요소를 이용하여 관광객을 크게 9개의 세분된 소비자 시장으로 분류하는 관광 동기 이론이다.

㉝ **배서 또는 확인**(Endorsement): 예정된 항공편의 일정을 여객 본인이나 해당 항공사의 사정에 의해 타 항공편으로 변경하고자 할 때 그 예정 항공사가 행하는 배서이다.

㉞ **백투백 전세**(Back-To-Back Charter): 왕복 항공편을 함께 이용하는 여러 편의 전세기 운영 방식을 의미한다. 한 그룹이 도착하면 다른 그룹이 그 항공편을 이용하는 형태를 취하는데 이것은 되돌아오는 비행기가 승객이 없는 상태에서 운항하거나 승객을 기다리는 것을 피할 수 있게 해 준다.

㉟ **밸리데이터**(Validator): 항공권에 찍는 스탬프(stamp)를 의미하며 발행 회사명, 지명,

발행 연월일이 새겨져 있다. 이는 해당 항공권이 그 항공사에 의해 공식적으로 발행되었음을 증명하는 것으로서 이 스탬프가 찍히지 않은 항공권은 무효이다.

㊱ **변경 불가**(Non Endorsable): 항공사가 항공권을 발행할 때 항공권에다 타 항공사 항공편으로 변경 불가로 표시하는 것을 의미한다. 이 경우는 대폭 할인된 항공권을 이용할 때 제한 조건 중의 하나이다.

㊲ **변화 허용 한계 모델**(Limits to Acceptable Change Mode-LAC모델): 관광 기획에서 어떤 목적지의 절대적 수용 한계를 정하기보다는 수용 가능한 변화의 허용치를 설명하려는 모형이다.

㊳ **별송 수하물**(Unaccompanied Baggage): 이용하는 항공편 이외의 편으로 보내는 수하물로서 항공사의 취급 부주의로 인해 수하물이 후일 또는 여행객 입국 후 여행객과 별도로 운송되는 경우를 말한다.

㊴ **보양관광**(Health Tourism): 건강관리와 관련된 신체적인 운동과 치료, 식이요법, 의료 서비스 등을 통해 여행객의 신체적 건강을 증진시키는 것을 주요 목적으로 하는 여행이다.

㊵ **보유 티켓**(Ticket Stock): 여행사가 보유하고 있는 티켓으로 여행사가 법적인 책임을 진다.

㊶ **본딩**(Bonding): 여행사가 항공사에 대해 채무불이행 상태가 되는 것을 막기 위해 강제 규정으로 보증보험에 들도록 하는 것을 의미한다.

㊷ **분할 차터**(Split Charter): 차터 항공기의 좌석 스페이스를 여러 개로 나누어 각 그룹이 공동으로 사용하는 방식이다.

㊸ VFR(Visit Friends and Relatives): 여행 목적에 따른 여행객 분류의 한 항목으로서 친구와 친척을 만나기 위해 여행하는 것을 뜻한다.

㊹ **블록**(Block): 항공기의 좌석이나 호텔의 객실을 한꺼번에 예약하여 확보에 두는 수배 형태를 말한다.

㊺ **비수기 운임**(Off Season Fare): 여행 비수기에 관광 사업체들이 여행객을 확보하기 위해서 제공하는 할인운임을 의미한다.

㊻ **비자**(Visa): 여권이나 여권에 준하는 문서상에 그 소지자가 여행 목적국에 입국하는 것을 승인하는 것을 말한다.

㊼ **비즈니스 여행**(Business Travel): 업무와 관련된 여행을 말한다. 비즈니스 여행은 특별한 서비스(회의실, 컴퓨터 등)가 요구되는 특수 시장으로 순전히 즐거움만을 추구하는 레저 관광과는 구분된다.

㊽ **비즈니스 클래스**(Business Class): 항공사의 좌석 중 퍼스트 클래스와 이코노미 클래

스의 중간이며, 넓은 좌석, 무료 칵테일, 빠른 탑승 수속의 차별 서비스가 제공된다.

⑲ **빠라도**(Parador): 성, 수도원, 기타 역사적 건물을 지칭하는 스페인어이며 지금은 복구되어 숙박 시설로 이용되고 있다.

⑳ Side Trip: 투어 참가자에게 제공되는 선택적인 관광이다.

㉑ **사이코센트릭**(Psychocentrics): 일상생활에서 친밀성, 신뢰성 그리고 일관성에 대한 강한 욕구를 가진 사람으로, 여행 시 안전하고 편한 목적지를 선호하고 숙박, 오락, 음식 등을 고를 때에도 새로운 시도를 하려고 하지 않는다.

㉒ **세이버**(SABRE): 아메리칸 에어라인(AA)이 1976년에 소개한 컴퓨터 예약 시스템으로 Semi Automatic Business Research Environment이다.

㉓ **수용력**(Carrying Capacity): 특정 지역의 자원이나 방문객의 만족 또는 그 지역의 사회, 경제, 문화에 부정적 영향을 야기하지 않는 범위 내에서 그 지역을 최대한 이용할 수 있는 수준을 말한다.

㉔ **수익**(Yield): 항공 수송 단위당 벌어들인 항공 운송 수익을 말한다.

㉕ **수익 관리**(Yield Management): 수요와 공급 수준을 고려하여 최대의 수익률을 올릴 수 있도록 하는 관리 방법을 말한다.

㉖ Structure Fare: 이코노미 클래스의 요금과 다른 클래스의 요금 간의 관계 및 여행 거리에 따라 적용되는 특정한 요금 체계이다.

㉗ **시리즈 투어**(Series Tour): 동일한 형태, 목적, 기간, 코스로 정기적으로 실시되는 여행이다.

㉘ CIQ: Customs, Immigration, Quarantine(세관, 출입국심사, 검역)의 약자로 여행객의 출국 또는 입국 시에 공항에서 관할관서가 행하는 제반 수속 절차를 말한다.

㉙ **시찰 초대 여행**(Familiarization Tour): 여행사, 여행 기자 등 여러 관광 관련 회사나 관계자들을 무료 또는 특별할인 요금에 초대하여 그 지역이나 제공자의 신상품의 판매를 촉진하고자 제공하는 여행이다. 줄여서 Fam Tour라고도 한다.

㊱ ICT(Inclusive Conducted Tour): 안내원이 전 여행 기간을 동반하는 여행 상품으로 단체 여행에 많은 형태이다.

㊶ IIT(Inclusive Independent Tour): 여행 출발 시 안내원이 함께 동반하지 아니하고 각 관광지에서만 안내원이 나와서 여행안내 서비스를 하는 여행 상품으로서 Local Guide System 이라고도 한다.

㊷ ITC(Inclusive Tour Charter): 여행 도매업자나 투어 오퍼레이터가 항공기를 대절하여 불특정 다수의 고객을 대상으로 상품을 판매하는 경우에 사용하는 용어이다.

⑥③ RV(Recreational Vehicle): 여행용으로 사용되는 차량으로 캠핑용 트레일러가 달려 있거나 트럭, 밴 등이 있다. 오프-로드(Off-road) 차량 등도 포함된다.

⑥④ **에스코트 투어**(Escorted Tour): 에스코트가 함께하는 여행으로서 Conducted Tour라고도 한다.

⑥⑤ **여가 여행**(Pleasure Tour): 유흥, 오락, 여가 또는 레크리에이션과 관련하여 사전에 수배된 여행을 말한다.

⑥⑥ **아웃바운드 관광**(Outbound Tourism): 특정 지역의 거주자가 그들의 일상적인 환경을 벗어나 여가 비즈니스 기타 목적으로 자기 나라 외부로 나가는 여행을 말한다.

⑥⑦ **엘로센트릭**(Allocentrics): 다양성과 새로운 경험에 대한 욕구가 강한 사람들. 여행 시 색다른 문화나 새로운 환경을 체험할 수 있는 목적지를 추구하는 경향이 있다.

⑥⑧ **에어 택시**(Air Taxi): 반경 250마일 이내를 운항하는 19인승 이내의 항공기를 말한다.

⑥⑨ **여객 소지용 항공 쿠폰**(Passenger Coupon): 국제선 항공권의 맨 뒷장으로서 여객이 여행의 기록이나 운송 계약의 증거 서류로서도 이용될 수가 있다.

⑦⓪ **여객용 서비스 쿠폰**(Passenger Service Coupon): 항공 회사의 사정으로 탑승 거부나 항공기 지연 및 결항 등의 경우에 여행객들에게 호텔 숙식비 및 공항과 도심 간의 교통 등을 제공할 때 사용되는 쿠폰이다.

⑦① **여정 요금**(Through Fare): 출발지에서 도착지까지의 전체 요금으로 실제 경유하는 모든 여정을 고려하여 계산된 요금이다.

⑦② **여행 구간**(Segment)

i) 여객의 탑승 지점에서 하기 지점까지의 여행 구간을 의미한다. 서울과 부산을 왕복하는 경우, 서울/부산이 한 세그먼트가 되고 다시 부산/서울이 한 세그먼트가 된다.

ii) 마케팅 용어로 세분 시장, 부분 시장의 의미도 있다.

⑦③ **여행 도매업자**(Wholesaler): 소매 여행사를 통해 판매할 목적으로 공급 업자의 상품을 대량으로 구매하거나 패키지와 포괄 여행(Inclusive Tour) 등을 만들고 판매하는 회사를 의미한다.

⑦④ **여행사 커미션**(Travel Agent Commission): 여행사가 공급 업자의 여행 상품을 판매한 대가로 항공사나 공급 업자로부터 받는 일정 금액의 수수료를 의미한다.

⑦⑤ **여행 소매점**(Retail Travel Agency): 항공사, 선박 회사, 호텔, 렌터카 등의 주요 공급자를 대신하여 그 여행 상품을 소매하여 고객에게 직접 판매하는 여행사를 말한다.

⑦⑥ **여행 인솔자**(Tour Conductor): IATA에서는 10명 이상의 단체 여행객들을 인솔하고 여행을 하는 책임자를 Tour Conductor라고 규정하고 있는데 Tour Escort, Tour Leader, Tour

Manager라고도 부른다.

⑺ 연계 수수료(Sliding Commission Scale): 특정 공급 업자의 여행 상품 판매량을 증가시키는 경우 해당 여행사에서 지급하는 수수료의 비율도 따라서 증가하는 수수료 시스템이다.

⑻ 염가 여행 상품(Budget Tour): 통산 요금보다 저렴한 여행 상품을 말한다.

⑼ Yellow Cab: 미국 최대의 택시 회사로 차체가 황색인 까닭에 이렇게 불린다.

⑽ 오거나이저(Organizer): 숙박과 지상 교통 기관을 수배하고 이들 여행 요소에 대해 사전에 지불함과 동시에 팸플릿 등을 통해서 여행을 광고 홍보해서 고객을 모집하여 여행을 기획하고 조직하는 개인(IATA 가맹 회사 및 IATA 대리점 포함)을 의미한다.

⑾ 오거나이지드 투어(Organized Tour): 여행사가 아닌 제3자가 기획하여 조직한 여행을 말한다.

⑿ OAG(Official Airline Guide): 도시들 간의 이용 가능한 항공사 서비스와 그 날짜 등이 제공되는 출판물이다.

⒀ OK: 좌석 예약이 확인되어 있는 것으로 항공권의 하단 Status란에 기입하는 용어이다.

⒁ Occupancy Rate: 호텔의 객실 이용률 또는 항공기 좌석 이용률(Load Factor)을 의미한다.

⒂ Open: 항공권 발권 상의 용어로 탑승 구간만 정해져 있을 뿐 탑승편과 일시에 관한 예약이 이루어지지 않은 상태를 말한다.

⒃ Open Jaw: 출발지에서 목적지로 이동한 후 다시 다른 운송 수단으로 제2의 목적지로 이동하고 제2의 목적지에서 처음의 운송 형태로 다시 출발지로 돌아오는 경우에 승객에게 출발지에서 왕복권을 구입할 수 있도록 하는 요금이나 일정을 의미한다.

⒄ On-Time Performance: 특정 시기 동안에 특정 비행기가 항공사가 발표한 운항 스케줄에 맞추어 정시에 도착하거나 15분 이내에 도착하는 비행기의 수와 퍼센트를 의미한다.

⒅ 왕복 운임(Excursion Fare): 최소 또는 최장 체류 기간이 정해져 있고, 행선지 등이 한정되는 등 조건이 많이 따르며, 고객이 사전에 티켓을 구입할 경우에 적용되는 저렴한 요금이다.

⒆ 위성 발권기(STP: Satellite Ticket Printer): 각종 차표나 문서를 자유로이 예약하고 발권할 수 있도록 프로그램화된 컴퓨터 기기이다.

⒇ 유아 운임(Infant Fare): IATA에서 구성된 2세 미만의 유아에게 적용되는 운임으로 성인 요금의 10% 수준이다.

(91) UM(Unaccompanied Minor): 생후 3개월 이상 12세 미만의 유아나 어린이가 성인의

동반 없이 혼자서 항공 여행을 하는 경우를 의미한다.

⑨② **유연 단체**(Affinity Group): 항공 운용상의 용어로 사교 단체, 종교 단체, 업종 단체, 동호회 등과 같이 여행 이외의 목적을 띤 단체로 특정 운임의 적용과 전세기의 허가를 받을 수 있으며 특정한 자격을 갖추어야 한다.

⑨③ **유연 단체 전세**(Affinity Charter): 유연 단체를 위한 전세로서 흔히 prorata charter(인원수 비례에 의한 전세 비행)라고도 한다.

⑨④ **유인/추진 요인**(Pull/Push Factors): 개인적으로 변화나 모험 레크리에이션을 추구하는 동기에 의해 관광이 추진된다는 관광 이론. 이것은 목적지의 매력이나 활동이라는 유인 요소와 결합되어 여행객의 관광지 선택에 영향을 미친다.

⑨⑤ Wagon-Lit: 유럽식 침대차를 의미한다. 유럽 철도의 침대차로서 침대, 베개, 담요 그리고 세면대가 있으며 1명 또는 2명이 사용하게 되어 있다.

⑨⑥ **외국인 배척**(Xenophobia): 이방인과 외국인에 대해 공포감을 느끼거나 경멸하는 심리적 상태를 말한다.

⑨⑦ **인바운드 관광**(Inbound Tour 또는 Incoming Tour): 외국인의 국내 관광을 말하는 것으로 외국인들이 관광 목적지로 한국을 선택하는 여행 상품이다.

⑨⑧ **인솔자 동반 여행**(Conducted Tour): 선불로 수배가 된 단체 여행에서 출발에서부터 도착에 이르기까지 투어 리더가 함께 투숙하며 안내를 해 주는 여행이다.

⑨⑨ **인터라인 투어**(Interline Tour): 항공사가 가맹점을 초대하여 실시하는 여행이다.

⑩⓪ **일괄 수속**(Through Check In): 여행객이 항공기 스케줄 상 한 항공편으로는 여행을 종료할 수가 없어 여러 항공편을 이용하여 목적지를 가야 할 경우 공항에서 수하물 소속지에 수하물을 최종 목적지에서 찾을 수 있도록 요청할 수가 있다. 이와 같이 여행객이 최종 여행 목적지로 수하물을 부치는 것을 의미하는 것이다.

⑩① **임의 여행**(Optional Tour): 고객이 추가 비용을 지불하고 참여하는 여행의 연장이나 추가적인 선택 관광을 말한다. 패키지 투어의 자유행동 시간에 행하는 것으로 주로 여행 일정에 없었던 계획을 현지에서 만들어 현지에서 모집 참가하도록 하는 소(小)여행, 선택 여행이라고도 부른다.

⑩② **자유 판매 계약**(Free Sale Agreement): 타 항공사의 좌석 상황에 관한 정보를 매 계약마다 교환하지 않고도 사전에 약정된 조건에 부합되면 여행객에게 해당 항공편의 좌석 예약을 즉석에서 제공할 수 있도록 체결된 상호 협정을 의미한다.

⑩③ **재확인**(Reconfirmation): 여행객이 여행 도중 어느 지점에서 72시간 이상 체류할 경우 늦어도 항공기 출발 72시간 전까지 그 다음 연결편에 대한 좌석 예약을 재확인해야 한다.

⑩④ 정부관광기구(NTO: National Tourism Office 또는 Organization): 관광과 관련하여 국가의 목표와 공공 정책의 실행에 책임을 갖고 있는 정부 기구이다.

⑩⑤ 정킷(Junket)

i) 특정 카지노, 호텔, 기타 다른 공급 업자 등의 후원 하에 제공되는 촉진용 저가 여행 상품이다.

ii) 국민의 세금을 경비로 한 불필요한 여행이다.

⑩⑥ 좌석 이용률(Load Factor): 판매된 좌석 수에 대한 판매 가능한 최대 좌석 수의 비율을 구하는 방식으로 요금을 지불한 승객 수를 이용 가능한 최대 좌석 수로 나누는 방법 등이 있다.

⑩⑦ 주간 표(Quick Reference): 시간, 요금 등을 나타낸 표이다.

⑩⑧ 지상 수배(Ground Arrangement): 여행 수배 업무 중 이동 관광 등의 지상 서비스를 수배하는 업무이다.

⑩⑨ 지상 수배 업자(Ground Tour Operator, Ground Handling Agent): 관광 목적지에서 고객에게 운송, 숙박, 관광 일정 등의 서비스를 제공하는 공급자를 말한다.

⑪⓪ 지속 가능한 관광(Sustainable Toursim): 현지 주민의 이익과 관광객 욕구를 만족시키고 동시에 인류 문화유산과 자연 환경을 보호 보존하는 관광을 말한다.

⑪① 지정 운임(Bulk Fare): 여행사가 항공사로부터 많은 좌석을 구매할 때 적용되는 낮은 가격으로, 이 가격에는 여행사용 커미션은 없고 여행사가 이윤을 붙여서 좌석을 판매한다.

⑪② 지트니(Jitney): 소수의 승객을 나르는 밴이나 소형 버스 등의 차를 말한다.

⑪③ 채무불이행 방지책(Default Protection Plan): 공급자의 채무불이행의 경우 여행객과 여행 중개업자를 보호하기 위한 시스템을 말한다.

⑪④ 추가 수수료(Override Commission): 통상적인 수수료 이외에 항공사 등이 여행사의 판매 실적이나 판매량의 점진적 증가 등에 대해서 추가적으로 지급하는 수수료로서 대리점 판매 촉진 의욕을 자극하기 위해 이용한다.

⑪⑤ 출발 예정 시각(ETD: Estimated Time Of Departure): 운송 기관이 발행하는 시각표에 표시되어 있는 출발 시각은 모두 ETD로 표시되어 있다. 물론 도착 시각도 ETA(Estimated Time of Arrival)에 의거하여 기록된다.

⑪⑥ 출입국 신고 카드(E/D Card): Embarkation, Disembarkation의 약어로서 해외여행객이 출입국 시 자신의 신분에 대하여 자세히 기입한 후 이를 공항이나 항구에 위치한 출입국관리사무소에 제출하는 출입국신고서이다.

⑪⑦ 취소료(Cancellation Charge): 항공사나 호텔의 예약된 좌석이나 객실을 예정대로 이

용하지 않았을 경우 부과하는 요금을 말한다.

⑪⑧ **카보타즈**(Cabotage): '시카고조약'에 의해 외국 국적의 항공사는 어떤 국가의 국내에서 두 도시 간 상업 운송을 행하는 것을 금지하는 것을 말한다.

⑪⑨ **커머셜 요금**(Commercial Rate): 회사, 그룹, 개인 등 특정의 기준을 갖춘 업체나 개인에게 제공되는 특별 할인 요금을 의미한다.

⑫⓪ **컨벤션**(Convention): 흔히 대규모의 사람들이 참석하는 비즈니스 또는 전문적 회의로 유럽에서는 컨벤션이라는 용어보다 콩그레스(Congress)가 보편적이다.

⑫① **컨벤션 센터**(Convention Center): 대소 규모의 회의실, 시청각 시설, 연회 시설, 주차장 시설 등을 구비해 대규모 참석자들의 요구에 맞도록 만들어진 전문 전시회의 시설이다.

⑫② **컨벤션 전담 기구**(Convention and Visitors Bureau): 특정 지역의 MICE 산업과 관광 산업 진흥을 책임지는 기관으로 종종 공공 부문과 민간 부문 공동의 재정 지원을 받는다.

⑫③ **컨벤션 투어**(Convention Tour): 국제회의, 미팅, 전시회, 산업전과 같은 회의에 참가하는 협회나 단체에게 판매하기 위해 상품을 패키지화한 여행 상품을 말한다.

⑫④ **콘솔리데이터**(Consolidator): 판매를 증가시키고 커미션 수입을 위해 전세기나 정기 항공의 그룹 요금을 이용하여 그룹 등을 상대로 판매하는 회사나 개인을 말한다.

⑫⑤ **쿠리에**(Courier)

i) 항공을 이용한 운송 회사를 뜻한다.

ii) 전문 여행 안내자(Tour Escort, Tour leader, Tour manager, Tour conductor)를 뜻한다.

⑫⑥ **키오스크**(Kiosk): 역전 광장에 위치한 신문 매장이나 지하철 입구, 스포츠 센터, 학교 구내에 있는 판매점 등을 의미한다.

⑫⑦ **티켓 할인점**(Bucket Shops): 항공 티켓이나 여행 패키지 상품을 매우 낮은 가격에 판매하는 회사를 의미한다.

⑫⑧ Tour Broker: 관광 상품을 조직하고 판매하는 사람이나 회사를 의미한다.

⑫⑨ Tour Desk: 관광이나 패키지 상품 등을 판매하는 호텔이나 항공사에 있는 데스크를 말한다.

⑬⓪ Tour Escort: 현지 가이드가 있어도 전체 여행 일정에 있어서 관광 단체의 리더로 임명된 사람을 말한다.

⑬① **투어 오퍼레이터**(Tour Operator): 관광의 모든 것에 대한 운영과 제공에 책임을 지는 서비스를 제공하는 운영자로서 대개의 경우 에스코트를 제공한다. 투어 오퍼레이터는 국가에 따라 그 역할이 다소 차이는 있으나 보통 각각의 목적지에 관하여 관광버스, 가이드, 식당, 방문 기업 등의 수배를 전문으로 하는 자 또는 현지 체재 중의 일정을 작성하여 새롭고 정확한

여행 정보를 가지고 있다.

⑬² **특별 목적 관광**(Special Interest Tour): 예를 들면 문화, 예술, 스포츠, 자연 탐방, 쇼핑 등과 같은 활동이나 연구에 특별한 관심을 갖고 있는 사람들을 유인하고 그들의 요구에 대응하기 위해 사전에 수배되고 패키지화된 여행을 말한다.

⑬³ TWOV(Transit Without Visa): 비자 없이 여행객이 특정 국가에 단기 체류하는 것으로서 여행객이 규정된 조건 하에서 입국비자(사증) 없이, 어느 나라에 입국하여 짧은 기간 동안 체류할 수 있는 편의를 의미한다.

⑬⁴ TIM(Travel Information Manual): 여행객이 해외여행 시에 필요한 각종의 여행 정보, 예를 들어 여권, 비자의 규정과 외환 소지 한도액, 면세 규정 등을 기록해 놓은 여행 정보 안내서이다.

⑬⁵ **패키지 투어**(Package Tour): 주최 여행의 전형적인 형태로서 여행 경비를 미리 정해 단기간에 가급적 저렴한 경비로 호텔 숙박, 식사, 관광, 교통 및 주요 관광지로 구성된 여행이다.

⑬⁶ **포괄 경비 관광**(All Expense Tour): 대부분의 식사, 투어, 세금 및 기타 경비가 모두 포함된 여행을 말한다.

⑬⁷ **포상 여행**(Incentive Travel): 판매, 유통 기타 조직에 근무하는 사람들에게 특정 목표 이상의 판매나 업무 성과를 달성한 경우에 대한 보상으로 제공되는 여행을 말한다.

⑬⁸ **표준 원가**(Standard Costs): 표준 원가 계산의 기본적 요소가 되는 원가로서 일정한 조업도를 전제로 하여 특정한 제품이나 서비스의 생산과 관련하여 사전에 설정된 예정 원가의 일종이다. 이는 각 제품 원가 요소의 물량(시간 포함) 및 가격에 대해 과학적인 조사, 연구를 하고 이에 입각하여 설정한 물량 표준 및 가격 표준을 곱하여 결정한다.

⑬⁹ Preferred Supplier Campaign: 여행 상품 공급 업자와 협력하여 여행사가 그 공급 업자의 상품을 특별히 더 사용하는 것을 의미한다. 이에 대해 공급 업자는 여행사에게 평균 이상의 커미션 등을 지불한다.

⑭⁰ **프린시펄**(Principal): 여행에 있어서는 주요 상품(소재) 공급 업자로서 항공사, 호텔, 선박 회사, 버스 회사, 관광지를 의미하며 그 상품의 판매에 대해 수수료를 지불하는 사람이나 회사를 의미한다.

⑭¹ PNR(Passenger Name Record): 항공사의 컴퓨터 예약 시스템에 저장된 항공기 예약 기록으로 승객 이름, 비행편, 티켓 요금 종류 등의 정보가 기록되어 있다.

⑭² **피한객**(Snowbird): 흔히 추운 겨울에 따뜻한 휴가를 보내기 위해 남쪽으로 여행하는 북반구에 거주하는 사람들을 지칭하는 용어.

⑭③ **항공사 스티커(Airline Sticker)**: 항공 예약을 변경할 경우 내용을 첨부할 때 이용하는 스티커를 말한다.

⑭④ **항공사 코드(Airline Codes)**: 전 세계적으로 항공사나 여행사에서 이용되는 항공사나 공항, 요금 등을 표시하는 약어 체계이다. 대한항공의 경우 KE, 아시아나항공의 경우 OZ라는 코드를 사용한다.

⑭⑤ **항공-자동차 패키지(Fly-Drive Package)**: 항공과 랜터카만을 포함하는 패키지이며 간혹 숙박이 포함되기도 한다.

⑭⑥ **회의 전시 전문 기획가(Professional Convention/Exhibition Organizer: PCO/PEO)**: MICE 산업에서 회의나 전시회의 유치와 기획 관리를 전문으로 하는 전문가 그룹 또는 회사를 말한다.

⑭⑦ **회의 후 여행(Post Convention Tour)**: 회의 주체자가 회의를 끝낸 후 미리 정해 놓은 관광을 실시하는 것을 의미한다.

⑭⑧ **효력 정지(Expire)**: 항공권, 여권, 신용 카드 등이 유효 기간을 넘어서 무효가 되는 것을 말한다.

⑭⑨ **후불 제도(Fly Now, Pay Later)**: 신용 판매의 하나로 항공 시장을 확대하기 위해 시행하는 일종의 후불 제도이다.

⑮⓪ **휴대 수하물(Accompanied Baggage)**: 여객이 탑승하는 항공기에 탑재되는 여객의 수하물을 말하며, 항공사별로 약간 다르긴 하지만 일반적으로 일등석 승객은 30kg, 이등석 승객은 20kg까지 무료이다.

(고태규 · 최정자, 2003 참고)

참고문헌

1. 국내문헌

고은지, 2005, 「의료 서비스산업의 환경변화와 향후 전망」, LG경제연구원.

고은주 외, 2007, American Marketing Association.

고태규 · 최정자, 2003, 『호텔관광실무론』, 영진닷컴.

권성길, 2008, 「한국 의료관광상품의 활성화방안 연구」, 극동대학교 박사학위논문.

김도영 외, 2008, 「의료관광 마케팅 전략 모형에 관한 연구」, 『관광연구저널』 22(2).

김동백, 2007, 「한국 의료 서비스 산업의 현황과 육성방안에 관한 연구」, 서울벤처정보대학교, 석사학위논문.

김미주, 2009, 「Mixed logit 모형을 적용한 최적의 한국형 의료관광상품 개발」, 세종대학교 박사학위논문.

김병량, 2000, 「대학병원의 입지가 지역의료권에 미치는 영향」, 『대한국토도시계획학회지』 제35권 제5호.

김성동, 2008, 『투어컨덕터 실무론』, 한올출판사.

김용진, 2009, 「해외환자유치를 위한 에이전시 활용방안」, 2009 글로벌헬스케어 & 의료관광 국제컨퍼런스 강연자료.

김천중 · 임화순, 2002, 『관광상품론』, 학문사.

김태영, 2008, 「의료관광과 경남의 정책과제」, 경남발전연구원.

김형준, 2009, 「국내 의료관광의 국제경쟁력 강화방안에 관한 탐색적 연구: 성형외과, 피부과, 에스테틱을 중심으로」, 동국대학교 석사학위논문.

김희용, 2007, 「좋은 교사의 자질」, 『교육철학』 Vol. 38.

박선희 외, 2001, 「가이드의 역할과 관광객의 행태변화」, 『호텔관광연구』.

박장순, 2003, 「의료이용전후 기대와 만족수준 비교」, 연세대학교 석사학위논문.

박재산, 2002, 「병원입원환자가 인지하는 의료 서비스의 질, 만족도, 서비스가치, 병원재이용 의사간의 인과관계분석」, 『병원경영학회지』.

박종찬, 1999, 「인터넷을 활용한 관광목적지 정보시스템 구축에 관한 연구」, 세종대학교 박사학위논문.

백광, 2005, 「외국의 추진현황 및 시사점」, 한국관광공사.

변정환, 2009, 「한국 의료관광산업의 수요와 공급에 관한 연구」, 연세대학교 석사학위논문.

보건복지부, 2007, 「2006년 국내 의료기관의 종사자 현황」.

보건복지가족부, 2010, 「외국인 환자 유치사업 등록지침」.

서병로 · 강한승 · 김기홍, 2009, 『의료관광산업』, 대왕사.

손준영, 1998, 『직업윤리』, 대왕사.

신재기 외, 2009, 『의료관광마케팅』, 한올출판사.

오태영, 2004, 「외국기업인 생활환경 개선방안 연구」.

유근환, 2007, 「행정의 질을 결정하는 공무원의 자질에 관한 연구」, 『한국사회와 행정연구』 18(1).

유명희, 2009, 『의료관광 정보론』, 한올출판사.

유명희, 2010, 『의료관광 마케팅』, 한올출판사.

유지윤, 2006, 「관광산업 복융합화 촉진방안: 의료관광을 중심으로」, 한국문화관광정책연구원.

윤세완 외, 2007, 『여행사업무론』, 현학사.

윤형호, 2007, 「서울시 의료관광의 국제마케팅 육성방안」, 서울시정개발연구원.

이경우, 2001, 「의료 서비스의 인식차이와 만족이 재방문에 미치는 영향에 관한 연구」, 『대한간호학회지』.

이원재 외, 2007, 『관광학원론』, 대학교육문화원.
이재욱, 2009, 「보건의료관광 활성화를 위한 정책 제언 연구」, 경희대학교 석사학위논문.
임시덕 외, 2008, 『병원코디네이터개론』, 대학서림.
장영순, 2005, 「환자보호자의 의료 서비스 만족도가 향후 의료 서비스 구매 의도에 미치는 영향에 관한 연구」, 부산외국어대학교 석사학위논문.
전경선, 2000, 「관광 안내원의 역할이 관광객 만족에 미치는 영향 연구」, 대구대학교 석사학위논문.
전명숙, 2007, 「의료관광 활성화 방안 연구」, 한국항공경영학회.
정기택, 2009, 「의료산업의 혁신전략」, 『대한병원협회지』.
정진수, 2009, 「의료관광 성공적 연착륙방안」, 2009 글로벌 헬스케어 프론티어박람회 강연자료.
정찬종 · 신석호, 2006, 『여행상품 기획 · 판매실무』, 백산출판사.
진교훈, 1997, 『윤리학과 윤리교육』, 정문사.
조구현, 2006, 「한국 의료관광(Medical Tourism) 활성화 방안에 관한 탐색적 연구」, 한국호텔경영학회.
최기형, 2005, 「레바논, 중동 의료관광 허브로 부상」, KOTRA.
최윤정, 2007, 「의료관광상품 개발방안 연구」, 경기대학교 석사학위논문.
최정자, 2008, 「문화관광해설사가 인식하는 역할과 자질에 관한 연구」, 『호텔관광연구』.
최호 외, 2008, 『의료 서비스마케팅 이론과 실제』, 아카데미아.
통계청, 2003, 「2002년 기준 사업체 기초통계조사 보고서」.
한국관광공사, 2005, 「외국의 의료관광 추진현황 및 시사점」.
한국관광공사, 2008, 「관광 안내 서비스 매뉴얼」.
한국보건산업진흥원, 2005, 「의료제도 선진화 및 병원산업 육성방안연구」.
한국보건산업진흥원, 2006, 「보건의료 서비스산업 육성을 위한 해외유치 활성화 방안」.
한국보건산업진흥원, 2007, 「의료기관 해외환자 유치현황 및 과제」.
한국보건산업진흥원, 2008, 「외국인 환자의 의료분쟁 예방 및 해결방안」.
한국보건산업진흥원, 2009, 「국제의료 서비스 아카데미 운영, 지원사업: 국제진료코디네이터 교육교재」.
황여임, 2005, 「한국 의료관광 시장 확대를 위한 마케팅전략에 관한 연구」, 경희대학교 석사학위논문.

2. 외국문헌

Albrecht, Karl, 1988, *At America' Service,* Homewood, IL: Dow Jones-Irwin.
Bayard, J. M., Calianno, C., Chery I, L. M., 1997, "Care Coordinator-Blending Roles to Improvement Patient Outcomes," *Nursing Management.*
Bonita M. k., 2006, *Tourism Marketing for Cities and Towns.*
Burkart, A, J. and William Medlik, S., 1981, *Tourism: Past, Present, and Future*, London: Heinemann.
Cohen · Erick, 1985, "The Tourist Guide: The Origin, Structure and Dynamics of a Role," *Annals of Tourism Research*, Vol.12.
Dalya Dajan, 2002, "Private hospitals fill niche with Medical Tourism," *Jordan Times.*
Garvey, Joan and Mary Lou Widmer, 1984, *Beautiful Crescent: A History of New Orleans*, New Orleans: Garmer Press, Inc.
Guttman, A., Afilalo, M., Guttman, R., Colacone, A., Robitaile, C., Lang, E., 2004, "An Emergency Department-Based Nurse Discharge Coordinator for Elder Patient: Does it make d differnce?," *Academic Emergency Medicine.*

Hancock David, 2006, *The Complete Medical Tourist*, John Blake.

Woodman Josef, 2007, "Patients Beyond Borders," *Healthy Travel Media*.

Kasper, C., 1989, "From traditional SPA tourist to modern forms of health tourism," *Publications de I'AIEst Association Internationale d'Experts Scientifiques du Tourisme, Editions AIEST*.

Laws, E., 1996, Health Tourism: A business opportunity approach, Ins. Clift & S. J. Page(Eds), *Health and the international tourist*, London: Routledge.

Lees, L., Ferreday, J., 2003, "The role of a Flow coordinator in an emergency assessment unit," *Nursing Times*.

Lovelock Christopher & Wirtz Jochen, 2007, *Services Marketing*, 6th ed, NJ: Prentice Hall.

Marsek, et al., 2009, *Medical Tourism*, Alpha Books.

McIntsh, R, Goeldner, W. C. R. and Ritchie, J. R. B., 1995, *Tourism: Principles, Practices, Philosophies*, New York: John Wiley & Sons.

Melaine Smith and Laszlo Puczko, 2009, *Health and Wellness Tourism*, Butterworth-Heinemann.

Mill Rovert Christe, 1992, *The Tourism System, Englewood Cliffs*, N.J.: Prentice-Hall.

Porter, M. E., 2001, "Strategy and the Internet," *Harvard Business Review*, Vol.63 No.78.

Robinson H, A, 1976, *Geography of Tourism*, London: Macdonald and Evans.

Shawn Rhea, 2005, "Medical Migration," *Modern Healthcare*, May 5.

Sonia Kolesnikov-jessop, 2005, "Hollyday Enhancements," *Newsweek International*, Mar 14.

Sullivan, M. K., 1995, "Facilitating continuity of care. The role of the patient care coordinator," *The Nursing clinics of North America*.

Tilden, Freeman, 1995, *Interpreting Our Heritage, Chapel Hill*, North Carolina: University of North Carolina Press.

Whedon, M. A., 1997, "Oncology nurses fill roles as nurse coordinator/case manager," *Oncology nursing forum*.

Yap · Jason, 2006, "Medical Tourism/ Medical Travel," *SMA News*, Vol.38 No.5, May.

Young · Geoge, 1973, *Tourism Blessing or Blight?*, Baltimore, Md: Penguin Books.

Zring, P. R., Brazdziunas, D., Cooley, W. C., Kastner, T. A, et al., 1999, *Care coordination: Intergrating Health and Related System*.

3. 기타 자료

국제의료서비스협회, 내부 자료.

범룽랏병원, 내부 자료.

싱가포르 관광청, 2006, 내부 자료.

Economist, 2006.

MTA KOREA, 2007.

OECD Health Data, 2005.

OECD Health Data, 2007.

OECD Health Data, 2009.

Patient Beyond Borders.

Singapore Economic Development Board.

4. 인터넷 자료

www.cia.gov/library/publications/the-world-factbook/index.html
www.indushealth.com
www.jointcomissioninternational.com
www.medithai.net
www.medicaltourist.co.uk
www.medretreat.com
www.Planethospital.com
www.pph.com.sg
www.singaporemedicine.com

1. 외국인 환자 유치 관련법규

(1) 의료법

第27조 (무면허 의료행위 등 금지) ① 의료인이 아니면 누구든지 의료행위를 할 수 없으며 의료인도 면허된 것 이외의 의료행위를 할 수 없다. 다만, 다음 각 호의 어느 하나에 해당하는 자는 보건복지가족부령으로 정하는 범위에서 의료행위를 할 수 있다.〈개정 2008.2.29, 2009.1.30〉〈시행일 2009.1.30〉

1. 외국의 의료인 면허를 가진 자로서 일정 기간 국내에 체류하는 자
2. 의과대학, 치과대학, 한의과대학, 의학전문대학원, 치의학전문대학원, 한의학전문대학원, 종합병원 또는 외국 의료원조기관의 의료봉사 또는 연구 및 시범사업을 위하여 의료행위를 하는 자
3. 의학 · 치과의학 · 한방의학 또는 간호학을 전공하는 학교의 학생

② 의료인이 아니면 의사 · 치과의사 · 한의사 · 조산사 또는 간호사 명칭이나 이와 비슷한 명칭을 사용하지 못한다.

③ 누구든지 「국민건강보험법」이나 「의료급여법」에 따른 본인부담금을 면제하거나 할인하는 행위, 금품 등을 제공하거나 불특정 다수인에게 교통편의를 제공하는 행위 등 영리를 목적으로 환자를 의료기관이나 의료인에게 소개 · 알선 · 유인하는 행위 및 이를 사주하는 행위를 하여서는 아니 된다. 다만, 다음 각 호의 어느 하나에 해당하는 행위는 할 수 있다.〈개정 2009.1.30〉 〈시행일 2009.5.1〉

1. 환자의 경제적 사정 등을 이유로 개별적으로 관할 시장 · 군수 · 구청장의 사전승인을 받아 환자를 유치하는 행위
2. 「국민건강보험법」 제93조에 따른 가입자나 피부양자가 아닌 외국인(보건복지가족부령으로 정하는 바에 따라 국내에 거주하는 외국인은 제외한다)환자를 유치하기 위한 행위

④ 제3항제2호에도 불구하고 「보험업법」 제2조에 따른 보험회사, 상호회사, 보험설계사, 보험대리점 또는 보험중개사는 외국인 환자를 유치하기 위한 행위를 하여서는 아니 된다.〈신설 2009.1.30〉 〈시행일 2009.5.1〉

第27조의2 (외국인 환자 유치에 대한 등록 등) ① 제27조제3항제2호에 따라 외국인 환자를 유치하고자 하는 의료기관은 보건복지가족부령으로 정하는 요건을 갖추어 보건복지가족부장관에게 등록하여야 한다.

② 제1항의 의료기관을 제외하고 제27조제3항제2호에 따른 외국인 환자를 유치하고자 하는 자는 다음 각 호의 요건을 갖추어 보건복지가족부장관에게 등록하여야 한다.

1. 보건복지가족부령으로 정하는 보증보험에 가입하였을 것
2. 보건복지가족부령으로 정하는 규모 이상의 자본금을 보유할 것
3. 그 밖에 외국인 환자 유치를 위하여 보건복지가족부령으로 정하는 사항

③ 제1항에 따라 등록한 의료기관 및 제2항에 따라 등록한 자(이하 "외국인 환자 유치업자"라 한다)는 보건복지가족부령으로 정하는 바에 따라 매년 3월 말까지 전년도 사업실적을 보건복지가족부장관에게 보고하여야 한다.

④ 보건복지가족부장관은 의료기관 또는 외국인 환자 유치업자가 다음 각 호의 어느 하나에 해당하는 경우 등록을 취소할 수 있다.
1. 제1항 또는 제2항에 따른 등록요건을 갖추지 아니한 경우
2. 제27조제3항제2호 외의 자를 유치하는 행위를 한 경우
3. 제63조에 따른 시정명령을 이행하지 아니한 경우
⑤ 제1항에 따른 의료기관 중 상급종합병원은 보건복지가족부령으로 정하는 병상 수를 초과하여 외국인 환자를 유치하여서는 아니 된다.
⑥ 제1항 및 제2항에 따른 등록절차에 관하여 필요한 사항은 보건복지가족부령으로 정한다.
제56조 (의료광고의 금지 등) ① 의료법인·의료기관 또는 의료인이 아닌 자는 의료에 관한 광고를 하지 못한다.
② 의료법인·의료기관 또는 의료인은 다음 각 호의 어느 하나에 해당하는 의료광고를 하지 못한다. 〈개정 2009.1.30〉
1. 제53조에 따른 평가를 받지 아니한 신의료기술에 관한 광고
2. 치료 효과를 보장하는 등 소비자를 현혹할 우려가 있는 내용의 광고
3. 다른 의료기관·의료인의 기능 또는 진료 방법과 비교하는 내용의 광고
4. 다른 의료법인·의료기관 또는 의료인을 비방하는 내용의 광고
5. 수술 장면 등 직접적인 시술행위를 노출하는 내용의 광고
6. 의료인의 기능, 진료 방법과 관련하여 심각한 부작용 등 중요한 정보를 누락하는 광고
7. 객관적으로 인정되지 아니하거나 근거가 없는 내용을 포함하는 광고
8. 신문, 방송, 잡지 등을 이용하여 기사(記事) 또는 전문가의 의견 형태로 표현되는 광고
9. 제57조에 따른 심의를 받지 아니하거나 심의 받은 내용과 다른 내용의 광고
10. 제27조제3항에 따라 외국인 환자를 유치하기 위한 국내광고
11. 그 밖에 의료광고의 내용이 국민건강에 중대한 위해를 발생하게 하거나 발생하게 할 우려가 있는 것으로서 대통령령으로 정하는 내용의 광고
③ 의료법인·의료기관 또는 의료인은 거짓이나 과장된 내용의 의료광고를 하지 못한다.
④ 의료광고는 다음 각 호의 방법으로는 하지 못한다.
1. 「방송법」 제2조제1호의 방송
2. 그 밖에 국민의 보건과 건전한 의료경쟁의 질서를 유지하기 위하여 제한할 필요가 있는 경우로서 대통령령으로 정하는 방법
⑤ 제1항이나 제2항에 따라 금지되는 의료광고의 구체적인 기준 등 의료광고에 관하여 필요한 사항은 대통령령으로 정한다. [시행일 : 2009.5.1]

(2) 의료법 시행령

제42조 (업무의 위탁) ① 법 제86조제2항에 따라 보건복지가족부장관은 법 제25조에 따른 신고 업무를 각 중앙회장에게 위탁한다.
② 법 제86조제2항에 따라 보건복지가족부장관은 다음 각 호의 업무를 「한국보건산업진흥원법」에 따른 한국보건산업진흥원에 위탁한다.
1. 법 제27조의2제1항 및 제2항에 따른 등록 업무(등록 요건 검토는 포함하되, 등록 여부 결정 및 등

록증 발행·재발행은 제외한다)

2. 법 제27조의2제3항에 따른 사업실적 보고 업무

③ 제1항 및 제2항에 따라 업무를 위탁받은 각 중앙회장 및 한국보건산업진흥원은 위탁받은 업무의 처리 내용을 보건복지가족부령으로 정하는 바에 따라 보건복지가족부장관에게 보고하여야 한다.

(3) 의료법 시행규칙

제19조의2 (유치행위를 할 수 없는 국내 거주 외국인의 범위) 법 제27조제3항제2호에 따라 외국인 환자를 유치할 수 있는 대상에서 제외되는 국내에 거주하는 외국인은 「국민건강보험법」 제93조에 따른 가입자나 피부양자가 아닌 국내에 거주하는 외국인으로서 다음 각 호의 어느 하나에 해당하는 외국인을 말한다.

1. 「출입국관리법」 제31조에 따라 외국인등록을 한 사람[「출입국관리법 시행령」 제12조 및 별표 1에 따른 기타(G-1)의 체류자격을 가진 사람은 제외한다]
2. 「재외동포의 출입국과 법적지위에 관한 법률」 제6조에 따라 국내거소신고를 한 외국국적동포

제19조의3 (외국인 환자 유치 의료기관의 등록요건) 외국인 환자를 유치하려는 의료기관은 법 제27조의2제1항에 따라 외국인 환자를 유치하려는 진료과목별로 법 제77조에 따른 전문의 1명 이상을 두어야 한다. 다만, 진료과목이 「전문의의 수련 및 자격 인정 등에 관한 규정」 제3조에 따른 전문과목이 아닌 경우에는 그러하지 아니하다.

제19조의4 (외국인 환자 유치업자의 등록요건) ① 법 제27조의2제2항제1호에서 "보건복지가족부령으로 정하는 보증보험에 가입하였을 것"이란 다음 각 호를 모두 충족하는 보증보험에 가입한 경우를 말한다. 다만, 그 보증보험에 가입한 후 외국인 환자에게 입힌 손해를 배상하여 보험계약이 해지된 경우에는 1개월 이내에 다시 가입하여야 한다.

1. 외국인 환자를 유치하는 과정에서 고의 또는 과실로 외국인 환자에게 입힌 손해에 대한 배상책임을 보장하는 보증보험일 것
2. 해당 보험회사가 「보험업법」 제4조제1항제2호라목의 보증보험에 대하여 금융위원회의 허가를 받은 보험회사일 것
3. 보험금액이 1억원 이상이고, 보험기간을 1년 이상으로 하는 보증보험일 것

② 법 제27조의2제2항제2호에서 "보건복지가족부령으로 정하는 규모"란 1억원을 말한다.

③ 법 제27조의2제2항제3호에서 "보건복지가족부령으로 정하는 사항"이란 국내에 설치한 사무소를 말한다.

제19조의5 (상급종합병원의 외국인 환자 유치 제한) 법 제27조의2제5항에서 "보건복지가족부령으로 정하는 병상수"란 법 제3조의4에 따라 지정된 상급종합병원(2010년 1월 31일 전에는 「국민건강보험법」 제40조제2항에 따라 종합전문요양기관으로 인정된 의료기관을 말한다)의 병상수의 100분의 5를 말한다.

제19조의6 (외국인 환자 유치를 위한 등록절차) ① 외국인 환자를 유치하려는 의료기관은 법 제27조의2제6항 및 영 제42조제2항제1호에 따라 별지 제9호의2서식의 등록신청서(전자문서로 된 등록신청서를 포함한다)에 다음 각 호의 서류를 첨부하여 「한국보건산업진흥원법」에 따른 한국보건산업진흥원(이하 "한국보건산업진흥원"이라 한다)에 제출하여야 한다.

1. 별지 제15호서식의 의료기관 개설신고증명서 사본 또는 별지 제17호서식의 의료기관 개설허가증 사본

2. 사업계획서
3. 제19조의3에 따른 진료과목별 전문의의 명단 및 자격증 사본
② 제1항에 따른 의료기관 외에 외국인 환자를 유치하려는 자는 법 제27조의2제6항 및 영 제42조제2항제1호에 따라 별지 제9호의3서식의 등록신청서(전자문서로 된 등록신청서를 포함한다)에 다음 각 호의 서류를 첨부하여 한국보건산업진흥원에 제출하여야 한다.
1. 정관(법인인 경우만 해당한다)
2. 사업계획서
3. 제19조의4제1항에 따른 보증보험에 가입하였음을 증명하는 서류
4. 제19조의4제2항에 따른 규모 이상의 자본금을 보유하였음을 증명하는 서류
5. 제19조의4제3항에 따른 사무실에 대한 소유권이나 사용권이 있음을 증명하는 서류
③ 한국보건산업진흥원은 제1항 또는 제2항에 따른 신청 내용이 법 제27조의2제1항 또는 제2항에 따른 등록요건에 적합한지 여부를 검토하여 그 검토 내용을 보건복지가족부장관에게 알려야 한다.
④ 보건복지가족부장관은 제3항에 따른 검토 내용을 확인한 결과 법 제27조의2제1항 또는 제2항에 따른 등록요건에 적합한 경우 제1항의 신청인에게는 별지 제9호의4서식에 따른 외국인 환자 유치 의료기관 등록증을, 제2항의 신청인에게는 별지 제9호의5서식에 따른 외국인 환자 유치업자 등록증을 각각 발행하여야 한다.
⑤ 한국보건산업진흥원은 제4항에 따라 발행된 등록증을 제1항 및 제2항에 따른 신청인에게 내주어야 한다.

제19조의7 (외국인 환자 유치 관련 등록증의 재발급) ① 법 제27조의2제1항 및 제2항에 따라 등록한 의료기관 및 외국인 환자 유치업자는 제19조의6에 따라 발급받은 등록증을 잃어버렸거나 헐어서 못쓰게 된 경우에는 별지 제9호의6서식에 따른 신청서에 각 등록증(헐어서 못쓰게 된 경우만 해당한다)을 첨부하여 한국보건산업진흥원에 제출하여야 한다.
② 한국보건산업진흥원은 제1항에 따른 신청 내용을 보건복지가족부장관에게 알려야 한다.

제19조의8 (외국인 환자 유치 관련 등록 업무 처리 보고) 한국보건산업진흥원은 영 제42조제3항에 따라 제19조의6 및 제19조의7에 따른 등록 업무의 처리 내용을 매분기별로 보건복지가족부장관에게 보고하여야 한다.

제19조의9 (외국인 환자 유치 사업실적 보고) ① 법 제27조의2제1항 및 제2항에 따라 등록한 의료기관 및 외국인 환자 유치업자는 법 제27조의2제3항 및 영 제42조제2항제2호에 따라 전년도 사업실적(외국인 환자의 성명은 제외한다)을 다음 각 호의 구분에 따라 매년 3월 31일까지 한국보건산업진흥원에 보고하여야 한다.
1. 의료기관의 경우 다음 각 목에 관한 사항
  가. 외국인 환자의 국적, 성별 및 출생년도
  나. 외국인 환자의 진료과목, 입원기간, 주상병명 및 외래 방문일수
2. 외국인 환자 유치업자의 경우 다음 각 목에 관한 사항
  가. 외국인 환자의 국적, 성별 및 출생년도
  나. 외국인 환자의 방문 의료기관, 진료과목, 입원기간 및 외래 방문일수
  다. 외국인 환자의 입국일 및 출국일
② 한국보건산업진흥원은 영 제42조제3항에 따라 제1항에 따른 보고 내용과 결과를 매년 4월 30일까지 보건복지가족부장관에게 보고하여야 한다.

(4) 출입국관리법

제25조 (체류기간연장허가) 외국인이 체류기간을 초과하여 계속 체류하고자 할 때에는 대통령령이 정하는 바에 따라 그 기간의 만료전에 법무부장관의 체류기간연장허가를 받아야 한다.〈개정 1996.12.12〉

제31조 (외국인등록) ① 외국인이 입국한 날부터 90일을 초과하여 대한민국에 체류하게 되는 경우 대통령령이 정하는 바에 따라 입국한 날부터 90일이내에 그의 체류지를 관할하는 사무소장 또는 출장소장에게 외국인등록을 하여야 한다. 다만, 다음 각호의 1에 해당하는 외국인의 경우에는 그러하지 아니하다.

1. 주한외국공관(대사관과 영사관을 포함한다)과 국제기구의 직원 및 그의 가족
2. 대한민국정부와의 협정에 의하여 외교관 또는 영사와 유사한 특권 및 면제를 누리는 자와 그의 가족
3. 대한민국정부가 초청한 자등으로서 법무부령이 정하는 자

② 제23조의 규정에 의하여 체류자격을 받는 자로서 그 날부터 90일을 초과하여 체류하게 되는 자는 제1항의 규정에 불구하고 체류자격을 받는 때에 외국인등록을 하여야 한다.

③ 제24조의 규정에 의하여 체류자격변경허가를 받는 자로서 입국한 날부터 90일을 초과하여 체류하게 되는 자는 제1항의 규정에 불구하고 체류자격변경허가를 받는 때에 외국인등록을 하여야 한다.

④ 사무소장 또는 출장소장은 제1항 내지 제3항의 규정에 의하여 외국인등록을 한 자에 대하여는 대통령령이 정하는 부여방법에 따라 개인별로 고유한 등록번호(이하 "외국인등록번호"라 한다)를 부여하여야 한다.〈신설 2002.12.5〉

제59조 (심사후의 절차) ① 사무소장·출장소장 또는 외국인보호소장은 심사의 결과 용의자가 제46조제1항 각호의 1에 해당하지 아니한다고 인정할 때에는 지체 없이 용의자에게 그 뜻을 알려야 하고, 용의자가 보호되어 있는 때에는 즉시 보호를 해제하여야 한다. 〈개정 2002.12.5〉

② 사무소장·출장소장 또는 외국인보호소장은 심사의 결과 용의자가 제46조제1항 각호의 1에 해당한다고 인정될 때에는 강제퇴거명령서를 발부할 수 있다. 〈개정 2002.12.5〉

③ 사무소장·출장소장 또는 외국인보호소장은 강제퇴거명령서를 발부하는 경우 그 용의자에 대하여 법무부장관에게 이의신청을 할 수 있음을 알려야 한다.

(5) 재외동포의 출입국과 법적 지위에 관한 법률

제6조 (국내거소신고) ① 재외국민과 재외동포체류자격으로 입국한 외국국적동포는 이 법을 적용받기 위하여 필요하면 대한민국 안에 거소(居所)를 정하여 그 거소를 관할하는 출입국관리사무소장(이하 "사무소장"이라 한다) 또는 출입국관리사무소출장소장(이하 "출장소장"이라 한다)에게 국내거소신고를 할 수 있다.

② 제1항에 따라 신고한 국내거소를 이전한 때에는 14일 이내에 그 사실을 신거소(新居所)가 소재한 시·군·구의 장이나 신거소를 관할하는 사무소장·출장소장에게 신고하여야 한다.

③ 제2항에 따라 거소이전 신고를 받은 사무소장이나 출장소장은 신거소가 소재한 시·군·구의 장에게, 시·군·구의 장은 신거소를 관할하는 사무소장이나 출장소장에게 각각 이를 통보하여야 한다.

④ 국내거소신고서의 기재 사항, 첨부 서류, 그 밖에 신고의 절차에 관하여 필요한 사항은 대통령령으

로 정한다. [전문개정 2008.3.14]
제10조 (출입국과 체류) ① 재외동포체류자격에 따른 체류기간은 최장 2년까지로 한다.
② 법무부장관은 제1항에 따른 체류기간을 초과하여 국내에 계속 체류하려는 외국국적동포에게는 대통령령으로 정하는 바에 따라 체류기간 연장허가를 할 수 있다. 다만, 제5조제2항 각 호의 어느 하나에 해당하는 사유가 있는 경우에는 그러하지 아니하다.
③ 국내거소신고를 한 외국국적동포가 체류기간 내에 출국하였다가 재입국하는 경우에는 「출입국관리법」 제30조에 따른 재입국허가가 필요하지 아니하다.
④ 대한민국 안의 거소를 신고하거나 그 이전신고(이전신고)를 한 외국국적동포에 대하여는 「출입국관리법」 제31조에 따른 외국인등록과 같은 법 제36조에 따른 체류지변경신고를 한 것으로 본다.
⑤ 재외동포체류자격을 부여받은 외국국적동포의 취업이나 그 밖의 경제 활동은 사회질서 또는 경제안정을 해치지 아니하는 범위에서 자유롭게 허용된다. [전문개정 2008.3.14]

(6) 국민건강보험법

제5조 (적용대상등) ① 국내에 거주하는 국민으로서 다음 각호의 1에 해당하는 자 외의 자는 이 법에 의한 건강보험(이하 "건강보험"이라 한다)의 가입자(이하 "가입자"라 한다) 또는 피부양자가 된다.
1. 「의료급여법」에 따라 의료급여를 받는 자(이하 "수급권자"라 한다)
2. 「독립유공자예우에 관한 법률」 및 「국가유공자 등 예우 및 지원에 관한 법률」에 의하여 의료보호를 받는 자(이하 "유공자등의료보호대상자"라 한다). 다만, 다음 각목의 1에 해당하는 자는 그러하지 아니하다.
  가. 유공자등의료보호대상자중 건강보험의 적용을 보험자에게 신청한 자
  나. 건강보험의 적용을 받고 있던 자가 유공자등의료보호대상자가 된 경우로서 보험자에게 건강보험의 적용배제신청을 하지 아니한 자
② 제1항의 피부양자는 다음 각호의 1에 해당하는 자중 직장가입자에 의하여 주로 생계를 유지하는 자로서 보수 또는 소득이 없는 자를 말한다.
1. 직장가입자의 배우자
2. 직장가입자의 직계존속(배우자의 직계존속을 포함한다)
3. 직장가입자의 직계비속(배우자의 직계비속을 포함한다) 및 그 배우자
4. 직장가입자의 형제 · 자매
③ 제2항의 규정에 의한 피부양자 자격의 인정 기준, 취득 · 상실시기 기타 필요한 사항은 보건복지가족부령으로 정한다.
제6조 (가입자의 종류) ① 가입자는 직장가입자 및 지역가입자로 구분한다.
② 모든 사업장의 근로자 및 사용자와 공무원 및 교직원은 직장가입자가 된다. 다만, 다음 각호의 1에 해당하는 자를 제외한다. 〈개정 2000.12.29, 2004.1.29, 2006.10.4〉
1. 1월 미만의 기간 동안 고용되는 일용근로자
2. 「병역법」의 규정에 의한 현역병(지원에 의하지 아니하고 임용된 하사를 포함한다), 전환 복무된 사람 및 무관후보생
3. 선거에 의하여 취임하는 공무원으로서 매월 보수 또는 이에 준하는 급료를 받지 아니하는 자
4. 기타 사업장의 특성, 고용형태 및 사업의 종류 등을 고려하여 대통령령으로 정하는 사업장의 근로

자 및 사용자와 공무원 및 교직원

③ 지역가입자는 가입자중 직장가입자와 그 피부양자를 제외한 자를 말한다.

④ 제2항제4호의 규정에 의한 근로자 및 사용자는 대통령령이 정하는 절차에 따라 직장가입자가 되거나 탈퇴할 수 있다. 〈신설 2000.12.29〉

제93조 (외국인등에 대한 특례) ① 정부는 외국정부가 사용자인 사업장의 근로자의 건강보험에 관하여 외국정부와의 합의에 의하여 이를 따로 정할 수 있다.

② 국내에 체류하고 있는 재외국민 또는 외국인으로서 대통령령이 정하는 사람은 제5조의 규정에 불구하고 이 법의 적용을 받는 가입자 또는 피부양자가 된다.

(7) 국민건강보험법 시행령

제64조 (외국인등 가입자) ① 법 제93조제2항의 규정에 의하여 직장가입자가 되는 재외국민 또는 외국인은 다음 각 호의 어느 하나에 해당하는 자로서 직장가입자 적용사업장에 근무하는 자와 공무원·교직원으로 임용 또는 채용된 자로 한다. 다만, 법 제6조제2항 각 호의 어느 하나에 해당하는 자를 제외한다.

1. 「출입국관리법」 제31조의 규정에 의하여 외국인등록을 한 자
2. 「재외동포의 출입국과 법적지위에 관한 법률」 제6조의 규정에 의하여 국내거소신고를 한 자

② 제1항에 해당하지 아니하고 국내에 3개월 이상 거주한 재외국민 또는 외국인(국내에 3개월 이상 거주하지 아니한 재외국민 또는 외국인이라도 유학、취업 등의 사유로 3개월 이상 거주할 것이 명백한 자를 포함한다)으로서 다음 각 호의 어느 하나에 해당하는 자는 본인의 신청에 따라 이 법의 적용을 받는 지역가입자가 된다.

1. 「출입국관리법」 제31조에 따라 외국인등록을 한 자로서 보건복지가족부령으로 정하는 체류자격이 있는 자
2. 제1항제2호에 해당하는 자

③ 제1항 및 제2항의 규정에 불구하고 다음 각 호의 어느 하나에 해당하는 자는 이 법에 의한 가입자가 될 수 없다.

1. 「출입국관리법」 제25조 및 「재외동포의 출입국과 법적지위에 관한 법률」 제10조제2항의 규정에 의하여 체류기간연장허가를 받지 아니하고 체류하는 자
2. 「출입국관리법」 제59조제2항의 규정에 의하여 강제퇴거명령서가 발부된 자

④ 공단은 제1항에 불구하고 재외국민 또는 외국인이 국내에 근무하는 기간 동안 외국의 법령, 외국의 보험 또는 사용자와의 계약 등에 따라 법 제39조에 따른 요양급여에 상당하는 의료보장을 받을 수 있는 경우에는 보건복지가족부령으로 정하는 바에 따라 가입자에서 제외할 수 있다.

⑤ 제1항부터 제4항까지에 규정된 것 외에 신청 절차 및 가입자의 제외 신청 절차 등에 필요한 사항은 보건복지가족부령으로 정한다.

2. 외국인 환자 유치업 등록 서류 및 관련 서식

(1) 의료기관 기본 정보

의료기관명			
구분	□ 종합전문요양기관 □ 종합병원 □병원 □ 의원 □기타( )		
법인명			
설립유형	□ 국립 □ 시 · 공립 □ 지방공사 □ 학교법인 □ 특수법인 □ 사단법인 □ 재단법인 □ 사회복지법인 □ 의료법인 □ 개인 □ 기타( )		
대표자		주민등록번호	
법인등록번호		사업자등록번호	
주소			
대표전화번호		건강보험 요양기관코드	

1. 전화번호(외국인 환자 응대 번호) Fax(외국인 환자 응대 팩스번호)

2. 홈페이지 주소

___

3. 기관 규모

병상수: 병상(VIP실: 실, 1인실: 실, 2인실: 실)

중환자실 병상수: 병상

수술실: 실

외국인 환자 병상 또는 병동(전용병상 또는 병동):

4. 주요 유치 타깃 국가(복수선택 가능)

□ 미국 / □ 일본 / □ 중국 / □ 몽골 / □ 러시아

□ 기타

5. 담당자 정보

성명: ____________________

부서: ____________________

직책: ____________________

전화: ______________________ Fax: ______________________

e-mail: __________________

휴대전화: __________________

※ 기본 정보 외에도 기관 소개, 사업 목적, 주요 사업 내용, 업무 조직(전체 조직 및 외국인 환자 전담 조직) 등 포함하여 작성

(2) 유치 업자 기본 정보

<table>
<tr><td>회사명</td><td colspan="3"></td></tr>
<tr><td>자본금</td><td></td><td>설립연도</td><td></td></tr>
<tr><td>대표자</td><td></td><td>주민등록번호</td><td></td></tr>
<tr><td>법인등록번호</td><td></td><td>사업자등록번호</td><td></td></tr>
<tr><td>주소
(주사무소)</td><td colspan="3"></td></tr>
<tr><td>주소
(분사무소)</td><td colspan="3"></td></tr>
<tr><td>대표전화번호</td><td colspan="3"></td></tr>
<tr><td>비고</td><td colspan="3"></td></tr>
</table>

1. 전화번호(외국인 환자 응대 번호) Fax(외국인 환자 응대 팩스번호)

2. 홈페이지 주소

3. 회사 규모

종업원 수: 명

임원 수: 명

4. 주요 유치 타깃 국가(복수 선택 가능)

□ 미국 / □ 일본 / □ 중국 / □ 몽골 / □ 러시아

□ 기타

5. 담당자 정보

성명:

부서:

직책:

전화: Fax:

e-mail:

휴대전화:

※ 기본 정보 외에도 회사 개요, 사업 목적 및 주요 사업 내용, 업무 조직 및 인원 등을 포함하여 작성

(3) 외국인 환자 유치 사업 실적 조사표(의료기관)

① 일반 현황

<table>
<tr><td>기관명</td><td colspan="6"></td></tr>
<tr><td>전화번호</td><td colspan="6"></td></tr>
<tr><td>소재지</td><td colspan="6"></td></tr>
<tr><td>대표자</td><td colspan="6"></td></tr>
<tr><td>담당자</td><td>이름</td><td></td><td>연락처</td><td></td><td>이메일</td><td></td></tr>
<tr><td>병상 수</td><td colspan="6"></td></tr>
<tr><td>외국인 전용 창구 유무</td><td colspan="6"></td></tr>
<tr><td>외국인 전담 코디네이터 수</td><td colspan="6"></td></tr>
<tr><td>종사자 현황</td><td colspan="6"></td></tr>
<tr><td>법인등록번호</td><td colspan="6"></td></tr>
<tr><td>사업자등록번호</td><td colspan="6"></td></tr>
</table>

② 외국인 환자 유치 사업 실적

번호	국적	출생 연도	성별	한국표준질병 사인분류코드 (KCD)	요양급여코드 (비급여항목)	세부 진료과	외래 방문일수	입원일	퇴원일

(4) 외국인 환자 유치 사업 실적 조사표(유치 업자)

① 일반 현황

회사명						
전화번호						
소재지						
대표자						
담당자	이름		연락처		이메일	
법인등록번호						
사업자등록번호						

② 외국인 환자 유치 사업 실적

번호	국적	출생 연도	성별	입국일	출국일	진료과	방문 의료기관	외래방문 횟수	입원 횟수

(5) 외국인 환자 유치 기관(업자) 휴, 폐업 및 재개업 신고서

<table>
<tr><td colspan="4">□ 의료기관 / □ 유치 업자 — □ 휴업 / □ 폐업 / □ 재개업 — 신고서</td><td>처리기간</td></tr>
<tr><td rowspan="2">신고인</td><td colspan="2">① 성명</td><td></td><td>② 주민등록번호
/외국인등록번호</td><td></td></tr>
<tr><td colspan="2">③ 주소</td><td></td><td>④ 전화번호</td><td></td></tr>
<tr><td rowspan="2">외국인 환자
유치 사업</td><td colspan="2">⑤ 상호</td><td></td><td>⑥ 등록번호</td><td></td></tr>
<tr><td colspan="2">⑦ 대표자 성명</td><td></td><td>⑧ 소재지</td><td></td></tr>
<tr><td rowspan="3">신고사항</td><td>휴업( )</td><td>휴업기간</td><td colspan="3">~ (　일간)</td></tr>
<tr><td>폐업( )</td><td>폐업일자</td><td colspan="3"></td></tr>
<tr><td>재개( )</td><td>재개일자</td><td colspan="3"></td></tr>
<tr><td>신고사유</td><td colspan="5"></td></tr>
<tr><td colspan="6">위의 사항과 같이 외국인 환자 유치사업을(폐업 · 휴업 · 재개) 하고자 합니다.

신고인(대표자) (서명 또는 인)</td></tr>
<tr><td colspan="6">〈구비서류〉
1. 등록증 1부
2. 현재 계약체결자 등 유치 소개 중에 있는 환자에 대한 조치계획서 1부
(영업의 재개인 경우는 제외됩니다)</td></tr>
</table>

(6) 외국인 환자 유치 기관(업자) 변경 신청서

<table>
<tr><td colspan="3">□ 외국인 환자 유치 의료기관
□ 외국인 환자 유치 업자</td><td>변경 신청서</td></tr>
<tr><td>① 상호</td><td></td><td>② 등록번호</td><td></td></tr>
<tr><td>③ 소재지
□ 주사무소
□ 분사무소</td><td></td><td>④ 전화번호</td><td></td></tr>
<tr><td>⑤ 대표자 성명</td><td></td><td>⑥ 주민등록번호
/외국인등록번호</td><td></td></tr>
<tr><td>⑦ 변경 사항</td><td>⑧ 변경 전</td><td>⑨ 변경 후</td><td>⑩ 변경 사유</td></tr>
<tr><td></td><td></td><td></td><td></td></tr>
<tr><td colspan="4">위의 사항과 같이 등록 사항을 변경하고자 합니다.

년 월 일

신고인 또는 신청인(대표자) (서명 또는 인)</td></tr>
</table>

(7) 외국인 환자 유치 의료기관 등록관리 대장

<table>
<tr><td colspan="5">□ 외국인 환자 유치 의료기관 등록관리 대장</td></tr>
<tr><td colspan="2">① 접수일자</td><td></td><td>② 등록일자</td><td></td></tr>
<tr><td colspan="2">③ 등록번호</td><td></td><td>④ 교부번호</td><td></td></tr>
<tr><td rowspan="4">의료기관</td><td>⑤ 상호</td><td></td><td>⑥ 대표자 성명</td><td></td></tr>
<tr><td>⑦ 소재지</td><td></td><td>⑧ 전화번호</td><td></td></tr>
<tr><td>⑨ 휴업일자</td><td></td><td>⑩ 휴업사유</td><td></td></tr>
<tr><td>⑪ 폐업일자</td><td></td><td>⑫ 폐업사유</td><td></td></tr>
<tr><td rowspan="3">대표자</td><td>⑬ 성명</td><td></td><td>⑭ 주민등록번호</td><td></td></tr>
<tr><td>⑮ 사업자등록번호</td><td></td><td>⑯ 법인등록번호</td><td></td></tr>
<tr><td>⑰ 소재지</td><td></td><td>⑱ 전화번호</td><td></td></tr>
<tr><td colspan="2" rowspan="4">등록 사항 변경 내용</td><td>⑲ 일자</td><td colspan="2">⑳ 내용</td></tr>
<tr><td></td><td colspan="2"></td></tr>
<tr><td></td><td colspan="2"></td></tr>
<tr><td></td><td colspan="2"></td></tr>
<tr><td colspan="2" rowspan="3">비고</td><td colspan="3"></td></tr>
<tr><td colspan="3"></td></tr>
<tr><td colspan="3"></td></tr>
</table>

(8) 외국인 환자 유치 업자 등록관리 대장

<table>
<tr><td colspan="5">□ 외국인 환자 유치 업자 등록관리 대장</td></tr>
<tr><td colspan="2">① 접수일자</td><td></td><td>② 등록일자</td><td></td></tr>
<tr><td colspan="2">③ 등록번호</td><td></td><td>④ 교부번호</td><td></td></tr>
<tr><td rowspan="4">유치 업자
□ 주사무소
□ 분사무소</td><td>⑤ 상호명</td><td></td><td>⑥ 대표자 성명</td><td></td></tr>
<tr><td>⑦ 소재지</td><td></td><td>⑧ 전화번호</td><td></td></tr>
<tr><td>⑨ 휴업일자</td><td></td><td>⑩ 휴업사유</td><td></td></tr>
<tr><td>⑪ 폐업일자</td><td></td><td>⑫ 폐업사유</td><td></td></tr>
<tr><td rowspan="3">대표자</td><td>⑬ 성명</td><td></td><td>⑭ 주민등록번호</td><td></td></tr>
<tr><td>⑮ 법인명</td><td></td><td>⑯ 법인 또는 개인 사업자등록번호</td><td></td></tr>
<tr><td>⑰ 소재지</td><td></td><td>⑱ 전화번호</td><td></td></tr>
<tr><td colspan="2" rowspan="4">등록 사항 변경 내용</td><td>⑲ 일자</td><td colspan="2">⑳ 내용</td></tr>
<tr><td></td><td colspan="2"></td></tr>
<tr><td></td><td colspan="2"></td></tr>
<tr><td></td><td colspan="2"></td></tr>
<tr><td colspan="2" rowspan="3">비고</td><td colspan="3"></td></tr>
<tr><td colspan="3"></td></tr>
<tr><td colspan="3"></td></tr>
</table>

(9) 외국인 환자 유치 등록 영문 증명 신청서

<table>
<tr><td colspan="4">외국인 환자 유치 등록 영문 증명 신청서</td></tr>
<tr><td colspan="4">□ 의료기관 □ 유치 업체</td></tr>
<tr><td>상 호 명</td><td colspan="3">(한글)
(영문)</td></tr>
<tr><td>소 재 지</td><td colspan="3">(한글)
(영문)</td></tr>
<tr><td>대 표 자</td><td>(한글)
(영문)</td><td>연 락 처</td><td>E-mail:
Tel:
C.P:</td></tr>
<tr><td>등록연월일</td><td></td><td>등록번호</td><td></td></tr>
<tr><td>비 고</td><td colspan="3"></td></tr>
<tr><td colspan="4">위와 같이 증명하여 주시기 바랍니다.

년 월 일

신청인: (서명 또는 날인)
주 소:
연락처:

보건복지가족부장관 귀하</td></tr>
</table>

(10) 외국인 환자 유치 의료기관 등록 신청서

[별지 제9호의2서식] (앞쪽)

<table>
<tr><td colspan="4">외국인 환자 유치 의료기관 등록 신청서</td><td>처리기간
20 일</td></tr>
<tr><td rowspan="3">신청인</td><td>대표자 성명</td><td></td><td>생년월일
(외국인등록번호)</td><td></td></tr>
<tr><td>상호</td><td></td><td>전화번호</td><td></td></tr>
<tr><td>소재지</td><td colspan="3"></td></tr>
<tr><td colspan="5">「의료법」 제27조의2제1항, 같은 법 시행령 제42조제2항제1호 및 같은 법 시행규칙 제19조의6제1항에 따라 외국인 환자 유치 의료기관 등록을 신청합니다.

년 월 일

신청인(인)

한국보건산업진흥원 귀하</td></tr>
<tr><td colspan="5">※ 구비서류
1. 별지 제15호서식의 의료기관 개설신고증명서 사본 또는 별지 제17호서식의 의료기관 개설허가증 사본 1부
2. 사업계획서 1부
3. 「의료법 시행규칙」 제19조의3에 따른 전문과목별 전문의의 명단 및 자격증 사본 각 1부</td></tr>
</table>

(11) 외국인 환자 유치 업자 등록 신청서

[별지 제9호의3서식] (앞쪽)

<table>
<tr><td colspan="4">외국인 환자 유치 업자 등록 신청서</td><td>처리기간
20 일</td></tr>
<tr><td rowspan="3">신청인</td><td>대표자 성명</td><td></td><td>생년월일
(외국인등록번호)</td><td></td></tr>
<tr><td>상호</td><td></td><td>전화번호</td><td></td></tr>
<tr><td>소재지</td><td colspan="3"></td></tr>
</table>

「의료법」 제27조의2제2항, 같은 법 시행령 제42조제2항제1호 및 같은 법 시행규칙 제19조의6제2항에 따라 외국인 환자 유치업자 등록을 신청합니다.

년 월 일

신청인 (인)

한국보건산업진흥원 귀하

※ 구비서류
1. 정관(법인인 경우만 해당합니다) 1부
2. 사업계획서 1부
3. 「의료법 시행규칙」 제19조의4제1항에 해당하는 보증보험에 가입하였음을 증명하는 서류
4. 「의료법 시행규칙」 제19조의4제2항에 따른 규모 이상의 자본금을 보유하였음을 증명하는 서류
5. 「의료법 시행규칙」 제19조의4제3항에 따른 사무실에 대한 소유권이나 사용권이 있음을 증명하는 서류

(12) 외국인 환자 유치 의료기관 등록증

[별지 제9호의4서식]

제 호

외국인 환자 유치 의료기관 등록증

○ 상호:

○ 소재지:

○ 대표자:

○ 등록연월일:

○ 등록번호:

「의료법」 제27조의2제1항에 따라 위와 같이 등록하였음을 증명합니다.

년 월 일

보건복지가족부장관 인

(13) 외국인 환자 유치 업자 등록증

[별지 제9호의5서식]

제　　호

외국인 환자 유치 업자 등록증

○ 상　호:

○ 소 재 지:

○ 대 표 자:

○ 등록연월일:

○ 등록번호:

「의료법」 제27조의2제2항에 따라 위와 같이 등록하였음을 증명합니다.

년　월　일

보건복지가족부장관 　인

(14) 외국인 환자 유치기관(업자) 등록증 재발급 신청서

[별지 제9호의6서식] (앞쪽)

<table>
<tr><td colspan="4">□ 외국인 환자 유치 의료기관
□ 외국인 환자 유치 업자
등록증 재발급 신청서
※ □에 √ 표시를 하시기 바랍니다.</td><td>처리기간
7일</td></tr>
<tr><td rowspan="2">신청인</td><td>대표자 성명</td><td></td><td>생년월일</td><td></td></tr>
<tr><td>주소</td><td colspan="3">(전화:)</td></tr>
<tr><td rowspan="2">등록자
(개인사업자는 제외)</td><td>명칭(상호)</td><td colspan="3"></td></tr>
<tr><td>소재지</td><td colspan="3">(전화:)</td></tr>
<tr><td colspan="2">재발행 사유</td><td colspan="3"></td></tr>
<tr><td colspan="5">「의료법 시행규칙」 제19조의7에 따라 위와 같이 등록증 재발급을 신청합니다.
년 월 일
신청인 (서명 또는 인)

한국보건산업진흥원 귀하</td></tr>
<tr><td colspan="4" rowspan="2">※ 구비서류
외국인 환자 유치 의료기관 등록증 또는 외국인 환자 유치업자 등록증 1부
(헐어서 못쓰게 된 경우만 해당합니다)</td><td>수수료</td></tr>
<tr><td>없 음</td></tr>
</table>

저자 약력

우봉식

(현)닥스메디컬코리아주식회사 대표이사, 한림대학교 겸임교수

재활의학과 전문의, 의학석사, 경영학석사

(현)전국글로벌의료관광협회 이사장

박대한

(현)정해복지재단 의료관광연구소 소장

경영학박사(여행, 항공경영 전공)

닥스메디컬코리아주식회사 기획이사

최재길

(현)한림대학교 겸임교수, (현)이오컨벡스 전무이사

경영학박사(컨벤션 전공)

한진그룹 한진관광팀장 역임

의료관광 에이전시와 관광 가이드

초판발행 | 2010년 5월 7일

지은이 | 우봉식 · 박대한 · 최재길

발행인 | 고화숙
발행처 | 도서출판 소화
등 록 | 제13-412호
주 소 | 서울시 영등포구 영등포동 7가 94-97
전 화 | 2677-5890
팩 스 | 2636-6393
홈페이지 | www.sowha.com

ISBN 978-89-8410-376-4 93320

값 18,000원